RAIS BUSOM

Posglobalismo

Cómo reconstruir la civilización desde el borde del abismo global

SEKOTIA

SEKOTIA
www.sekotia.com
@sekotia

Primera edición: febrero de 2025

Sekotia • Colección Reflejos de Actualidad
Editor: Humberto Pérez-Tomé Román
Maquetación: Miguel Andréu

info@almuzaralibros.com
Parque Logístico de Córdoba. Ctra. Palma del Río, km 4
C/8, Nave L2, nº 3. 14005 - Córdoba

Imprime: Romanyà Valls
ISBN: 978-84-19979-60-5
Depósito: CO-1994-2024
Hecho e impreso en España - *Made and printed in Spain*

A nuestros hijos.
A las nuevas generaciones.
Por un futuro de paz,
libre y próspero.

It's kind of fun to do the impossible.

Walt Disney

Índice

PREFACIO

Hola, de parte de los niños del planeta Tierra.
Nick Sagan, Voyager 1

Los niños son el futuro de la humanidad. Al menos, eso es lo que pensábamos cuando lanzamos la sonda Voyager 1, el 5 de septiembre de 1977 desde Cabo Cañaveral, en Estados Unidos, con un disco de oro donde se almacenó un contenido representativo de nuestra civilización. El mensaje «Hola, de parte de los niños del planeta Tierra» con el que empieza el disco es del hijo de Carl Sagan, el ilustre divulgador científico, archiconocido por su serie *Cosmos*. El disco fue pensado como carta de presentación para los extraterrestres. No sabemos si existen, pero nos gustaría ser escuchados en el caso de que sí. Así somos los humanos, nos gusta comunicarnos. El soporte está repleto de sonidos, imágenes y música, saludos en cincuenta y seis idiomas, incluso grabaciones de ondas cerebrales. Sin duda, causaremos una buena impresión entre las civilizaciones galácticas. O, al menos, eso esperamos, aunque quizás se «partan la caja» viendo lo atrasados que estamos.

Desconozco por qué los ingenieros de la NASA no incluyeron obras de arte o libro alguno en el disco dorado, pero me imagino que tiene que ver con la mentalidad ingeniera de la institución, por la cual los filósofos como yo no podemos ser astronautas, pero la realidad es que se trata de la nave espacial que más lejos de la Tierra ha conseguido llegar. Actualmente, las cuatro latas de la Voyager 1 atraviesan con suma dignidad el espacio interestelar rozando la nube de Oort, ya que tan solo le faltan poco más de trescientos años para alcanzarla. Se hace realmente difícil pensar en la sociedad humana a tres siglos vista. Además de las posibles catástrofes naturales capaces de acabar con la humanidad, como el perverso clima, los asteroides asesinos o los virus malignos, existen otras posibles causas de extinción de nuestra especie producidas por nosotros mismos. El mayor de los peligros vuelve a ser hoy en día —una vez más— la guerra nuclear. La destrucción de gran parte del planeta, mayoritariamente del hemisferio norte, como colofón de una tercera guerra mundial. Un riesgo provocado por las potencias nucleares, especialmente Rusia y Estados Unidos. La pregunta es ¿cómo hemos llegado hasta aquí? Y también, ¿cómo podemos dejar un mundo mejor a nuestros hijos, a las nuevas generaciones?

Estas son las dos sencillas preguntas que intenta contestar este libro. No hay respuestas definitivas, pero, como mínimo, hemos procurado aproximarnos a las más honestas y efectivas. No ha sido fácil. Llevamos años investigando la relación entre el poder, el dinero y la energía. Este triángulo nos permite analizar el fenómeno social y difuso al que llamamos globalismo, así como proponer escenarios para su superación, en un nuevo espacio indefinido y diverso que se está abriendo ahora y que podemos llamar posglobalismo. Un lugar de posibilidades encontradas que sin libertad no podrá existir, y los escollos son gigantes.

Actualmente confluyen diversas fuerzas que obstaculizan la voluntad popular. Encontramos nuevos discursos que dinamitan los valores tradicionales de Occidente; también hallamos una economía en crisis que intenta aparentar una buena salud, mientras nos empobrecemos día a día; por último, soportamos unas instituciones políticas que no nos hacen caso, porque están sometidas a la oligarquía internacional, dueña del capital financiero multinacional.

Nuestra tesis es que, sorprendentemente, la clave de casi todo está en la energía, que —como dicen los ingleses— es el elefante blanco en la habitación. Todos lo sabemos, pero pocos lo tienen en cuenta. Nadie puede escapar a las implacables leyes de la física. Ni la especie humana, ni el planeta Tierra, ni el universo mismo. Se necesita una perspectiva nueva con la que analizar los viejos problemas. Una nueva conciencia.

La termodinámica aplicada a la economía es la clave que nos permite descodificar el dilema existencial actual: ¿cuánta energía hay disponible y para quién? Al mismo tiempo, un hito en la historia de la humanidad, como es la tecnología de la cadena de bloques, nos ofrece la posibilidad de construir una economía alternativa con nuevas formas de intercambiar valor.

Un contrapoder a la plutocracia globalista es posible. Una sociedad alternativa posglobalista puede existir. Quizás sea la única manera de evitar los riesgos sistémicos a los que nos enfrentamos como especie, en ese punto diminuto e insignificante del espacio donde vivimos, y conseguir ser una civilización energéticamente superior. Precisamente, *Un punto azul pálido* es el título de una fotografía de la Tierra, realizada a petición de Carl Sagan y tomada por la cámara de la Voyager 1, desde una distancia de seis mil millones de kilómetros, antes de que dejara de funcionar. La idea de Sagan era enseñar el mundo como un grano de arena, pensando que esto podría unir a los seres humanos y disuadirlos de pelear por todo en la nada más absoluta. La imagen muestra la Tierra como un punto de luz azul casi invisible, minúsculo, perdido en medio del inmenso cosmos. La foto fue tomada el 14 de febrero de 1990, junto a una serie de imágenes fotográficas denominada *Retrato de familia* que incluye a otros planetas del sistema solar. Quizás deberíamos ver el mundo y a la humanidad dentro de ese entrañable retrato de familia universal, con esa perspectiva que los filósofos llamamos *sub specie aeternitatis*, para relativizar nuestros conflictos y cooperar por el bien común. O nos autodestruimos o evolucionamos. Por los niños del planeta.

1. INTRODUCCIÓN: LA AMENAZA GLOBAL

1.1. Cada vez más pobres: el declive de la prosperidad

El historiador James Truslow Adams definió el sueño americano en su libro superventas *The Epic of America,* de 1931, como «un sueño de un nivel social en el que cada hombre y cada mujer podrán alcanzar el máximo nivel del que son innatamente capaces y ser reconocidos por los demás por lo que son, independientemente de las circunstancias fortuitas del nacimiento o posición»[1]. Su editor no dejó ponerle el título de *El sueño americano,* porque pensó que no se vendería bien durante la Gran Depresión. Sin embargo, el éxito de la expresión aún resuena, «ese sueño americano de una vida mejor, más rica y más feliz para todos nuestros ciudadanos de todos los rangos, es la mayor contribución que hasta ahora hemos hecho al pensamiento y al bienestar del mundo»[2]. Este sueño no por americano es menos universal, pues es compartido por la mayoría de las clases medias en todo el mundo, porque esperan que su esfuerzo y su talento les sean recompensados. El sueño americano es una promesa de prosperidad que todo el mundo ansía, nacida del espíritu del capitalismo posindustrial aliado de un Estado social benefactor. Además de los americanos, también ha sido el sueño de muchos emigrantes que fueron a los Estados Unidos a buscar fortuna o escapándose de los infortunios. El sueño americano puede resumirse en la esperanza de que los hijos tengan un nivel de vida más alto que el de sus padres.

Un reciente estudio se ha propuesto cuantificar ese sueño estimando las tasas de «movilidad absoluta del ingreso» en Estados Unidos, es decir, la capacidad de mejora social fijándose en la proporción de hijos que ganan más que sus padres desde 1940. Las conclusiones son reveladoras:

> Encontramos que las tasas de movilidad absoluta han caído aproximadamente el 90 % para los niños nacidos en 1940 y hasta el 50 % en el caso de los niños nacidos en el decenio de 1980. La movilidad absoluta del ingreso ha caído en toda la distribución del ingreso, con las mayores caídas en las familias de la clase media. Estos hallazgos no se ven afectados por el uso de índices de precios alternativos para ajustar la inflación, la contabilización de impuestos y transferencias, la medición del ingreso en edades posteriores y el ajuste por cambios en el tamaño del hogar[3].

Todos hemos notado un descenso de nuestra renta disponible. Viene de lejos, pero hoy en día sabemos que nuestros hijos van a ser de media más pobres que nosotros. No hacen falta estadísticas, aunque existen, y muchas, pues la economía doméstica lo muestra mes a mes. En un informe de 2016 del McKinsey Global Institute ya se demostraba lo siguiente:

> Entre el 65 y el 70 por ciento de los hogares en 25 economías avanzadas en segmentos de ingresos cuyos ingresos reales de mercado (provenientes de salarios y capital) eran planos o por debajo de donde habían estado en 2005 (…) en el período 2005-2014, esa cifra se disparó a entre 540 y 580 millones de personas[4].

Se trata de algo real. No de una mera percepción. La pérdida no solo de «poder adquisitivo», como dicen los medios de comunicación para disimular la caída de la renta, sino de la prosperidad, entendida como la mejora de la situación socioeconómica, es el mayor problema para la mayoría de las economías familiares.

Hoy en día, diez años después, la situación es mucho peor si cabe. Algunas de las causas implicadas en este proceso inexorable no se le escapan a la mayoría de las personas. La presión fiscal se ha incrementado hasta niveles insoportables, la inflación ha empezado a desbocarse, la demografía está provocando importantes desequilibrios y la productividad derivada de la automatización también tiende a una bajada generalizada de salarios reales.

Nadie lo ha explicado mejor que Oliver Nachtwey[5], quien acuñó el concepto de «sociedad del descenso». El ascensor social se ha detenido. Todo y así, cada día oímos en las noticias que el producto interior bruto (PIB) sigue en positivo, creciendo alguna décima, como si eso tuviera algo que ver con nuestra maltrecha economía doméstica. Esas aparentes buenas noticias nos llevan a pensar que la falta de renta disponible es un problema específico de nuestra familia y desalienta una respuesta social organizada. Crecemos poco, pero aún crecemos, se nos dice. La narrativa oficial es poderosa y reconfortante, pero solo para aquellos cuya vida es algo acomodada. Sin embargo, la realidad va por otro lado completamente distinto. Si hacemos un *zoom* de la estructura social española, más allá de la cocina habitual de estadísticas, los datos son espeluznantes.

Según un informe reciente de la sección española de la European Anti-Poverty Network (EAPN[6]), el índice AROPE (*at risk of poverty and/or exclusion* o personas en riesgo de pobreza y/o exclusión social) en España se sitúa en el 26,5 %, lo que significa que 12,7 millones de personas están en esta delicada situación. Según Eurostat, con los últimos datos de 2022 la media de la Unión Europea se sitúa en un 21,6 % de AROPE. Desde 2015 es un diagrama plano y tampoco hay demasiada variación entre los veintisiete países europeos sobre los que se analizan los datos. Un país rico como Luxemburgo solo baja hasta el 19 %. Es un problema estructural. Habitualmente se habla de paro, pero los pobres son los olvidados, a pesar de ser el objetivo principal de desarrollo sostenible de la ONU (ODS 1).

En pobreza severa hay 4,2 millones en España. Si lo comparamos con los aproximadamente veinticuatro millones de personas que constituyen la población activa, podemos ver la magnitud de la tragedia. El AROPE de personas en familias monoparentales se dispara hasta el 49,2 %. Un subconjunto del AROPE que suma el 20,2 % de la población española, es decir, unos 9,7 millones, se considera en riesgo de pobreza. Uno de los indicadores más vergonzosos es, según Eurostat, el que se refiere a la población que no puede mantener la temperatura adecuada en su hogar debido a su situación de pobreza: España 20,8 %, la media europea 9,3 %.

¿Donde está en España la línea roja donde empieza la pobreza? El umbral de la pobreza en España está hoy en 915,8 euros mensuales de ingresos, vengan de donde vengan. Hay que entender, contra lo que muchas personas puedan pensar intuitivamente, que existe un 33 % de personas que son pobres y trabajan (tasa de empleo de la población pobre[7]), lo que en inglés se llama *in work poverty.* Es muy chocante que haya asalariados que son pobres. Esto significa que hay algo que no funciona en el sistema económico. En Europa este dato se sitúa en el 8,5 % sin variación desde 2005.

Otros indicadores son el PMSS (privación material y social severa) que alcanza el 9 % de los españoles, mientras la media europea es del 6,7 %, o el BITH (baja intensidad en el empleo de la tasa AROPE), que llega al 8,4 % de la población. Más alarmantes son los enormes ratios de población con dificultades para llegar a fin de mes. En 2022 se sitúa en el 41,5 % de la población no pobre, es decir, por encima del umbral de pobreza, y el 72,7 % de la población pobre. Teniendo en cuenta que el salario más frecuente es de 18.502,54 EUR —según datos de 2021— y el salario medio son 25.896,82 EUR[8], la gran mayoría de los ciudadanos que no están en riesgo de exclusión pueden caer en él ante la mínima dificultad, pues el grueso de la población está extremadamente cerca del umbral. El grupo más desfavorecido de todos son los 563.125 hogares sin ingresos en 2023.

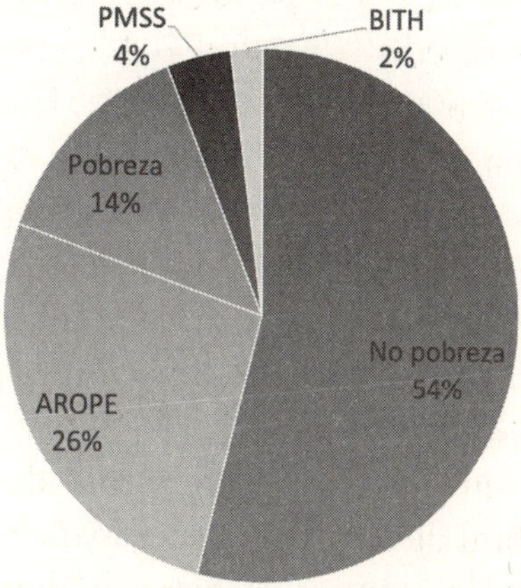

Gráfico 1.1. La pobreza en España, una foto dramática. (Fuente: EAPN)

Con estos datos destacados podemos ver que la pobreza es un problema de primer orden del que no se oye hablar casi nada, incluso teniendo en cuenta que España va a la cola de Europa. Detrás de estas complicadas estadísticas existe un auténtico drama humano que no llama la atención de los partidos de izquierdas, ni de los medios de comunicación, y que la mayoría de los ciudadanos desconoce. Recibimos muchas llamadas a la solidaridad humana en países en desarrollo por parte de las ONG, donde sin duda existen problemas enormes que no tenemos aquí, pero de lo que ocurre en nuestra propia ciudad, a la vuelta de la esquina, no sabemos nada ni queremos saber nada. Lo cierto es que las sucesivas recesiones y crisis provocan descensos masivos de la clase media hacia clase baja o a la pobreza misma, aunque también elevan la riqueza de los extremadamente ricos. Según datos de la Agencia Tributaria, las personas con más de treinta millones de euros eran 724 en 2020, y en 2021 se elevaron un 15 %. En una década, el número de estas fortunas se ha duplicado, hasta los 831 contribuyentes actuales.

La pobreza y el descenso de la prosperidad son conceptos ajenos a la narrativa occidental del progreso y del bienestar. Al discurso del crecimiento perpetuo. Sin embargo, todo a nuestro alrededor nos indica que decrecemos, eso sí, asimétricamente. Los ricos crecen y los pobres decrecen. La gran mayoría de las estadísticas que hemos visto cambiaron su base de cálculo para adaptarse a los objetivos de la Agenda 2030 auspiciada por la ONU o se crearon *ex novo*. Todo y así, los objetivos de la Agenda no se están alcanzando. El AROPE, como hemos visto, se sitúa en el 26,5 %, cuando debería estar en un poco ambicioso 22 %. Y eso que algunas bases de cálculo son técnicamente mejorables. El umbral de pobreza para el conjunto nacional en un año determinado se calcula como el 60 % de la mediana de los ingresos anuales por unidad de consumo (o renta equivalente) de todos los hogares a nivel nacional. ¿Por qué el 60 %? Así nunca podremos tener cifras incómodas, siempre serán proporcionales. O ¿por qué hacer una fotografía anual, olvidando los problemas acumulados? Lo que sucede con otros indicadores como el déficit público, el PIB o la inflación. ¿Y quién decide el número de corte? Y es que, aunque mucha gente piensa que las estadísticas son datos puros, no siempre lo son. Las premisas interesadas del cálculo, implementadas por poderes públicos y, a veces, privados, manipulan la realidad y nos ofrecen la versión más amable de los problemas. Luego la divulgación y difusión de los medios hace el resto. Y cuando te dicen que todo va bien, mirando al bolsillo, tienes una cierta sospecha de que no es así, pero piensas que tú eres el tonto de turno.

Volveremos sobre este tema clave. Sobre la fabricación de una narrativa oficial basada en datos, como si se tratara de la construcción de una especie de mátrix donde la gran mayoría de ciudadanos viven «felices» o, como diríamos vulgarmente, «jodidos pero contentos». La posverdad de la información oficial se está convirtiendo en la desinformación autorizada y la verdad en desinformación censurable. Hemos sido educados para entender un mundo que ya no existe, y las narrativas oficiales se aprovechan de ello. Por mucho pensamiento crítico que tengamos, hay que realizar un esfuerzo personal ímprobo para comprender e intentar cambiar las cosas. Existen innumerables *think tanks* pensando las mejores estrategias de manipulación social, así como fondos privados para financiar su puesta en marcha. Contra eso, el esfuerzo individual del ciudadano medio poco puede hacer. Por eso, es importante compartir marcos mentales que permitan comprender la actual coyuntura y aunar fuerzas para cambiar las cosas.

El descenso de la prosperidad es el problema más acuciante que afecta a la población mundial. No deja de ser extraño que un archimillonario como Bill Gates insista tanto en que se ha reducido la pobreza mundial. Lo primero que hay que constatar, y es justo considerarlo así, es que la pobreza es diferente en los países ricos y en los pobres. Si en España el corte se situaba en casi mil euros al mes, en los países subdesarrollados, según el Banco Mundial, el umbral inferior (pobreza extrema) está situado en 2,15 USD[9] diarios (poco más de 64 dólares al mes), y es cierto que el número de afectados por esta situación se ha reducido de 2000 millones a 700 millones de personas aproximadamente. Sin embargo, para estas áreas del planeta existen otros umbrales de pobreza utilizados para medirla. El umbral superior estaría en 6,85 dólares por día (poco más de 200 dólares por mes). Aquí tenemos entre 3700 y 4200 millones de personas aproximadamente, algo así como la mitad de la población mundial, y no se ha reducido nada desde 1990.

Como hemos podido ver hasta aquí, todo depende de las estadísticas que se utilicen, y de si las cantidades monetarias están ajustadas para poderse comparar en periodos históricos largos. Lo que sí ha cambiado es que hoy en día no se puede ser pobre con menos de 2,15 dólares al día, porque con esa cantidad es prácticamente imposible vivir, mientras que antes sí que era un indicador admisible. Es decir, el rango de pobreza mínima ha ido subiendo, pero la pobreza no ha desaparecido, incluso ha crecido junto a la desigualdad, y la mejor prueba es que en Occidente existe incluso entre la gente que trabaja.

El sueño de la clase media de que los hijos prosperen más que los padres se ha desvanecido. ¿Qué futuro les espera a los niños?

1.2. Cada vez menos humanos: la decadencia de los valores

Hace ya más de veinte años, el politólogo Huntington retrataba a Occidente de la siguiente manera:

> Una civilización en decadencia, cuya porción de poder político, económico y militar en el mundo va decayendo con respecto al de otras civilizaciones. La victoria de Occidente en la Guerra Fría no ha engendrado triunfo, sino agotamiento. Occidente cada vez se ocupa más de sus problemas y necesidades internos, ya que se enfrenta a un crecimiento económico lento, paro estructural, déficits públicos enormes, ética laboral en decadencia, índices de ahorro bajos y, en muchos países entre los que se encuentra Estados Unidos, disgregación social, drogas y crimen. El poder económico se está desplazando rápidamente al este de Asia, y el poderío militar y la influencia política están comenzando a seguir sus pasos[10].

Este panorama no ha hecho mas que agudizarse. Oswald Spengler señaló con acierto, a principios del siglo XX, que «cada pueblo en el curso de su historia llega a tal punto de decadencia»[11]. En su célebre libro *La decadencia de Occidente*, podemos encontrar más textos de extraña actualidad al referirse a hechos pasados:

> La Constitución alemana de 1919, esto es, una constitución hecha ya en los umbrales de la decadencia democrática, contiene con toda ingenuidad una dictadura de los partidos, que han asumido todos los derechos, sin ser en serio responsables ante nadie[12].

Al leer esto nos pitan los oídos como si se hablara ya de la triste partidocracia española e incluso de nuestros inmerecidos líderes. Si a principios del siglo XX Spengler ya denunciaba la «decadencia de la democracia», no sé cómo deberíamos llamar a la situación de hoy en día, y más si pensamos en la forma en que acabó tal decadencia, con dos sangrientas guerras mundiales.

Intentaremos no dramatizar. La decadencia precede a una nueva época. La nostalgia es para los viejos de alma, pero pensando en los niños, la esperanza y la ilusión de un mejor futuro debe ser posible. Estamos en decadencia, en la disolución y perversión de las instituciones sociales que nos han acompañado para bien o para mal durante décadas. La decadencia de Occidente y de Estados Unidos (EE. UU.) en particular, como líder actual de nuestra civilización, se manifiesta en un sistema económico desequilibrado que envía signos de agotamiento. Es el resultado de muchos problemas y contradicciones internas que están permitiendo el nacimiento de un mundo aparentemente multipolar. China y Rusia son potencias rebeldes que lideran la oposición al nuevo orden mundial en contra del unilateralismo norteamericano. La decadencia es, primero de todo, una decadencia de valores. Nuestros principios están cuestionados por la coyuntura o quizás ya no funcionan. Esto es algo difícil dwe asimilar. Los valores que nos han sido transmitidos en la escuela, en la familia, en la sociedad, en nuestra cultura están siendo desafiados, pero hasta ahora constituían el marco de convivencia que habíamos consensuado, basado en nuestras creencias y en las experiencias históricas comunes. En definitiva, esos valores son el cristal a través del cual interpretamos nuestra realidad y reaccionamos a ella, y al verse debilitados, la realidad misma en la que vivimos se desdibuja. Por supuesto, no son todos los valores los que están en crisis, y que lo estén no quiere decir que no sean válidos, pero habrá que adaptarlos a los tiempos y argumentarlos contra los nuevos enemigos. Pero ¿cuáles son esos valores occidentales? Según Huntington serían los siguientes:

- Legado clásico
- Catolicismo y protestantismo
- Lenguas europeas
- Separación de la autoridad espiritual y temporal
- El imperio de la ley
- El pluralismo social
- Los cuerpos representativos
- El individualismo[13]

Los tres primeros corresponden al acervo cultural europeo. Son valores que no parecen estar tan en crisis como se dice. En 2020, el 49 % de los habitantes del África subsahariana seguían siendo cristianos y el porcentaje continúa creciendo, aunque los musulmanes aumenten más. En general, después de la descolonización, se han ido imponiendo tendencias identitarias en busca de raíces tribales. Este fenómeno indigenista ocurre en Hispanoamérica también. Sin embargo, si tenemos en cuenta las proyecciones previstas desde el año 2010 hasta el 2050, el porcentaje total de cristianos[14] en el mundo se mantiene estable en un 31,4 %, mientras que los musulmanes suben del 23,2

% al 29,7 %. Se calcula que para 2070 tendría lugar el *sorpasso* del islam frente al cristianismo a nivel global. Los no religiosos (ateos, agnósticos, religión personal, etcétera) caen del 16,4 % al 13,2 %. El budismo, el hinduismo, las religiones populares también decrecen. El judaísmo mantiene su porcentaje en un exiguo 0,2 %. Es curioso como la gran mayoría de la población es creyente y las religiones gozan de buena salud. Las regiones clave para decidir el futuro de la espiritualidad son África, con la mayor tasa de natalidad, un 4,4[15], y Oriente Medio y norte de África, con un 3,0. Esto significa que, aunque existiera un choque de civilizaciones, no parece que vaya a haber una adopción de valores orientales en Occidente, a no ser que sea por imposición.

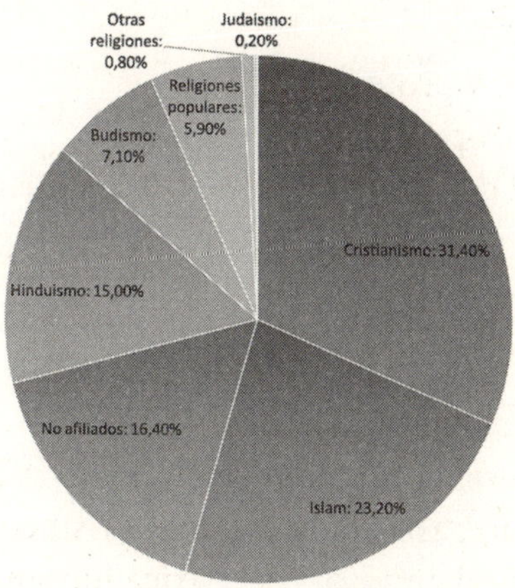

Gráfico 1.2. Las religiones tradicionales sobreviven en el mundo. (Fuente: PEW Research Center)

Una de las diferencias cruciales de Occidente respecto a Oriente, como señala Huntington, es la división de la autoridad espiritual frente a la temporal. La separación de Iglesia y Estado, o entre religión y política, constituye uno de los aspectos clave para el desarrollo de la libertad y de la prosperidad en Occidente.

Además de muchos conflictos político-religiosos que han configurado el proceso de separación de las leyes humanas frente a las «leyes divinas», un componente esencial de este éxito fue la creación de las primeras universidades europeas alrededor del siglo XI. Un gran debate intelectual precedió y constituyó la formación del saber universitario. No estuvo exento de fuertes polémicas y enfrentamientos, pero al final se llegó a un acuerdo entre los cristianos aristotélicos y los cristianos escolásticos, y se consiguió que todo el mundo que quisiera estudiar —lo que se llamaba *trivium* y *quadrivium*— tuviera que leer a Aristóteles, que era tanto como abordar el conocimiento más científico o sistemático de la época. Incluso si querías ser teólogo. Y eso lo cambió todo. La disputa medieval aún resuena como el método de enseñanza más objetivo posible, donde las nuevas tesis se evaluaban entre pares de expertos con argumentos y contraargumentos, como sigue sucediendo hoy en día para la publicación de las revistas científicas. En otras religiones, como el judaísmo o el islam, se prohibió a Aristóteles, lo que las alejó del progreso durante mucho tiempo.

Como consecuencia de la laicización del poder, el imperio de la ley humana toma cuerpo. La centralidad de la ley, aunque deriva del derecho romano y del derecho natural, llevará al constitucionalismo moderno. En otras civilizaciones este valor social no fue parte del sistema. Y este sí es uno de los valores que está en decadencia en Occidente. El imperio del poder está por encima de la ley. La concentración de poder en unas pocas élites deforma la ley de manera parecida a como ocurriera en culturas como el islam o en la China imperial. La ley es arbitraria, ya no es igual para todos. Los poderosos están por encima y se la saltan y la doblegan en todo momento. Lo vemos constantemente en política. La excepcionalidad con que se tratan algunos casos de corrupción que afectan a los mismos políticos es escandalosa. Innumerables causas judiciales son archivadas o prescriben antes de dictar sentencia. Con discreción se realizan las presiones necesarias para desactivar el cumplimiento legal o las investigaciones judiciales, lo cual representa una desnaturalización del Estado de derecho. Incluso se ha inoculado el germen de la desigualdad en la ley, introduciendo desventajas penales para los hombres con las leyes de género.

También se vislumbran problemas en el resto de valores, aunque es más un conflicto que una decadencia propiamente dicha. Nuevos valores introducidos chocan con los tradicionales. El pluralismo de la sociedad civil sigue siendo una de las riquezas de la civilización occidental y, por eso, es muy permeable a aceptar nuevos puntos de vista. Como concluye Huntington, tendremos que aceptar que no hay decadencia de valores, sino un choque de civilizaciones que intenta destruir los valores tradicionales. Una suma de muchas guerras, migraciones, mestizajes y una dinámica territorial constante han creado un crisol de grupos y asociaciones durante la historia de Europa. Pero el factor determinante es que esta capilaridad de grupos sociales no está basada en lazos de sangre o en matrimonios organizados, como sigue ocurriendo en otras culturas del planeta.

Igualmente, los cuerpos representativos tienen una tradición milenaria en Europa. Parlamentos y representantes de los diversos estamentos sociales han existido con la excepción de algunos periodos absolutistas. En Oriente, al contrario, han triunfado las dinastías de emperadores sin representantes civiles. En cualquier caso, los occidentales prefieren la representatividad, pero esto no ha podido evitar que los poderes fácticos lleguen a crear una crisis de legitimidad del Estado. La representación popular está siendo usurpada. Nos detendremos en el capítulo siguiente al respecto.

El individualismo es quizás el valor más esencial de Occidente, así lo reconocen las culturas orientales. La base de todo es la libertad individual, y sin propiedad privada esta no puede existir, aunque siempre han existido tendencias comunitarias también en Occidente. En Oriente, en cambio, los derechos de la colectividad son más importantes que el individuo mismo. Incluso el liderazgo individual es un arquetipo occidental, mientras las decisiones por consenso son más habituales en las culturas orientales. La libertad individual es la base del libre comercio, del liberalismo y del espíritu emprendedor, y está en la base del mayor desarrollo económico de Occidente.

Disponemos de un interesante modelo para entender la estructura de valores mundial. Se trata del mapa mundial de valores culturales de Inglehart–Welzel, que en su versión de 2023[16] se mantiene sin cambios notables, según la encuesta que se realiza anualmente. Tiene ocho agrupaciones culturales: Europa católica, Europa protestante, anglosajones, Latinoamérica, Asia del sur, África, excomunistas y confucianos. Este modelo tiene muchas limitaciones y algunos sesgos, pero, aunque sea a brochazos, nos permite tener una imagen general bastante correcta. El mapa es un plano cartesiano, no una representación geográfica, en la que se posicionan los países según sus valores en las coordenadas. En el eje «X» se hallan los valores de supervivencia versus los valores relacionados con la autoexpresión. Los valores de supervivencia se enfocan en la seguridad física y material, responden a pueblos poco tolerantes y muy desconfiados. Tienen relación con sociedades indígenas. Los valores de autoexpresión priorizan el bienestar subjetivo y la calidad de vida. Son valores relacionados con la protección del medioambiente, una mayor tolerancia con colectivos como migrantes, la igualdad de géneros, mayor demanda de participación en la vida política y económica y mayor confianza interpersonal. En cambio, en el eje «Y» encontramos los valores tradicionales frente a los valores seculares y racionales. Los valores tradicionales destacan la importancia de la religión, los vínculos familiares, el respeto a la autoridad y a las convenciones sociales. Estas sociedades suelen ser muy nacionalistas. Los valores seculares-racionales suelen aceptar el divorcio, el aborto, la eutanasia y el suicidio.

Detrás de este modelo hay una teoría de la modernización donde se identifica el progreso con la realización de valores de autoexpresión y con los valores seculares. Es evidente el sesgo progresista de esta concepción y la simplicidad con que se aplanan los países, pues dentro de cada uno se dan varias tendencias contradictorias, pero esta teoría tiene la virtud de indicarnos lo que subyace en la ideología del globalismo. No digo que los autores lo sean, como científicos sociales realizan bastantes salvedades[17], pero esos son los nuevos valores del nuevo orden mundial, necesarios para destruir el antiguo orden por la vía de urgencia. Los autores reconocen que el desarrollo económico no cambia automáticamente la cultura, por eso los globalistas necesitan debilitar la cultura establecida para, a través de la confusión, imponer su agenda transformadora. Occidente se está deshumanizando, porque no es inmune a valores intolerantes procedentes de otras culturas y a los nuevos valores de los agentes de ingeniería social. La supuesta decadencia de Occidente es en realidad un ataque ideológico, apoyado en necesidades de minorías, como la agenda *woke* nacida de los laboratorios culturales de las universidades norteamericanas o los valores orientales, importados por inmigraciones masivas que no aceptan ni siquiera el consenso mínimo de los derechos humanos. Occidente no está preparada para tratar con civilizaciones que no quieren debatir y que no pueden negociar y llegar a acuerdos. Como tampoco con nuevas ideologías identitarias que son tan atractivas para adolescentes en busca de nuevos modelos. Estas hacen tambalear los fundamentos occidentales. La adopción ingenua de algunos valores exógenos por algunos sectores de la población debido a su buenismo agravan enormemente la situación. La crisis de valores es el caldo de cultivo perfecto para la imposición de estrategias geopolíticas y tácticas de la peor ingeniera social. La tolerancia con los intolerantes desestabiliza la sociedad y especialmente a su núcleo, la familia, que ha sido tradicionalmente la red social solidaria por excelencia.

Se promueven valores que incitan a la segregación social —como el rechazo al trabajo, el desprecio al emprendedor, el descrédito de la racionalidad, la sumisión al Estado paternalista, la democracia como espectáculo, el control de la natalidad como falsa libertad, la aceptación incontrolada de inmigración, el desprecio por la senectud—, que chocan frontalmente con los ideales ilustrados occidentales. ¿Y qué hay de nuestros niños? Son el centro del ataque, porque son el futuro. Son la medida de todas las cosas. Dime cómo tratas a la infancia y te diré quién eres. Asistimos a la aprobación de normas jurídicas que, en vez de protegerlos de los mayores, los condenan a prácticas sociales indeseadas, mientras los padres son sancionados si lo impiden. No quiero pensar que los punkis cuando decían «no hay futuro» podían tener razón. Como dijo Arnold Toynbee en su obra *Estudio de la historia*, «las civilizaciones mueren por suicidio y no por asesinato».

1.3. Cada vez menos libres: la desactivación de las alternativas

La libertad de expresión y de opinión, así como la de pensamiento y de conciencia, están recogidas en la Declaración Universal de los Derechos Humanos proclamada en 1948. Sin embargo, no ha sido un camino fácil. Como muchas cosas en nuestra sociedad posindustrial y posmoderna, se ha reducido a una mera formalidad. La realidad es que la necesidad de control social nunca había sido tan grande, y sería imposible sin controlar los medios de emisión de información pública, como los medios de comunicación de masas o las redes sociales. Auténticas fábricas de pensamiento, constituidas por sociedades discretas y *think tanks*, se preocupan de construir marcos mentales favorables a la agenda globalista. Las creencias y nuestros pensamientos han sido intervenidos de una manera profunda. Como consecuencia, las opiniones ya han sido limitadas de partida, sin que las personas tengan tiempo de practicar un sano pensamiento crítico. Por si eso no fuera suficiente, existen agencias dedicadas a la desinformación y a la censura, o a certificar lo que es verdad y lo que no lo es. También se utilizan técnicas sofisticadas de algoritmos en redes sociales destinadas a la manipulación volitiva, para polarizar a la opinión pública y canalizar sus apoyos a los discursos promovidos por el poder. No se trata de un pensamiento único como ocurre en las dictaduras, al contrario, eso es demasiado asfixiante como propuesta para una sociedad opulenta y anestesiada que cree ser libre e inteligente. Se promociona un rango plural de opiniones que resultan inofensivas para el poder. En cambio, aquellas que son discursos alternativos de contrapoder son atacados sin piedad. Uno puede ser de izquierdas o de derechas, pero no puede ser antiglobalista, porque inmediatamente es etiquetado como «fascista» o de pertenecer a la «ultraderecha». El soberanismo es el enemigo del globalismo.

La primera víctima de la apropiación de la opinión pública, por instituciones de control y manipulación mental discretas, es el diálogo, el debate social. Sin entrar ahora en mayores análisis políticos, lo que se puede decir es que sin debate social no se dan las condiciones de posibilidad para que exista una democracia. Nadie como Michel Foucault ha estudiado el tema del poder actual. Sin su teoría de la microfísica del poder es imposible entender nada de lo que está pasando. Tengo que hacer una pequeña digresión al respecto.

Ha habido varios intentos de agrupar a autores como Deleuze, Derrida, Foucault o Lyotard, que no tienen conceptualmente casi nada en común, bajo la etiqueta de posmodernismo. El primero fue Jürgen Habermas en 1993 con su libro *El discurso filosófico de la modernidad.* Una obra ridícula, carente del rigor intelectual propio del autor. En 1997, Alan Sokal escribió *Imposturas intelectuales*, donde acusaba a los autores franceses de utilizar conceptos de la ciencia de manera descontextualizada, lo cual nunca fue ningún secreto y es algo legítimo que también ocurre en dirección contraria. Posteriormente, el más popular de la vulgata anti posestructuralista ha sido Stephen R. C. Hicks en 2011, en su obra *Explicando el posmodernismo*, donde lo asimila a una evolución del socialismo. Nada más falso[18]. La cuestión siempre es qué y cómo se lee[19]. Hay que leer todos los libros sin prejuicios, prescindiendo de la persona que lo escribió. Considerar a Heidegger un nazi porque en vez de irse a EE. UU. decidió quedarse en su país, y por tanto tuvo que aceptar el carnet del partido nazi, es un cuento que solo pueden creer aquellos que no han leído su obra. Igual que Foucault, que, aunque fue un intelectual de izquierdas —pero no marxista— y homosexual, su obra excede su vida[20]. Hicks no hace una lectura honesta de los posestructuralistas.

La microfísica del poder se basa en tres sencillos principios que nos llevan más allá de la idea clásica del poder exclusivamente represivo[21]:

a) Microfísica: «el poder es capilar», no tiene un centro visible y llega a todos los ámbitos de la vida.

b) Dinamicidad: «el poder no es estático», es polimórfico como un virus, aprende, se reproduce con rapidez y ataca masivamente.

c) Positividad: «el poder es positivo», no solo es represivo, construye la realidad, produce saber, incluso placer, aunque solo sea para esclavizar a las personas.

Foucault, a través de varios libros donde realiza una investigación primaria en archivos documentales, estudia el saber y el poder en la historia reciente de las instituciones médicas, mentales, carcelarias, jurídicas y sexuales. En la modernidad se establece un poder disciplinario que produce a través de instituciones sociales un comportamiento considerado correcto, más allá del poder autoritario represivo. Esta es una de las aportaciones de la sociedad burguesa, sin la cual no se puede explicar el desarrollo del capitalismo. Para trabajar en un telar del siglo XVIII o en una fábrica del siglo XX se requiere una gran disciplina horaria y de trabajo. El taylorismo y el fordismo son buenos ejemplos de ello, pero este fenómeno de normalización social no solo se produce en el ámbito de trabajo. Foucault documenta muchos ejemplos en los que primero se construye un marco conceptual para delimitar lo correcto de lo incorrecto.

El caso de la locura es paradigmático. Uno puede pensar que las enfermedades mentales son algo objetivo y universal, como la gravedad newtoniana, pero la realidad es que no existía una tipificación de la locura en la Antigüedad. No existía como problema. Es un proceso histórico determinado que se inicia sobre el siglo XV: por el aumento de la complejidad en la organización social y la necesidad de segregar ciertos individuos peligrosos para el orden establecido se abre un campo científico nuevo. Incluso hoy en día las enfermedades mentales se definen en un vademécum denominado DSM (*Diagnostic and Statistical Manual of Mental Disorders*), de la American Psychiatric Association, que se utiliza en todo el mundo. En la versión actual, la número cinco, se incluyen nuevos trastornos como el de «desregulación destructiva del estado de ánimo», o se quitan algunos viejos como subtipos de esquizofrenia. Como se ve, es bastante arbitraria la frontera de los problemas mentales, pues hay muchos sesgos culturales y muchos intereses del poder. El caso de la psiquiatría está conectado con el poder médico, con la industria farmacéutica y con la medicalización de los tratamientos. En la categoría de los trastornos depresivos, el duelo no excluye el diagnóstico de depresión, lo que puede llevar a una medicalización innecesaria de una de las experiencias más comunes para las personas. La tendencia es patologizar situaciones normales, y eso no solo es un negocio, sino una herramienta de control para desincentivar la organización del descontento social.

El poder normalizador te permite ser libre de seguir los objetivos de la disciplina y, en la medida que te adaptes, todo irá bien, pero si no lo haces, al estar fuera del sistema, sufres las consecuencias de la segregación social. Serás un parado, un enfermo, un mentiroso, un «facha» y la misma sociedad te sancionará hasta el sufrimiento, pero no vendrá la policía a detenerte. El poder normalizador disciplinario que Foucault llama microfísica del poder complementa al poder clásico que emana de la soberanía y que exige una obediencia completa que se hace cumplir mediante el castigo. La microfísica del poder actual en vez de impedir conductas las incentiva, las crea. Ese es el novedoso gran poder del globalismo. Mientras el soberanismo, representado por los Estados nacionales históricos, administraba ciudadanos, el globalismo pretende crearlos. Si produces idiotas inofensivos, no necesitas reprimirlos.

El tristemente famoso Instituto Tavistock por sus investigaciones sobre el control mental es un perfecto ejemplo de lo que estamos explicando. «En el nuevo movimiento totalitario, esta fuerza directriz omnipresente se comunica por medio de la modificación de la conducta y el cambio de identidad, que son los nodos dominantes del sistema»[22]. En la posmodernidad asistimos a procesos de normalización social muy evolucionados a través de la última tecnología social. El caso de las redes sociales es más que evidente. Se incentiva la respuesta impulsiva y emocional en contra de algo, porque es más intensa y es más fácil de predecir y gestionar. Estos algoritmos producen comportamientos en serie, por ejemplo, para decantar la opinión pública en temas electorales. El escándalo de Facebook-Cambridge Analytica[23] fue quizás el primero que permitió conocer la superficie de ese *deep web* donde se comercia con datos y conductas colectivas en secreto.

La manipulación mental a través de algoritmos impone narrativas o discursos sociales. La producción de este tipo de discursos es masiva y constante. Los discursos producen sujetos, individuos que comparten un mismo marco mental a través del cual interpretan todo y actúan en consecuencia, condicionados por este. La división política entre izquierdas y derechas es un buen ejemplo de marco mental obsoleto, ya que no se corresponde a poderes reales, sino que tan solo identifican subculturas que siguen reutilizando discursos inocuos. Se construyen metarrelatos que dan explicaciones para todo, al mismo tiempo que ocultan la auténtica verdad y satisfacen lo suficiente para que nadie tenga que molestarse en saber más. El poder produce saber. Lo veremos en cuestiones que abordaremos más adelante como el cambio climático. Esto es clave entenderlo: «solo se puede ejercitar el poder a través de la producción de la verdad»[24]. Es el poder el que tiene la fuerza para imponer la verdad. Lo importante es la correlación entre el discurso y la fuerza para imponerse, no la correspondencia entre discurso y verdad, porque las colecciones de hechos o de datos siempre permiten diferentes explicaciones. No existen verdades absolutas, solo hechos atómicos o datos únicos y esos son indiscutibles, pero la sola conexión de dos o más hechos o datos siempre permite diversas narraciones. Hay muchas explicaciones válidas que dependen del saber, pero la verdad depende del poder. Las otras verdades alternativas posibles pueden ser calificadas de mentiras por el poder hegemónico. Las opiniones aceptables se restringen, y las opciones de posicionarse con ideas alternativas o contrarias al poder dominante se intentan suprimir por todos los medios. No hay elemento en la vida que no sea absorbido por las prácticas discursivas del poder: la salud, el ocio, el sexo, el trabajo, la política, la vivienda, etcétera. Por eso, el mismo Foucault da una vuelta de tuerca a la normalización de la microfísica del poder, para hablar de la práctica dominante del biopoder, un poder capaz de amenazar la supervivencia de la misma especie humana y de gestionar su reproducción y su consumo energético hasta límites insospechados.

La consecuencia es que la libertad se resiente. Si vemos las estadísticas de Reporteros Sin Fronteras sobre el estado de la libertad de prensa en el mundo, en 2013 había veintiséis países en buena situación, un 14,4 % del total, mientras en 2023 tan solo hay ocho países, un 4,4 %. Es evidente el deterioro de la función crítica de la prensa por lo que llaman «industrias del engaño[25]». En el *ranking* por países, atendiendo a la capacidad de ser impermeable ante las presiones políticas, España, por ejemplo, está en el puesto treinta y ocho, justo por detrás de Montenegro y por delante de República Dominicana. Esto nos da una idea del descenso abismal de la libertad de prensa en nuestro país. A pesar de ello, España está en el número cincuenta y cinco en el índice de libertad mundial, según Freedom House. Tan solo el 20 % de países del mundo vive en una sociedad que puede considerarse libre[26], pero lo más alarmante es el deterioro de esta situación. En 2023, los derechos políticos y libertades civiles involucionaron en un 22 % respecto a la población mundial. En los países subdesarrollados, los abusos a la libertad política son más evidentes. Desde golpes de Estado a elecciones amañadas, pasando por autoritarismos varios. En los países desarrollados las técnicas son más sofisticadas: manipulación de la opinión pública y manipulación del conteo electoral.

País	Puntuación	Ranking
Noruega	91,89	1
Dinamarca	89,60	2
Suecia	88,32	3
Países Bajos	87,73	4

Finlandia	86,55	5
Estonia	86,44	6
Portugal	85,90	7
Irlanda	85,59	8
Suiza	84,01	9
Alemania	83,84	10
Luxemburgo	83,80	11
Letonia	82,90	12
Lituania	81,73	13
Canadá	81,70	14
Liechtenstein	81,52	15
Bélgica	81,49	16
Chequia (República Checa)	80,14	17
Islandia	80,13	18
Nueva Zelanda	79,72	19
Timor-Leste	78,92	20
Francia	78,65	21
Samoa	78,41	22
Reino Unido	77,51	23
Jamaica	77,30	24
Trinidad y Tobago	76,69	25
Costa Rica	76,13	26
Taiwán	76,13	27
Surinam	76,11	28
Eslovaquia	76,03	29
España	76,01	30

Tabla 1.1. Libertad de prensa. (Fuente: Reporteros Sin Fronteras)

El mundo bascula entre los métodos denunciados en la novela *1984* de George Orwell, una transposición de los peores métodos represivos del estalinismo de la Unión de Repúblicas

Socialistas Soviéticas (URSS), y las formas positivas de control propuestas en la novela *Un mundo feliz* de Aldous Huxley, donde la libertad sexual es promocionada para disipar toda oposición política. Tenemos en un extremo el sistema de crédito social, como ocurre en China, donde el Estado condiciona el comportamiento ciudadano, añadiendo puntos o restándolos en función de si las acciones de los sujetos se adecuan a los criterios exigidos por el sistema. Si alguien fuma puede no tener derecho al tratamiento de ciertas enfermedades. Pero en el otro extremo, tenemos el fomento de una aparente sexualidad libre que no hace otra cosa que dividir a la sociedad entre decenas de tendencias culturales de género y destruir a la familia, que constituye la red de resiliencia social más importante.

El poder produce sujetos en serie como si de una fábrica se tratara. «El individuo es un efecto del poder[27]», dice Foucault. Con creencias, actitudes y conocimientos comunes, pero, sobre todo, con una gran aversión al pensamiento crítico y poca tolerancia con lo diferente. El mismo ciudadano se convierte en policía. Lo vimos con muchas actitudes ciudadanas en tiempos de la pandemia. El espacio de la opinión pública y el ciberespacio de la influencia social son el campo de la batalla cultural actual. Muchos consideran a Antonio Gramsci como el teórico de este tipo de conflicto entre ideas, por haber elaborado el concepto de hegemonía cultural de la clase dominante. Gramsci sostiene que el cambio social solo es posible si se vencen las ideas dominantes. Desalentado por la evidencia de que las contradicciones del capitalismo no llevaban a una revolución socialista, y que la lucha de clases no era el motor del conflicto social, el autor italiano defiende la lucha cultural como tarea primordial para el cambio social. Gramsci no piensa, como la tradición marxista clásica, que las condiciones materiales condicionen las estructuras culturales, sino que cree que las dos son parte de un mismo proceso histórico y que la victoria cultural llevaría a la económica. Tanto la nueva derecha a partir de Alain de Benoist como el neomarxismo de la escuela de Frankfurt consideran fundamental la batalla cultural. No en balde, el marxismo ortodoxo y el globalismo siempre han ido de la mano[28].

Sin embargo, Gramsci no tenía un conocimiento profundo de Marx; sus críticas se dirigen más al marxismo vulgar y a ese Marx tuneado por Engels que tanto lo simplificó y banalizó. La obra cumbre de Marx no es *El capital,* que fue ordenado, editado y reescrito por Engels casi en su totalidad, sino los apuntes previos, los llamados *Grundrisse.* Estos son, simplificando mucho, una mezcla de *La riqueza de las naciones* de Adam Smith y de la *Lógica* de Hegel. Por eso, la teoría del dinero en Marx es una compleja teoría del poder. El dinero es una relación social de poder[29] y en este poder también hay que contemplar el saber.

> En la medida que la industria se desarrolla, la creación de la riqueza real deviene menos dependiente del tiempo de trabajo y de la cantidad de trabajo utilizado que del poder de agentes que son puestos en movimiento durante el tiempo de trabajo, y cuya poderosa efectividad no está en relación alguna con el tiempo de trabajo inmediato, sino que depende más bien del nivel general del desarrollo de la ciencia y del progreso de la tecnología, o de la aplicación de esta ciencia a la producción[30].

Esto contradice completamente esa concepción mecánica de que la infraestructura determina la superestructura: la economía como estructura de poder incluye también el saber. Pero el auténtico Marx también rebate a Gramsci: por sí sola la batalla cultural no lleva al cambio social, para que esta sea efectiva debe ser parte de una auténtica postura de poder o de contrapoder; de lo contrario, será fatua. Esa es la clave que nos indica la microfísica del poder y la teoría del dinero. La única manera de oponerse al poder es crear discursos y organizaciones que estén vinculadas a una forma alternativa de crear valor y dinero. Ahí está el futuro. Y esto es lo que veremos en capítulos posteriores.

1.4. Cada vez menos preparados: la destrucción de la enseñanza

Una buena educación no lo soluciona todo. El proyecto ilustrado murió, aunque aún perviven varios de sus ideales. Sabemos que tener educación y cultura no evita decisiones estúpidas o no impide la maldad, pero también hay que reconocer que sin una buena formación todo es peor. Y tanto la libertad como la prosperidad dependen de la educación, pero no de cualquier educación. La clave está en el pensamiento crítico. Si los conocimientos están en Google y casi toda la formación está orientada al desarrollo de las habilidades blandas, lo que nos falta es formarnos en pensamiento crítico. A diferencia de la inteligencia, que se tiene o no, el pensamiento crítico se puede medir[31] y se puede aprender. Es una disciplina de autodefensa personal a nivel mental, para defendernos de los criminales del pensamiento. Por tanto, sería importante que se enseñara en la escuela.

Los Objetivos de Desarrollo Sostenible (2015-2030) son una iniciativa impulsada por Naciones Unidas para desarrollar la agenda de los Objetivos de Desarrollo del Milenio, abreviados como ODS (o SDG en inglés), que comprenden diecisiete objetivos y 169 metas. Tras un proceso de negociación que involucró a 193 Estados miembros de la ONU, en 2015 se aprobó en una reunión plenaria de la Asamblea General una agenda que lleva por título *Transformar nuestro mundo: la Agenda 2030 para el Desarrollo Sostenible*. Entró en vigor el 1 de enero de 2016 y es más conocida como Agenda 2030. Esta agenda es un conjunto de ideales con los que todo el mundo puede estar de acuerdo, como con el de «acabar con la pobreza», pero, además de esta función ideológica, son también un método de medición social, son los KPI (*key performance indicator* o indicadores clave del rendimiento) del mundo, imprescindibles para imponer políticas globales y saber cómo evolucionan. Estos indicadores son la clave para homogeneizar a los Gobiernos y a las sociedades a nivel global. Luego veremos que las políticas que se quieren imponer contradicen esos mismos objetivos.

En 2015 tuvo lugar una reunión del World Education Forum en Incheon, Corea, organizada por la UNESCO, UNICEF, World Bank, UNFPA, UNDP, UN Women y UNHCR. Las conclusiones se publicaron en el documento *Incheon Declaration. Education 2030: Towards inclusive and equitable quality education and lifelong learning for all*[32], que representó la culminación de un largo proceso para definir el ODS 4 —«Garantizar una educación inclusiva, equitativa y de calidad, así como promover oportunidades de aprendizaje durante toda la vida para todos»—, que trata sobre el desarrollo para una mejor educación de la humanidad y que posteriormente publicó la ONU. En dicho documento podemos leer en el preámbulo la importancia fundacional del pensamiento crítico:

> Es urgente que los niños, jóvenes y adultos adquieran a lo largo de la vida las aptitudes y competencias flexibles necesarias para vivir y trabajar en un mundo más seguro, sostenible, interdependiente, basado en el conocimiento e impulsado por la tecnología. El ODS 4-Educación 2030 garantizará que todas las personas adquieran una sólida base de conocimientos, desarrollen un pensamiento creativo y crítico y habilidades para la colaboración, y estimulen su curiosidad, valor y resiliencia[33].

A continuación, ya en la explicación del objetivo 4.3, referido a la igualdad de género en educación, encontramos otra referencia al pensamiento crítico:

> Además de impartir competencias para el empleo, la educación terciaria y las universidades desempeñan un papel esencial, debido a que estimulan el pensamiento crítico y creativo y generan y difunden conocimientos que favorecen el desarrollo social, cultural, ecológico y económico. La educación terciaria y las universidades son indispensables para la educación de los científicos, expertos y líderes del futuro. Gracias a sus actividades de investigación, cumplen una función básica en la creación de conocimientos y facilitan el desarrollo de capacidades analíticas y creativas que permiten encontrar soluciones a problemas locales y mundiales en todos los ámbitos del desarrollo sostenible[34].

Finalmente, en el objetivo 4.4 («De aquí a 2030, aumentar sustancialmente el número de jóvenes y adultos que tienen habilidades pertinentes, incluidas habilidades técnicas y vocacionales, para el empleo, el trabajo decente y el emprendimiento», conocido genéricamente como *skills for work*, que es donde cobra todo sentido el pensamiento crítico) encontramos:

> Un enfoque centrado en gran medida en aptitudes específicas para el trabajo reduce la capacidad de los diplomados de adaptarse a las exigencias en rápida evolución del mercado laboral. Por ello, más allá de dominar dichas aptitudes, es preciso hacer hincapié en el desarrollo de aptitudes cognitivas y no cognitivas/transferibles de alto nivel [xxv], como la resolución de problemas, el pensamiento crítico, la creatividad, el trabajo en equipo, las competencias de comunicación y la resolución de conflictos, que pueden aplicarse en diversos sectores profesionales. Por otra parte, se deberán brindar posibilidades a los educandos de actualizar continuamente sus aptitudes mediante el aprendizaje a lo largo de la vida[35].

Así pues, desde el inicio de los ODS hasta 2016, encontramos específicamente en el objetivo 4.4 una apuesta por el pensamiento crítico, especialmente en la educación para el emprendimiento y el trabajo. Sin embargo, en 2017 ha desaparecido completamente[36]. Incluso en los informes más recientes: *The Sustainable Development Goals Report*, de 2019 y 2020, tampoco encontramos ninguna referencia al pensamiento crítico. Pero, por si eso fuera poco, los indicadores (4.4.1) que se han propuesto para medir el objetivo 4.4 se han reducido a conocimientos informáticos básicos: «4.4.1 Proporción de jóvenes y adultos con competencias en tecnología de la información y las comunicaciones (TIC), desglosada por tipo de competencia técnica». Concretamente, como vemos en los últimos informes, como *Global Education Monitoring Report 2020: Inclusion and Education. All Means All*[37], las pruebas incluidas del indicador son: «1. Copiar y pegar un documento; 2. Usar una fórmula en la hoja de cálculo; 3. Escribir un programa de ordenador».

¿Qué ha pasado con el pensamiento crítico? Ha sido reducido a unas meras capacidades funcionales básicas en TIC. Hemos pasado, como vemos en los documentos de ODS, del «pensamiento crítico» al «pensamiento computacional», y esta última acepción realmente no es, en absoluto, pensamiento, sino más bien un conocimiento práctico.

¿Qué ha sucedido con la firme voluntad de crear una población con espíritu crítico capaz de trabajar dignamente aportando valor o emprendiendo nuevos proyectos innovadores? ¿Es que acaso la Agenda 2030 pretende crear borregos digitales? Si bien es verdad que a nivel mundial los problemas educacionales son extremadamente graves, ya que la comprensión lectora o el conocimiento básico de las matemáticas no llega a una gran parte de la población, el pensamiento crítico debe enseñarse desde párvulos hasta la edad adulta, siguiendo la tradición filosófico-pedagógica del pensamiento crítico inaugurada por John Dewey.

En la gran mayoría de estudios sobre la educación del futuro —como P21 (*Partnership for 21st Century Skills*); *Common Core State Standards Initiative* SCANS (Secretary's Commission on Achieving Necessary Skills); *A Nation at Risk,* World Economic Forum; American Association of College and Universities; ISTE Educational Technology Standards; *Education for Life and Work: Developing Transferable Knowledge and Skills in the 21st Century* de la *National Research Council of National Academies*—, sin lugar a dudas el pensamiento crítico es una habilidad necesaria para todos. EE. UU. es líder en la promoción del pensamiento crítico, aunque solo sea entre los educadores expertos y en las universidades, lo que tiene un impacto directo en la gran calidad empresarial y emprendedora norteamericana. El pensamiento crítico se destina a las élites, mientras que se priva de ello a la educación primaria y a la secundaria.

La gran preocupación que existe por el pensamiento crítico en EE. UU. no tiene su contrapartida en Europa, donde se ejerce la crítica sistemática al pensamiento crítico. La consecuencia es que nuestras escuelas y universidades se pueblan de adoctrinamiento profundo, sin una línea clara de pensamiento útil fuera de la inmanejable filosofía para quienes deseen salirse de la media de las narraciones oficiales de los nuevos *Pravda.* Parece que solo apoyamos el «espíritu crítico», pero ¿qué es un espíritu sin método? Nada. Un brindis al sol. En Hispanoamérica, por proximidad con Estados Unidos, se tiene más conciencia del pensamiento crítico que en Europa. Esa es la difícil coyuntura que tenemos los europeos. Somos víctimas de nuestra falta de pragmatismo y de nuestro tradicionalismo limitante. Tenemos que desarrollar nuestro propio camino hacia el pensamiento crítico.

En el Foro Económico Mundial se publica en *Future of Jobs Report* el *ranking* de las habilidades blandas más necesarias para el mundo de la empresa. Aquí también podemos comprobar que el pensamiento crítico, que llegó a estar en el número tres en 2018[38] y en el dos en 2020[39], en la última edición de 2023[40] ha desaparecido y ha sido sustituido por otras categorías inofensivas como el «pensamiento analítico» en la primera posición, el «pensamiento creativo» en la segunda y el «sistema de pensamiento» en la undécima. Las élites no quieren ni empleados ni ciudadanos críticos. Se está saboteando explícitamente el pensamiento crítico de los currículos educativos.

En la educación primaria y secundaria también ha desaparecido el pensamiento crítico. Todo el mundo ha oído hablar del *Informe PISA*. Es un informe de la OCDE sobre la educación, que se completa en más de ochenta países a través de una evaluación directa del rendimiento de los alumnos en los centros escolares. Según los últimos resultados[41], ateniéndonos a la serie histórica entre 2003 y 2022, se puede observar con claridad el deterioro de la educación en el mundo. Las competencias básicas en matemáticas, lectura y ciencia no han hecho más que descender de manera significativa.

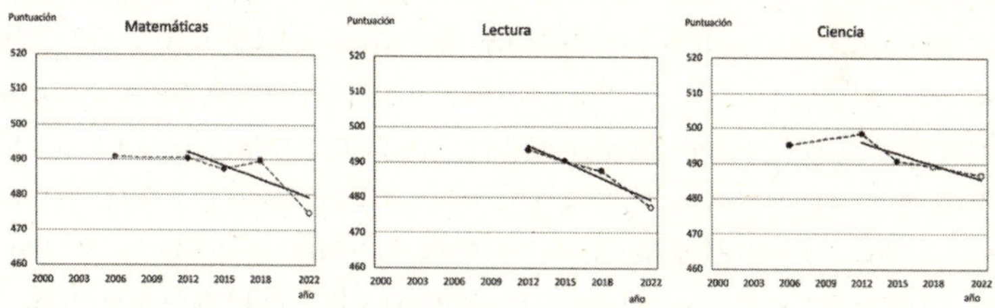

Gráfico 1.3. Tendencia media declinante en el desempeño de materias principales OCDE desde 2012. (Fuente: PISA)

En el informe se asegura que el rendimiento escolar no tiene una correlación directa con el gasto público en educación. A nivel mundial, se puede comprobar como el gasto público en educación es una partida estable en el tiempo que se sitúa en torno al 4 % del PIB de media, según refleja World Bank (Edstats[42]). En el *Informe PISA* se apuntan algunas soluciones al descenso de los resultados educativos, como el tiempo dedicado por los profesores a sus alumnos, especialmente después de haber explicado la materia[43], así como el apoyo extraescolar. También se investigan las claves del éxito en la gobernanza de los sistemas educativos, pero no parece que nada de esto explique por qué los Gobiernos hacen tantos cambios en los currículos educativos sin conseguir nunca mejorar su calidad.

La destrucción de los sistemas educativos tiene que ver con el fin del ascensor social. La clase media se basaba en el conocimiento y en la educación. Para los hijos de las clases humildes, convertirse en mano de obra cualificada representaba el poder para subir un peldaño en la escala social. Pero hoy en día, ante el horizonte de una inteligencia artificial que hará todo el trabajo, en un escenario en el que prácticamente todos los conocimientos están disponibles en Internet, no hay necesidad de una clase media. El *management* actual aboga por las capacidades blandas; las empresas punteras no tienen en cuenta si uno ha ido a la Universidad. Las políticas monetarias están destruyendo a la clase media, y esto afecta directamente no solo a la prosperidad, sino también a la cohesión social. Muchas sociedades se hundieron con el declive de su clase media.

Una de las claves es, otra vez, la supresión del pensamiento crítico. No es casualidad que esto haya pasado: se lo quiere fuera de cualquier agenda social y política. El pensamiento crítico es un peligro colosal para la Agenda 2030, para el «gran reseteo» y para la educación de los niños y jóvenes. Debe evitarse a toda costa, por eso las escuelas se están convirtiendo en centros de adoctrinamiento. El programa PISA ha preferido medir e impulsar el «pensamiento creativo» en vez del pensamiento crítico. Lo que vemos es una tendencia global o, en otras palabras, una tendencia de la agenda globalista. No interesa que los ciudadanos piensen, y ello hace la disidencia casi imposible.

Sin pensamiento crítico los ciudadanos están desamparados a merced de los encantadores de serpientes. Ya hay organismos que piensan por nosotros, incluso en contra nuestro. Seremos los borregos más preparados de la historia. Una vez más, vamos degradando el futuro de las nuevas generaciones.

1.5. Cada vez más sumisos: el discreto encanto del globalismo

Hoy tenemos una palabra para entender lo que es el globalismo: COVID-19. Sin entrar en sus causas, y en su más que posible intencionalidad como experimento de arma bacteriológica contra la misma población, a nadie se le escapa lo que casi todos los Estados del mundo hicieron sin excepción para gestionar la pandemia. Los Gobiernos aceptaron de manera acrítica todo cuanto recomendó y exigió una organización de dudosa independencia como es la OMS, que pareció haber olvidado el juramento hipocrático. Más de diez millones de personas murieron o no fueron adecuadamente curadas por la aplicación de protocolos inadecuados. Por no hablar de que el remedio médico preventivo, finalmente proporcionado a la población, está resultando peor que la enfermedad en número objetivo de fallecimientos. Por primera vez en la historia de la humanidad, asistimos a un toque de queda mundial y la poca democracia que había murió. La gran mayoría de Gobiernos abolieron el debate, la crítica, la oposición, la protesta, la prensa alternativa, como un mando militar en guerra contra sus propios ciudadanos. Las personas fueron multadas por desobediencia y obligadas a cumplir normas sociales que iban más allá de lo sanitariamente razonable y de lo políticamente tolerable. Nos midieron, nos testaron y nos medicaron, como a un ganado del que extraer todo el valor posible, para luego ser sacrificados. Eso es el globalismo. Aunque lo grave es que gran parte de la población no está preparada ni para comprender la verdad ni para aceptarla. Han sucumbido al encanto del globalismo.

Y hoy vemos, cuando ya está superada la pandemia, que muchos mecanismos de control social no solo siguen funcionando, sino que han ido en aumento. El Fondo Económico Mundial ya nos advirtió de que era necesario un reseteo mundial, pero no nos dijeron el porqué. «No poseerás nada y serás feliz» es una frase que se originó en un video de 2016 del Foro Económico Mundial (WEF) y que resume un ensayo escrito por la política danesa Ida Auken[44]. ¿Realmente es eso lo que quieren las personas? Me atrevo a decir que la gran mayoría solo quieren paz y prosperidad, pero la plutocracia no pregunta, ejecuta según sus planes. Ellos dicen que saben lo que nos conviene, pero yo no estaría tan seguro. Y, a veces, hasta necesitan un *shock* para imponerlo[45].

Hasta la pandemia, el globalismo era casi imperceptible para la gran mayoría de ciudadanos. Tan solo eran visibles los efectos de la globalización económica y del nuevo orden mundial que llevaba décadas desarrollándose, especialmente, después de la Segunda Guerra Mundial, con guerras lejanas de casa. Ahora, la gran mayoría de personas empieza a percibir esos problemas que no encajan en el marco conceptual heredado. Los sufre sin entender bien por qué pasan y sin saber qué hacer, porque con las acciones habituales, como votar o protestar, no parece que se consiga cambiar las cosas.

La globalización es la formación de una especie de imperio a nivel mundial, gestionado por Estados Unidos como nación ganadora del conflicto internacional, pero que no es realmente americano, porque los poderosos no tienen patria. En la inmediata posguerra es cuando nacen todas las organizaciones internacionales que pondrán en marcha el proyecto globalista como lo entendemos hoy. Los principales hitos desde el punto de vista estratégico, financiero y militar fueron los acuerdos de Bretton Woods de 1944, con los que se adoptó al dólar como moneda de referencia internacional; la creación del Banco Mundial en 1944; el Fondo Monetario Internacional en 1945; la ONU ese mismo año; la CIA en 1947 y en 1949 la OTAN.

El protagonismo de la familia Rockefeller, dedicada al petróleo y a la banca, en la creación de muchas de estas instituciones del globalismo y otros organismos de influencia como Council on Foreign Relations, Trilateral Commission o Club Bilderberg está perfectamente documentado[46]. Durante la década de los cincuenta y sesenta, asistimos a la Guerra Fría, un conflicto entre los países del socialismo real y el colonialismo americano encubierto. El imperio es un imperio monetario, se organiza a través de los bancos centrales y las organizaciones financieras. EE. UU. ejerce el liderazgo endeudando masivamente países, y así ante los impagos poder apropiarse de sectores clave de la economía a través de contratos estatales con grandes corporaciones multinacionales. Cuando no se consiguen los objetivos por culpa de algún gobernante patriota, se solucionan con operaciones encubiertas de los servicios secretos, incluso con una intervención militar o, como último recurso, el magnicidio como el de Omar Torrijos. La convulsa Hispanoamérica de aquellos tiempos está llena de pruebas de lo que estamos diciendo.

Durante la Guerra Fría ocurrió un episodio que representa un salto cualitativo en esta hegemonía financiera y soberanía mundial. Estados Unidos da un auténtico golpe de estado monetario a nivel global. En 1973, con Nixon como presidente, EE. UU. rompe con el patrón-oro. Es un *shock* colosal. Europa y Japón son los principales perjudicados. Se aducen razones objetivas como la lucha contra la inflación, el reequilibrio de la balanza de pagos, la falta de reservas de oro, pero la realidad es que EE. UU. se transforma definitivamente en el gestor de lo que podemos llamar «imperio monetario mundial», donde la medida de todo es el dólar y el dólar solo se mide consigo mismo. Es como un patrón-dólar. Todas las monedas se valorizan en relación al dólar a un precio variable. El dólar sustituye al oro, se apoya en su poder como divisa de reserva mundial y en su poderío militar. Ya no tiene límites para gestionar su oferta monetaria. El dólar se convierte en lo que se llama moneda fiat o fiduciaria, porque no existe una contrapartida de una materia prima para establecer su valor, sino que se basaría en la confianza o, como hemos explicado, en el poder de dominio mundial efectivo. Sin duda, ayudado por la imposición de ser la divisa de pago exclusiva para el petróleo (petrodólares), tras los acuerdos con Arabia Saudí en 1976 con Henry Kissinger. Estados Unidos inicia el camino de la flotación cambiaria en un mercado dominado por el dólar, al menos, hasta que en la crisis de 2008 este sistema empieza a visibilizar su agotamiento. En 2024, Arabia Saudí, ambigua aliada de los BRICS+ (Brasil, Rusia, India, China, Sudáfrica y otros), no ha renovado los acuerdos con EE. UU. para pagar el petróleo exclusivamente en dólares, después de ochenta años. Y eso es otro *shock*.

Los banqueros globalistas vienen de lejos. Crearon los bancos centrales, incluyendo la Reserva Federal (FED) estadounidense[47], ayudaron a crecer a los Estados nacionales y financiaron sus guerras y las revoluciones que transformaron a algunos de ellos, hasta que se hicieron lo suficientemente grandes para imponer su plan, que se acelera con la dolarización. Las consecuencias del *shock* de Nixon son una concentración de poder bancario y energético. Los grandes bancos americanos como Bank of America, JP Morgan Chase, Citigroup y Wells Fargo son dueños de las petroleras más importantes: Exxon Mobil, Royal Dutch/Shell, BP y Chevron Texaco, junto con Deutsche Bank, BNP, Barclays y otros europeos. Bajo control de Rockefeller se encuentran Exxon Mobil, Chevron Texaco, BP, Marathon Oil y empresas como Boeing, Pfizer, Monsanto o General Electric.

A pesar de la enorme posición de dominio, es imposible establecer un Estado mundial. Pronto se dan cuenta de esto los analistas del globalismo. La ONU no tiene capacidad política. Lo cual es una muestra muy clara de como las organizaciones internacionales no pueden asumir un poder supranacional equivalente a los Estados nacionales clásicos. Lo que sí es posible es una gobernanza transnacional capaz de imponer una agenda para los asuntos clave, definida por la plutocracia e impuesta por una clase política seleccionada, formada y dirigida para conseguir tales propósitos. Una soberanía mundial ejercida a través del debilitamiento de los Estados nacionales.

Esto es lo que empieza a ocurrir después del *shock* de Nixon. La desregulación financiera, es decir, la derogación de leyes que protegían a ciudadanos y a instituciones contra las crisis económicas o de los peligros financieros se inicia a nivel mundial, para que el poder monetario sea omnímodo. Frecuentemente se asocia este movimiento con políticas neoliberales, pero la realidad es que todo tipo de Gobiernos lo hicieron. Los partidos de derechas se encargan de engañar a la gente de derechas y los de izquierdas, a los de izquierdas. En 1982 la Administración Reagan incrementó el gasto militar enormemente y eliminó la regulación que impedía a los bancos de depósitos realizar inversiones de riesgo con el dinero de sus clientes. En ese año Estados Unidos ya era el mayor acreedor del mundo y en 1985 se convirtió en el mayor deudor.

En 1999 se derogó la ley Glass-Steagall que bloqueaba aspectos clave para la globalización monetaria. Entre los puntos suprimidos se encontraban: 1) la total separación entre la banca de ahorro y la banca de inversión; 2) la creación de un sistema bancario conformado por bancos locales, nacionales y estatales con la prohibición de competencia entre ellos; 3) los bancos tenían prohibido participar en los consejos de administración de las empresas.

Las grandes gestoras de fondos de inversión como BlackRock, que nacieron en los años ochenta, crecieron geométricamente con la desregulación y se infiltraron en todos los consejos de administración de las corporaciones a nivel mundial, así como en empresas públicas, y además empezaron a gestionar la deuda soberana de muchos países. Esta empresa empezó a cotizar en bolsa poco antes de la derogación de la ley Glass-Steagall.

El año 1999 es también clave porque se inicia la agenda globalista. Ese año tiene lugar la conferencia de la OMC (Organización Mundial del Comercio) en Seattle, la llamada «Ronda del Milenio», consistente en una eliminación generalizada de barreras arancelarias que empiezan a ser contestadas por un movimiento antiglobalista internacional de orientación de extrema izquierda, ya prácticamente testimonial. La ONU empieza a elaborar los Objetivos de Desarrollo del Milenio en el año 2000, que se convertirán en el año 2015 en la Agenda 2030 y que hoy se conocen como Objetivos de Desarrollo Sostenible. Si bien la perspectiva globalista tiene la ventaja positiva y práctica de que puede tener la ambición y la posibilidad de gestionar y solucionar los problemas comunes a toda la especie humana, como sostienen los mismos promotores del globalismo, la realidad es que se trata solo de una estrategia de dominio más. Es el desarrollo de una dictadura discreta internacional, de un totalitarismo económico, del que cada vez es más difícil escapar, comandada por una pequeña élite cuya cúspide algunos cifran en tan solo 300 personas[48]. Ahora, en la fase actual de la globalización[49], es donde se da lugar la subsunción completa de la economía al poder financiero, y el paradigma que impulsa todo el plan es el globalismo. El globalismo es un nuevo totalitarismo basado no en la economía de mercado, sino en el monopolio de la producción del dinero, entendido como el poder de dominio de las relaciones sociales y, por tanto, sin un trasfondo ideológico, sino uno puramente táctico, únicamente orientado a la extracción de riqueza. El globalismo hereda dispositivos de control, tanto del socialismo internacionalista (el comunismo) como del socialismo nacionalista (el fascismo y el nazismo). Está interesado en planificar y controlar el desarrollo social a través del monetarismo, del belicismo y del neomaltusianismo (control de la natalidad y control de la población total). Aunque el comercio mundial parece que tiende a reducirse, la globalización no tiene vuelta atrás.

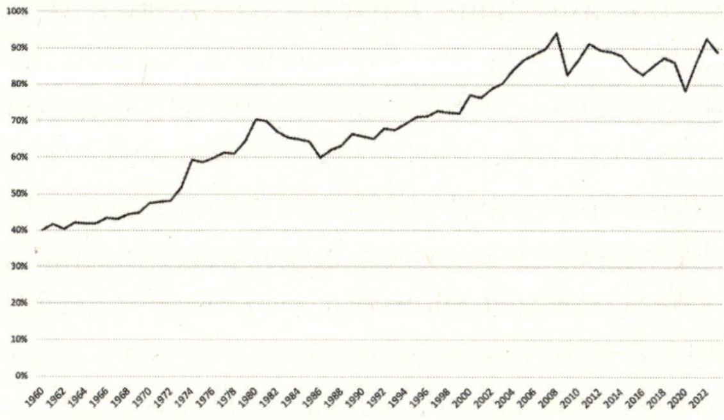

Gráfico 1.4. Comercio global como porcentaje del PIB mundial: la globalización. (Fuente: World Bank)

Sin embargo, el globalismo, a través de sus tentáculos de ingeniería social y control de las políticas de los Gobiernos, es un plan seductor, porque está lleno de bonitas palabras y de objetivos muy necesarios y pertinentes como el fin de la pobreza. ¿Quién puede estar en descuerdo? Las ideologías que promociona el globalismo permiten que las personas tengan un propósito, una causa, una identidad, aunque sean falsas y eso nos divida sobre cosas socialmente poco importantes. Sin embargo, como indica el pensamiento crítico, hay que atenerse a la correspondencia entre el discurso y los hechos, o a las acciones realizadas. Hay que contrastar los datos y ver si se corresponden con la realidad o nos están engañando. Vivimos sumisos al mayor poder que ha existido en la historia. Y lo hemos visto en estos primeros epígrafes. No vivimos precisamente en el paraíso. Hemos repasado los principales síntomas provocados por el globalismo, que son visibles para cualquiera: el declive de la prosperidad, la decadencia de los valores, la desactivación de las alternativas y la destrucción de la enseñanza[50]. Para reaccionar adecuadamente, hay que entender cuáles son las transformaciones profundas que están teniendo lugar y las acciones que se están ejecutando sin nuestro consentimiento con pensamiento crítico. Estas políticas nos están perjudicando. El globalismo es un riesgo existencial para la humanidad. La tercera guerra mundial nos amenaza a la vuelta de la esquina, especialmente a los adormecidos europeos. Hay que entender cuáles son las herramientas sociales que tenemos a nuestra disposición y cuáles son los límites infranqueables, para entender las condiciones de posibilidad de un globalismo alternativo o posglobalismo.

2. EL PODER DOMINANTE: EL TOTALITARISMO GLOBALISTA

2.1. La suplantación de la democracia

¿Cuántos tipos de democracia hay? O ¿cuál es la esencia de la democracia? A muchos políticos se les llena la boca hablando de democracia, pero ¿qué es la democracia? Para los inventores del producto, los griegos en la Antigüedad, era el gobierno del pueblo, pero con un sistema de elección fundado en el sorteo, no por votación.

Se confunde votar con democracia, pero en las dictaduras también se vota. Incluso en las monarquías absolutas, donde no había separación de poderes, se votaba. La cuestión es sobre todo quién vota y cómo. El ascenso de la burguesía en Europa fue acompañado del establecimiento de regímenes parlamentarios bajo la forma de repúblicas. Estas son un producto de la Ilustración francesa que, a su vez, se remonta a la República romana como primera democracia representativa. En sus inicios, solo las clases acomodadas votaban y lo hacían eligiendo a representantes entre ellos mismos. En los parlamentos liberales, realmente se parlamentaba, se debatía y se decidían los asuntos que afectaban a las élites. Al inicio de la modernidad, votaban solo los hombres a través del sufragio censitario. Solo los que reunían unas pocas características destacadas podían votar. No fue hasta más adelante, gracias a las luchas sociales, que se instauró el sufragio universal y, posteriormente, el voto femenino y el de las razas discriminadas. El sufragio universal en un régimen parlamentario representativo no era en sí mismo democrático, sino la delegación de la democracia. Entonces, ¿qué es democracia? Democracia es el gobierno del pueblo, es la expresión de la soberanía popular. Votar a los representantes no es gobernar, es delegar la capacidad de gobernar. Desde luego, es un préstamo razonable y constitucional, pero, ateniéndonos a los datos, con muy pocos beneficios sociales.

Los griegos inventaron casi todas las formas de gobierno, incluyendo la democracia, pero nada tiene que ver con la de hoy en día. Vale la pena detenerse un instante para saber cómo era la democracia ateniense, porque estaba dotada de muchos contrapesos, lo que los americanos llaman *checks and balances*, para que no se convirtiera en una oclocracia o gobierno de la multitud. En la Atenas del siglo V a. de C. surgió esa democracia participativa y directa, tan diferente a la nuestra. La base del sistema era la Asamblea (Ekklesia), que representaba la ciudadanía en sus funciones ejecutivas, legislativas y judiciales. Se trataba de un gobierno absoluto, pero democrático, ejercido directamente por el pueblo. Cualquier ciudadano podía proponer una iniciativa legislativa simplemente levantándose en la Asamblea y presentando su idea. La Asamblea estaba compuesta por ciudadanos libres, es decir, hombres nativos que no eran esclavos ni extranjeros, y se estima que participaban entre 35.000 y 40.000 ciudadanos, de una población total de aproximadamente 200.000 habitantes de la ciudad-Estado de Atenas. El *quorum* mínimo generalmente requerido era de 6000 personas, y cada uno participaba según su disponibilidad. La Asamblea se reunía al menos diez veces al año en el *ágora* o plaza pública, donde las leyes y decretos ejecutivos se votaban por mayoría simple. A veces se hacía a mano alzada y otras mediante el uso de bolas negras y blancas contenidas en tinajas. La Asamblea tenía el poder de ejercer el ostracismo, una medida que permitía expulsar de la comunidad a personas que resultaban incómodas para las instituciones, por un periodo de hasta diez años o de forma permanente. La soberanía recaía en los ciudadanos, por lo que no debían rendir cuentas a nadie ni podían ser castigados. Disfrutaban de los privilegios propios de un soberano. Se practicaba la *isegoría* que garantizaba la igualdad en la participación de la palabra.

La Administración estaba en manos de los magistrados o funcionarios, similares a los de la actualidad. Había aproximadamente 1100, seleccionados por sorteo entre los ciudadanos, aunque solo cien, aquellos de mayor prestigio social, eran elegidos por votación. Estos se distribuían principalmente en tres organismos que actuaban como extensiones administrativas de la Asamblea: a) la Boulé, encargada de la gestión legislativa y administrativa; b) el Heliaia, que gestionaba los asuntos judiciales; y c) los nueve *arcontes*, responsables de la gestión cultural y religiosa. Los seleccionados por sorteo eran ciudadanos sin habilidades o conocimientos específicos. Las competencias de los funcionarios estaban estrictamente establecidas y su capacidad de iniciativa era limitada, siendo sus tareas simples y rutinarias. Los funcionarios solo podían ejercer su cargo una vez en la vida. Se buscaba la implicación de las personas, no la profesionalización. Los funcionarios eran empleados del pueblo, no sus representantes, y su actividad estaba sujeta a múltiples controles. Los helenos tomaban muy en serio el Gobierno: antes de ser seleccionados, los funcionarios eran investigados, sus cargos eran de corta duración y siempre revocables y, al finalizar su mandato, eran evaluados y podían ser sancionados o recompensados. Incluso podían ser juzgados públicamente si se descubría alguna irregularidad en su gestión. Este sistema mantenía a raya la corrupción.

La elección por sorteo se consideraba la forma más democrática y justa, pues evitaba que las elecciones favorecieran a los más ricos, a los más elocuentes o a los más famosos. El sorteo distribuía el trabajo administrativo entre la ciudadanía, prevenía la compra de votos y garantizaba igualdad política, ya que todos tenían la misma probabilidad de obtener un cargo gubernamental. Aunque el sorteo podía asignar responsabilidades a personas no competentes, el sistema incluía mecanismos para mitigar estos riesgos. Los seleccionados trabajaban en equipo, lo que permitía que aquellos sin experiencia aprendieran de quienes sí la tenían. Además, los miembros del equipo se vigilaban mutuamente durante su mandato.

La Boulé, o Consejo de los Quinientos, estaba dividido en diez grupos de cincuenta, y su misión era elaborar las propuestas de ley que requería la Asamblea. La presidencia de la Boulé o Pritanía rotaba mensualmente entre los diez *prítanes* o delegaciones de las diez tribus clisténicas. Afortunadamente, el calendario contaba con diez meses. El *epítastes*, equivalente a un presidente, era un funcionario elegido por sorteo para un solo día, de entre los miembros de la Pritanía que presidían ese mes. El *epítastes* presidía la reunión diaria de la Boulé y, si era necesario, la Asamblea. También se encargaba de las llaves del tesoro público, del sello de la ciudad y de recibir a los emisarios extranjeros. Se estima que un cuarto de los ciudadanos debió ejercer este cargo, algo que solo se podía hacer una vez en la vida. La Boulé actuaba como poder ejecutivo-legislativo con competencias extremadamente limitadas, ya que solo ejecutaba y gestionaba lo decidido y propuesto por la Asamblea. También supervisaba las actividades de otros magistrados. De entre sus miembros se seleccionaban por sorteo grupos de diez responsables de áreas que abarcaban desde asuntos navales hasta observancias religiosas.

La Heliaia era el poder judicial, un tribunal supremo popular. Una vez más, eran ciudadanos comunes, no juristas profesionales, los que ocupaban estos cargos. Los tribunales se elegían por sorteo de entre un grupo de 6000 ciudadanos anualmente. Los miembros del tribunal estaban bajo juramento, pero no podían ser censurados ni castigados, aunque tomaran decisiones injustas. En los juicios, siempre había un jurado de entre 200 y 300 miembros, también elegido por sorteo entre un grupo de 600 ciudadanos, pertenecientes a las diez tribus de Atenas. La justicia era rápida, ya que un caso no podía durar más de un día.

Uno de los pocos cargos electos eran los diez generales o *strategoi*, que formaban el poder y la Administración militar, y se elegían anualmente. Estos eran ciudadanos prominentes, preferiblemente con experiencia y contactos en el mundo griego, donde se desarrollaban la mayoría de las guerras. También gestionaban el Ejército como una Policía para hacer cumplir la ley, aunque solo la Asamblea podía declarar la guerra. Entre los magistrados que eran votados estaban también los encargados de las finanzas, un cargo que favorecía a los más ricos, ya que la riqueza era un requisito ineludible para cubrir cualquier desfalco con su patrimonio.

La democracia ateniense, que nada tiene que ver con la nuestra, sufrió con la guerra del Peloponeso, pero no se extinguió hasta la hegemonía macedonia con Alejandro Magno. Nos sorprende que, tras 200 años de sorteos, ninguna clase social tuviera un privilegio sobre otra en el Gobierno y que la igualdad política se mantuviera. En cambio, los regímenes electorales siempre acaban respondiendo a la influencia de los económicamente bienestantes.

La democracia ateniense tenía muchos defectos, a pesar de la tendencia de muchos teóricos como Robert A. Dahl[51] a la idealización. No se trata de un sistema transferible a la actualidad —digamos que también algunas cosas hemos aprendido en los últimos siglos—, pero debería servir de inspiración para una reconstrucción de la democracia actual, porque tiene mecanismos de equilibrio muy eficaces.

Los griegos trataban el gobierno de la cosa pública como su casa, no querían que nadie lo echara todo a perder. Esa cercanía se ha perdido, a excepción de en algunos territorios como

Suiza, pero sería perfectamente recuperable con las tecnologías actuales. Entre los diversos déficits de la democracia, el más importante es la brecha digital. Internet empezó a estar disponible para la población allá por 1995. Ningún país en el mundo ha implantado una democracia digital, a pesar de existir mucha literatura científica al respecto. Tan solo se han automatizado algunos procesos de recuento de votos y también, en unos pocos casos, se ha implantado el voto electrónico. Sin embargo, los sistemas electorales siguen siendo los mismos y reclaman dispositivos anticorrupción. Hay tantas cosas que se podrían hacer para mejorar la participación y la representatividad ciudadana que es insultante que no haya habido en el mundo la menor iniciativa política en ese ámbito. La única explicación posible es que no interesa ni a la clase dirigente, llena de privilegios abusivos y de compensaciones económicas disparatadas e inmerecidas, ni a las oligarquías que dominan los países. Una clase política bien alimentada, capaz de cualquier cosa inimaginable por mantener su puesto y, por tanto, obediente con los que mandan, es la mejor garantía para ejecutar agendas ocultas contrarias a los intereses de los ciudadanos. Líderes políticos narcisistas y sin escrúpulos, formados y asesorados por instituciones globalistas como el CFR (Council for Foreign Relationships), gobiernan medio mundo.

Más allá de la brecha digital, la democracia formal representativa de Occidente tiene muchas características obsoletas. Una muy importante es el debate político. En los parlamentos burgueses, cuando existía el voto censitario, se hablaba de los problemas reales que debían ser resueltos con argumentos racionales. Incluso en el siglo XX, a pesar del control sobre la prensa, existía bastante libertad para informar a la opinión pública y el debate político estaba influido por las noticias, pero, hoy en día, la prensa está tan intervenida por el poder como los representantes políticos. Los debates parlamentarios pasaron de la argumentación a la retórica, pero hoy en día solo son propaganda. Las apariencias son las mismas, pero la sustancia no tiene nada que ver.

Con mucho acierto, el politólogo Colin Crouch analizó en el año 2000 la situación de grave deterioro del sistema democrático. La ha llamado posdemocracia. Después de muchos debates en politología sobre la crisis de legitimidad de la democracia, sobre la decadencia partidocrática del sistema, Crouch analiza muy bien este proceso en el que, cual caballo de Troya, las élites mayormente externas a las soberanías nacionales mantienen la forma del sistema político, pero pervierten el fondo y su esencia. Los políticos locales subyugan la mayoría de sus decisiones a poderes globales centralizados que tienen agendas diferentes e incluso contrarias a los intereses políticos nacionales. Muchos politólogos se han atrevido a llamar a la democracia contemporánea como totalitarismo invertido o totalitarismo democrático, donde el único derecho real de los ciudadanos es votar a representantes políticos, aunque solo sea por mantener una mínima legitimidad, para que sigan instaurando políticas predeterminadas que no resuelven los problemas sociales. Una desagradable verdad que es ocultada a base de grandes dosis de propaganda y censura.

Las estadísticas muestran una baja credibilidad en los procesos electorales democráticos, de alrededor del 50 %. Esta situación no mejora con los años y, además, los países que descienden en este indicador son menos que los que aumentan.

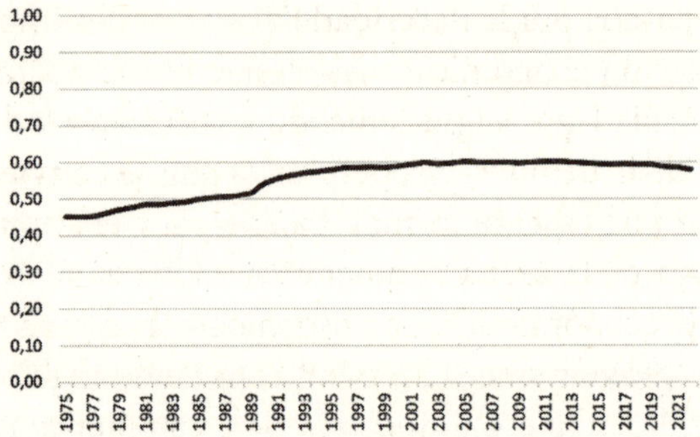

Gráfico 2.1. Credibilidad de las elecciones en el mundo. La legitimidad se sitúa en algo más de la mitad. (Fuente: World Bank - IDEA)

Dejemos hablar a Crouch:

> La cuestión se vuelve más intrigante cuando nos enfrentamos al ideal ambicioso, no con el modelo mínimo simple de la existencia de elecciones más o menos libres y justas, pero con lo que tengo en mente como posdemocracia. Bajo este modelo, mientras las elecciones ciertamente existen y pueden cambiar Gobiernos, el debate electoral público es un espectáculo controlado, dirigido por equipos rivales de profesionales expertos en las técnicas de persuasión y considerando una pequeña gama de cuestiones seleccionadas por esos equipos. La masa de ciudadanos desempeña un papel pasivo, inactivo e incluso apático, respondiendo solo a las señales que se les dan. Detrás de este espectáculo del juego electoral se moldea realmente la política en privado por la interacción entre Gobiernos electos y élites que abrumadoramente representan intereses comerciales[52].

Los agudos análisis de Croach no acaban aquí. El autor habla de posdemocracia porque sostiene que la democracia ha sido sobrepasada por la necesidad flexibilizadora impuesta por la globalización económica[53]. Así define posdemocracia como aquella sociedad que «sigue teniendo y utilizando todas las instituciones de la democracia, pero en la que se convierten cada vez más en una cáscara formal. La energía y el impulso innovador pasan de la arena democrática a los pequeños círculos de una élite económica»[54]. La posdemocracia es una no democracia, un totalitarismo. El movimiento de desregulación o de liberalización en lo económico requiere cambiar muchas leyes a nivel mundial. Estados Unidos e Inglaterra llevaron la delantera, pero ese neoliberalismo nuclear se ha extendido a todo el mundo. Bauman lo define muy bien: «Los Estados débiles son justamente lo que necesita el Nuevo Orden Mundial, que con frecuencia se parece a un nuevo *desorden* mundial, para sustentarse y reproducirse»[55]. La globalización es tan solo el más importante de los mecanismos del dominio globalista. La posverdad es la esencia de la posdemocracia.

La poderosa Trilateral Commission estudió el tema del gobierno democrático en profundidad en los años setenta con varios expertos de renombre, y las conclusiones fueron que existía un «exceso de democracia» que provocaba efectos adversos llamados «disfunciones de la democracia», como clientelismo, crecimiento injustificado de los Estados, deslegitimación o incremento de intereses contrapuestos[56]. Y entre las diversas soluciones se proponía el control de la prensa. Nos resulta familiar.

Todo es una gran teatro donde se mantienen las apariencias para que una mayoría siga pensando que vive en la misma realidad de siempre. Los ciudadanos podrían irse a pescar, que mejor les iría, porque no pintan nada en la vida política. El Estado se ha privatizado hasta límites inimaginables. Prácticamente toda su actividad está subcontratada. La redacción de las leyes o los planes de acción de cualquier ministerio los realizan las grandes consultoras; la ejecución de los planes lo hacen las empresas privadas y las legiones de asesores. Aquello que nadie quiere hacer o no genera valor lo hacen los funcionarios del Estado o las empresas públicas. Las políticas vienen definidas por organismos discretos y secretos, desconocidos por los ciudadanos. Solo existe la ilusión de lo público y del Estado. Casi todo está privatizado y por empresas que no son del país. Los sobrecostes de delegar la gestión de la maquinaria del Estado en manos privadas son enormes, y provocan una gran crisis fiscal. La deuda soberana es una de las palancas más fuertes para condicionar la política nacional, así como la toma de control de las empresas clave de un país, especialmente las cotizadas. El pago de intereses de la deuda soberana, siempre en aumento, obliga al crecimiento económico y a gravar a la población con más impuestos. La gran mayoría de países han delegado paulatinamente *de facto* su soberanía monetaria a sus acreedores desde el *shock* de Nixon. Los países van perdiendo otros elementos de la soberanía nacional como el militar, el energético, el agrícola y, en definitiva, la influencia sobre lo político. A pesar del gran abstencionismo europeo, los votantes siguen creyendo en los marcos mentales que han adoptado acríticamente durante tantos años y siguen sustentando la caja vacía del Estado democrático nacional. El equilibrio de la democracia realmente existente es muy escaso y todo puede saltar por los aires en cualquier momento. Al final, una democracia debe velar por la igualdad de oportunidades, que son la condición de posibilidad de la prosperidad. Por eso, en la posdemocracia presente, solo prosperan las oligarquías mientras los ciudadanos se empobrecen.

2.2. El totalitarismo monetario y el fin del capitalismo

Muchos consideran el capitalismo como algo maligno. Es una desgracia que muchas personas tengan una idea tan sumamente ingenua y tan decididamente simplista del sistema económico-social en el que vivimos. Esto impide ver dónde están los problemas auténticos y los enemigos reales. Como decía Ludwig von Mises «el capitalismo es neutro». Las ideas son maravillosas, pero si no se contrastan con los hechos, tan solo son un engaño. ¿Realmente puede decirse que existe el capitalismo hoy en día? Desde luego, «capitalismo» se ha convertido en una palabra que simboliza demasiadas cosas. Al final, un sistema económico es el resultado de las fuerzas sociales existentes, los recursos disponibles y el nivel de tecnología conseguido. Nadie lo ha decidido. No hay unos capitalistas que lo han impuesto. El término «capitalismo» fue utilizado por primera vez en 1850 por el socialista Luis Blanc, pero casi todos los economistas clásicos han hablado ampliamente de la sociedad capitalista. El capitalismo es un sistema social más que un sistema económico, porque las relaciones de poder son fundamentales. Sus principales características serían (y aquí tampoco hay un consenso absoluto):

a) *Propiedad privada* (tierras, ahorros, bienes) en virtud de la actividad mercantil y no por la herencia, como sucedía con la propiedad feudal.

b) *Comercio libre* (libertad de contratación e intercambio, sistema de precios), a diferencia del comercio condicionado feudal.

c) *Clases sociales* (renta, trabajo, capital), en vez de los estamentos feudales.

d) *Capital* (propiedad privada de los medios de producción, conseguida mediante la inversión en tecnología y el uso de mano de obra, sostenida mediante el beneficio), en vez de un sistema hereditario de propiedad y privilegios.

e) *Dinero* (capital financiero o interés como depósito de valor, unidad de cuenta y de cambio). En el feudalismo, los impuestos y contribuciones a los señores feudales se pagaban sobre todo en especies y trabajo, había poca circulación de dinero.

Lo más interesante es que varias de estas características no son privativas del capitalismo. Quizás la única esencial es el capital, pero también hay que añadir que sin dinero y sin un mercado es imposible la realización del capital. El capitalismo introduce un factor de riesgo que no existía en otros sistemas. Alguien arriesga un dinero como capital para ganar más de lo invertido. Esa es su motivación y es una fuerza creadora. Compra medios de producción y contrata trabajadores, para producir más de lo que podría hacer como artesano y así tener más beneficios. Pide dinero prestado o se asocia con otros, para disponer de la inversión necesaria. La esencia del capitalismo industrial es el desarrollo económico mediante el emprendimiento, basado en la tecnología y en la innovación. A nivel político, va unido al ascenso revolucionario de la burguesía y de los regímenes liberales. Se desarrollan nuevas leyes mercantiles para apoyar el desarrollo económico. Incluso las luchas obreras y sociales han conseguido que el capitalismo sea capaz de convertir la rentabilidad también en prosperidad social, distribuyendo la riqueza como nunca se ha dado en los regímenes socialistas-comunistas o en otros sistemas económicos como el feudalismo. El capitalismo tardío es también patrimonio de la clase obrera. Que la llamada lucha de clases pudiera alcanzar un equilibrio en el interior del capitalismo, cambiando el conflicto por prosperidad, es algo que ni Marx hubiera podido imaginar. Tampoco pudo ni atisbar que la clase trabajadora intelectual tuviera acceso a las acciones o a opciones sobre acciones de las empresas —y por tanto a la propiedad de los medios de producción— sin una revolución. La clase obrera ha tenido su mayor época de bienestar en los países occidentales desde la posguerra, al menos, hasta la crisis de los años setenta que es donde empieza la época de la desregulación financiera, así como el declive energético de los combustibles fósiles. Los países socialistas-comunistas jamás han creado prosperidad para la clase obrera o para sectores desfavorecidos, sino más bien al contrario: han provocado el hambre, la miseria y el exterminio, mientras el excedente del valor social ha ido a parar a las élites del monopolio gobernante y a una clientela suficientemente selecta para devolver un apoyo social. A pesar de las creencias generalizadas por keynesianos y socialistas de un inminente hundimiento del sistema debido a sus contradicciones internas, el capitalismo es capaz de adaptarse y valorizarse igualmente en una economía verde, azul o amarilla. Incluso un capitalismo de decrecimiento no solo es posible, sino que, en cierta medida, siempre ha existido. Una cosa es la narrativa del progreso y del crecimiento, y otra bien diferente, la realidad. Al capitalismo le son inherentes las crisis económicas. ¿Qué es el crac del 29 sino uno de los grandes decrecimientos de la historia? En cada década hemos tenido una crisis o recesión hasta el año 2008. Aunque la realidad es que no hay sistema económico que pueda decrecer mucho tiempo sin colapsar. Decrecer no es una solución, es el síntoma del colapso. Las civilizaciones que no han podido mantener sus excedentes de energía han decrecido y luego colapsado. No se puede estar a favor o en contra del capitalismo, no es un tema moral. Un sistema existe sin más. Muchos de los problemas que se le atribuyen al capitalismo ya existían en los sistemas económicos de la Antigüedad o de la Edad Media, pero es el que mejor se adapta a todas las situaciones adversas por el dinamismo de sus relaciones sociales.

Hoy se habla de un *stakeholders capitalism* (versus *shareholder capitalism*[57]) responsable socialmente, una propuesta de Klaus Schwab, presidente del Fondo Económico Mundial y alumno aventajado de Henry Kissinger, pero eso solo es posible mientras salgan los números. Lo que es imposible es un capitalismo sin capital, incluso sin beneficios. Y eso es con lo que nos encontramos hoy, por lo que tenemos que empezar a llamarlo de otra manera. Neofeudalismo o tecnofeudalismo son términos nuevos que pueden valer, porque nos señalan «el triunfo de la renta sobre el beneficio»[58]. El capitalismo financiero ha subsumido gran parte de las empresas y Estados del mundo. Directamente no produce nada. Su régimen es realmente una renta, similar a la que se apropiaban los señores feudales, no un mercado de competencia. Nosotros lo llamamos totalitarismo monetario, porque el dominio se realiza por medio del control de la oferta monetaria. El capital financiero ha desactivado las leyes del capitalismo industrial por diferentes razones: a) los mercados están manipulados, en cada sector rigen los oligopolios y todos estos son propiedad de unas pocas gestoras de fondos de inversión; b) los beneficios tampoco funcionan, pues hay muchas empresas vivas gracias a la deuda, ya que no generan beneficios y, además, las grandes tecnológicas funcionan como rentistas. El totalitarismo monetario es el motor de la desigualdad mundial, es el que ha permitido la subordinación de la economía al poder global, es el que ha acabado engullendo al capitalismo. En las últimas décadas, ha transferido la riqueza desde las clases medias a las clases altas. Esto no quiere decir que no haya ámbitos donde no funcione el capitalismo tradicional. Claro que sí, como también en algunas zonas rurales se puede decir que aún funciona el feudalismo.

Veamos cómo se han transformado las instituciones propias del capitalismo:

a) *Propiedad privada*: todas las clases sociales suelen tener algún tipo de propiedad. También hay otros tipos de propiedad como la propiedad compartida.

b) *Comercio libre*: el comercio es formalmente libre, pero todos sabemos que, a pesar de las leyes, existen monopolios y oligopolios, y que el Estado interviene en la economía y planifica ciertos aspectos. También los algoritmos manipulan los mercados.

c) *Clases sociales*: las clases sociales actualmente se han vuelto casi estamentos. El ascensor social, que había funcionado durante algunas décadas, se ha parado. La prosperidad está en declive.

d) *Capital*: hoy en día es puramente artificial. A pesar del maquillaje macroestadístico, el PIB real hace tiempo que desciende. El crecimiento se consigue a través del endeudamiento soberano y de la expansión cuantitativa.

e) *Dinero*: el dinero fiat en su expansión cuantitativa constante significa que su precio es declinante y la inflación creciente.

El capitalismo tradicional ha sido subsumido por el capital financiero. El neofeudalismo se ha desarrollado gracias a la política monetaria y es aquí donde entra en juego el llamado *efecto Cantillon,* que muestra la no neutralidad del dinero, porque hace que la expansión cuantitativa monetaria nunca llegue a la sociedad y se quede solo en el llamado «capitalismo de amiguetes» o «clientelista» (*crony capitalism*). La expansión monetaria llega primero a las instituciones de inversión que compran los bonos del tesoro americano, pero se cubren con derivados financieros para minimizar posibles pérdidas. Luego alcanza a muchas empresas cotizadas que recompran sus propias acciones o venden grandes paquetes de acciones; otras muchas empresas se endeudan fuertemente para aprovecharse de esta liquidez, pero se hacen dependientes de los bancos. También las buenas y nuevas ideas disruptivas, que un día pueden llegar a ser los unicornios o los monopolios del futuro, reciben ingentes inyecciones de dinero a través del capital riesgo, y dejan de ser proyectos sociales innovadores para convertirse en planes financieros corporativos. El neofeudalismo se apropia del capital industrial y de las mejores ideas. Se podría decir que ha hecho su propia revolución bolchevique al apoderarse de los medios de producción, pero, en vez de con un levantamiento social, lo ha conseguido con la violencia del dinero. Las grandes financieras convierten ese dinero virtual de la creación monetaria, puramente numérico, en líquido, en contante y sonante. Es un blanqueo de capitales legal. Primero hacen caer los mercados y, luego, se compran buenos activos a crédito, por debajo del precio real. Y ya que tiene el poder, no quieren competencia y prefieren planificar la economía.

Hilferding es el primero en hablar de capital financiero:

> La dependencia de la industria con respecto a los bancos es, pues, la consecuencia de las relaciones de propiedad. Una parte cada vez mayor del capital de la industria no pertenece a los industriales que lo emplean. No pueden disponer de él más que a través del Banco, que frente a ellos representa el propietario. Por otro lado, el banco tiene que fijar en la industria una parte cada vez mayor de sus capitales. Así, se convierte en capitalista industrial en proporciones cada vez mayores. Llamo capital financiero al capital bancario, esto es, capital en forma de dinero, que de este modo se transforma realmente en capital industrial[59].

El capital financiero compra empresas o trozos de empresas. No invierte en capital, en maquinaria, es una inversión indirecta. El banquero es lo contrario del capitalista. El empresario arriesga y el inversor financiero tiene aversión al riesgo, prefiere el beneficio sin esfuerzo. Son esos inversores los receptores primarios de las expansiones monetarias, como explica el *efecto Cantillon*:

> En resumen, los primeros receptores del nuevo dinero aumentarán el gasto de acuerdo con sus preferencias, lo que elevará los precios de estos bienes, a expensas de un nivel de vida más bajo entre los últimos receptores del nuevo dinero, o entre aquellos con ingre-

> sos fijos que no reciben el nuevo dinero en absoluto. Además, los precios relativos cambiarán en el curso del aumento general de precios, ya que el aumento del gasto se «dirige más o menos a ciertos tipos de productos o mercancías, según la idea de quienes adquieren el dinero, [y] los precios de mercado aumentarán más para ciertas cosas que para otras...» Además, el aumento general de precios no será necesariamente proporcional al aumento en la oferta de dinero. En concreto, dado que quienes reciben nuevo dinero difícilmente lo harán en la misma proporción que sus saldos de efectivo anteriores, sus demandas, y por lo tanto los precios, no aumentarán todos en el mismo grado. Así, «en Inglaterra el precio de la carne podría triplicarse, mientras que el precio del grano no aumenta más de una cuarta parte». Cantillon resumió su idea espléndidamente, al tiempo que insinuó la importante verdad de que las leyes económicas son cualitativas pero no cuantitativas»[60].

Las expansiones cuantitativas posteriores a la crisis de 2008 no crearon demasiada inflación, y la pandemia rompió el ciclo alcista antes de que los efectos negativos se trasladaran a los precios de consumo, pero, después de esta excepcionalidad, hemos tenido las inyecciones monetarias más descomunales de toda la historia. Y la inflación se ha disparado. Sin embargo, la última causa de estas crisis de deuda, de las expansiones monetarias gigantes y de la inflación es el inexorable aumento del coste energético, como veremos más adelante.

Cuando el capital se devalúa constantemente, el capitalismo deja de funcionar. Si el dinero no vale casi nada y, de hecho, cada día vale menos, no olvidemos que tuvimos intereses negativos no hace mucho, lo que significa que el precio del dinero es negativo y que, por tanto, no hay rentabilidad real del capital. Este neofeudalismo es un totalitarismo monetario donde unas élites que poseen los medios de creación del dinero compran todo lo que quieren, desde empresas productivas hasta Gobiernos. Son como una nueva monarquía absoluta. El resto de la población, productiva o improductiva, se parece a los siervos de la gleba que trabajaban y pagaban sus tributos a los señores feudales.

Crear dinero es disminuir el valor de la masa monetaria circulante. Desde el *shock* de Nixon en 1917 hasta 2012, el dólar ha perdido un 98,15 % de su valor[61]. El capitalismo financiero, paradójicamente, tiene elementos de planificación socialista y de corporativismo fascista, donde se fijan por decreto los precios de las mercancías; en este caso, del dinero. En el socialismo hay una doble economía: la escasez para el pueblo y la abundancia para las élites. Lo mismo pasa en el capital financiero, donde la expansión monetaria solo beneficia a las élites. El capitalismo financiero crea monopolios con sus compras y necesita al Estado para regular y desregular sectores lucrativos según su conveniencia. Es un arma de destrucción masiva. Nunca en la historia hemos tenido algo comparable. La desmaterialización de la economía y la desnacionalización de los países son componentes de este totalitarismo financiero.

Por tener un orden de magnitud: toda la riqueza mundial son unos 400 billones, la deuda total global es de unos 253 billones y todo el dinero en circulación en el mundo son 100 billones. La suma de todas estas cantidades es igual a la de los derivados financieros: 700 billones. Algo va mal.

Los derivados existían antes del *shock* de Nixon. Se comerciaban, por ejemplo, en la CME (Chicago *mercantile exchange*), que se fundó en 1919 y que hoy en día es el segundo mercado de derivados del mundo, pero no fue hasta el año 1969, con Leo Melamed como presidente, que empezó a ganar tamaño. En 1972, el CME creó el mercado monetario internacional (MMI), la primera bolsa de futuros financieros del mundo, y lanzó los futuros de divisas (FX). En los años siguientes, Melamed lideró el CME y el MMI en la creación de una serie de instrumentos financieros, incluidos los futuros sobre letras del tesoro de Estados Unidos en 1976, los eurodólares en 1981 y los futuros sobre índices bursátiles en 1982. En la década de 2000, el CME añadió nuevos instrumentos financieros, como las permutas de tipos de interés (IRS) que son los más utilizados. Los mercados de derivados en muchos casos se negocian de manera extrabursátil en organizaciones opacas —los *dark pool platforms*— y fuera de toda regulación. Acaban manipulando los precios de la comida, del petróleo, del armamento, de los medicamentos, lo cual tiene consecuencias negativas, como hambre, pobreza, guerras y enfermedades, provocadas artificialmente para generar beneficios. Según el experto español Juan Hernández Vigueras, «los gigantescos mercados de derivados financieros continúan funcionando sin control público alguno como los centros financieros *offshore*»[62].

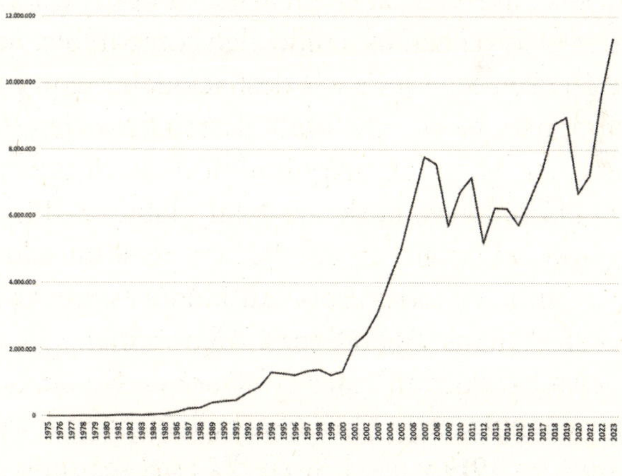

Gráfico 2.2. Negociación de derivados de tipos de interés, media diaria por años. Una actividad frenética en aumento. (Fuente: BIS)

Los que regulan la cantidad de dinero en circulación y el precio del dinero tienen un inmenso poder. El que detenta el poder es el que hace el dinero y no al revés[63]. Es la aproximación ingenua que el joven Marx rebate denunciando que «es poder enajenado de la humanidad»[64], es «la verdadera fuerza creadora»[65]. El dinero, en tanto que poder, es positivo y creador, como en la microfísica del poder de Foucault. Determina la interacción social, desde el comercio a las guerras, organiza la riqueza a nivel global y cómo se reparte la energía. El dinero es al mismo tiempo un sistema de control social[66] que ha alcanzado su cenit con la gestión monetaria.

El monetarismo se remonta al siglo XVI con Jean Bodin y con el sacerdote español Martín de Azpilcueta, quien afirmó que el dinero es una mercancía más que tiene valor y precio. En los años cincuenta, como parte de sus críticas a la teoría de Maynard Keynes, Milton Friedman establece lo que se conoce como la nueva teoría cuantitativa del dinero. Friedman sostiene que existe una relación directa entre la cantidad de dinero en circulación (oferta monetaria) y el nivel de precios. A partir de los años noventa, después de varios reveses en la aplicación de esta teoría cuantitativa, se establecieron objetivos de inflación como base de la política monetaria en casi todos los países, así como tasas de interés para influir en la actividad económica a través del mecanismo de transmisión monetaria. Como afirmaba Keynes, «a través de un proceso continuado de inflación los Gobiernos pueden confiscar —secreta y disimuladamente— una parte importante de la riqueza de sus ciudadanos»[67]. El Banco Central Europeo tiene fijado un objetivo de inflación máximo del 2 %. Esto significa que, de conseguirse, cada cinco años los europeos seríamos un 10 % más pobres. No parece un límite de seguridad para salvaguardar la prosperidad del pueblo, parece más bien un límite a la ambición monetaria de las élites. Si se introduce más dinero en el sistema financiero, suben los precios de las mercancías para intentar mantener su valor, pero el dinero vale menos y en consecuencia los salarios y los ahorros también. Más que un empobrecimiento de las clases medias y bajas, la inflación es la devaluación del mundo de la producción, es la transferencia de valor de la economía real al capital financiero. Hayek sostenía que la historia del dinero era la historia de las inflaciones que las autoridades realizaban en su propio beneficio[68]. La inflación acumulada de enero de 1914 a enero de 2024 en Estados Unidos es del 3.056,64 %.

Los bancos centrales crean dinero artificial cuando emiten deuda. Este dinero deuda, garantizado oficialmente, se convierte en real, en líquido, mediante el crédito bancario. Lo que llamamos imprimir dinero es incrementar la base monetaria (QE o *quantitative easing* o expansión monetaria). Por ejemplo, el Departamento del Tesoro de EE. UU., para emitir sus bonos, tiene que solicitar a la Reserva Federal (un conjunto de bancos privados) esa nueva creación de moneda y pagar intereses por ello. La banca comercial que utiliza el sistema de reserva fraccionaria, así llamado porque solo mantiene una pequeña reserva (coeficiente de caja o coeficiente de reservas) de depósitos como contrapartida líquida de los préstamos, puede colocar los bonos a sus clientes. La banca de inversión puede hacer los mismo sin tantas restricciones. Ambos dan créditos con dinero que no tienen. Ahí está el truco. Actualmente, en España esta reserva se sitúa en el 17 %. Por supuesto, los bancos centrales también pueden destruir dinero cuando reducen la oferta monetaria (QT o *quantitative tightening*), subiendo el precio del dinero. Quien crea y destruye el dinero manda, tiene el poder real. Los antiguos soberanos acuñaban moneda porque tenían el poder. Los países que no tienen moneda no son completamente soberanos y, hoy en día, todas las monedas están supeditadas al dólar. La única soberanía que existe es la del dinero. La crisis de la deuda soberana en Grecia en 2014 demostró, realizando todas las salvedades específicas del caso, que es imposible volver a una soberanía monetaria nacional. La agresividad de las medidas económicas impuestas enseñó a los griegos el camino hacia las criptomonedas, pero esa es otra historia, no nos adelantemos.

El dinero fiat es dinero deuda, por eso la propiedad nunca es de los actores económicos. Los bancos centrales consideran que todo el dinero es de ellos. Así las políticas de control de capitales actúan como si los ciudadanos alquilaran el dinero. El dinero puede ser congelado ante cualquier sospecha de blanqueo de capitales, aunque una persona o una empresa los necesite para subsistir y no haya hecho nada ilegal. La desaparición del dinero en efectivo también va en el sentido de que toda la circulación del dinero debe ser controlada exhaustivamente.

El poder se demuestra también comprobando como las empresas financieras controlan la producción económica. La concentración del capital es máxima hoy en día: 737 multinacionales controlan el 80 % del valor accionarial de las 43.000 empresas multinacionales existentes y, de estas, 147 controlan el 40 %, de las cuales tres cuartas partes son entidades financieras. Unas diez empresas, normalmente, controlan más del 50 % de cada industria. En el caso de la alimentación existen concentraciones por encima del 70 %, lo cual pone los pelos de punta. La facturación de las quince empresas más importantes del mundo equivale al PIB de la Unión Europea. Según reveló *The New York Times,* pocos agentes en el mundo controlan el mercado de derivados que mueve 700 billones de dólares. BlackRock, Vanguard y State Street manejan veintidós billones de dólares en activos financieros. Dominan el 88 % de las empresas del índice bursátil norteamericano S&P 500.

El imperio monetario mundial subsume completamente a la sociedad y ejerce su dominio totalitario sobre ella, que es la que crea valor. En definitiva, este neofeudalismo se apropia de la misma existencia humana: domina la producción, la distribución y la reproducción social, así como la energía a escala planetaria. Algunos lo han calificado de biocapitalismo[69]. Y con la concentración de capital, la desigualdad social ha ido en aumento.

Entre todas las instituciones del totalitarismo monetario destaca el Banco de Pagos Internacionales (BIS[70]), el banco de los bancos centrales. Es el planificador del monetarismo mundial, el centro visible del imperio monetario. El BIS fue creado en 1930 por el gobernador del Banco de Inglaterra, Montagu Norman, y su colega alemán Hjalmar Schacht, último ministro de finanzas de Adolf Hitler. Se puso en marcha después de la Primera Guerra Mundial, para solucionar los pagos de compensación de Alemania según el Tratado de Versalles. Casi dos décadas antes de la gran mayoría de las instituciones internacionales. Es una sociedad secreta completamente opaca, ya que no hay actas de las reuniones:

> … la opacidad del banco, el que no tenga que rendir cuentas y su influencia cada vez mayor plantea profundas dudas; no solo sobre la política monetaria, sino sobre la transparencia, la responsabilidad y la forma en que se ejerce el poder en nuestras democracias[71].

El BIS realiza operaciones secretas de compraventa de divisas y oro, y concede préstamos a corto plazo a bancos centrales a cambio de grandes comisiones. Tiene un sistema informático 24/7, con interconexión con todos los bancos centrales y con sus dos centros de operaciones en Basilea y Hong Kong. Bajo títulos banales, como asesor económico, se encuentran los emisarios del poder real, además de los presidentes de los bancos centrales. Con sede en Basilea y disfrazada de sociedad discreta que mantiene una mínima formalidad y transparencia para pasar desapercibida, es, en realidad, el epicentro secreto del monetarismo global, del totalitarismo monetario: «las autoridades suizas no tienen ninguna jurisdicción sobre las instalaciones del BSI. Fundado por un tratado internacional y protegido por el Convenio de Sede de 1987 firmado con el Gobierno suizo, el BSI disfruta de una protección parecida a las otorgadas a las sedes de Naciones Unidas, el Fondo Monetario

Internacional (FMI) y las embajadas diplomáticas. Las autoridades suizas necesitan el permiso de la dirección del BSI para entrar en los edificios del banco, que se describen como "inviolables"»[72]. En sus estatutos leemos:

> El Banco gozará de inmunidad de jurisdicción... Los bienes y activos del Banco, dondequiera que se encuentren y en poder de quienquiera que los tenga, serán inmunes a cualquier medida de ejecución (incluyendo embargo, incautación, congelamiento o cualquier otra medida de ejecución, ejecución o secuestro), excepto si esa medida de ejecución se solicita en virtud de una sentencia final dictada contra el Banco por cualquier tribunal de jurisdicción competente... Todos los depósitos confiados al Banco, todos los reclamos contra el Banco y las acciones emitidas por el Banco estarán, sin el acuerdo previo y expreso del Banco, dondequiera que se encuentren y en poder de quienquiera que estén, inmunes a cualquier medida de ejecución (incluyendo embargo, incautación, congelamiento o cualquier otra medida de ejecución, ejecución o secuestro)[73].

El BIS dispone de su propia policía privada. Estuvo a punto de desaparecer al final de la Segunda Guerra Mundial, ya que se dijo que estaba manchado de sangre. Varios nazis habían formado parte del Consejo de Administración, y también se habían salvaguardado fondos de la Gestapo y dinero confiscado de los países invadidos por Hitler. Incluso se sospecha que el BSI estuvo financiando la escalada armamentista de Hitler a través de préstamos. Algunos países pidieron cerrar el banco, pero en última instancia, en 1945, británicos y norteamericanos, bajo el mandato de Truman, impidieron la disolución del banco que ya estaba en marcha.

El historiador norteamericano Carroll Quigley denunció las conexiones del BIS con las grandes familias de la banca y su objetivo de crear el nuevo orden mundial.

> El establishment tenía otro objetivo en mente: crear un sistema de control financiero mundial en manos privadas que fuese capaz de dominar el ámbito político de cada país y la economía del mundo en su totalidad. Este sistema debía ser controlado al modo feudal por los Bancos Centrales del mundo, que actuarían en concierto mediante acuerdos secretos alcanzados en reuniones y conferencias privadas. La clave de todo descansaba en el BIS, Banco Internacional de Pagos, en Basilea, Suiza, un banco privado poseído y controlado por los Bancos Centrales de todo el mundo, que eran a su vez corporaciones privadas. Cada Banco Central de cada país intentó controlar a su Gobierno mediante su capacidad para controlar los préstamos a la Hacienda Pública, manipular el flujo y valor de las divisas en manos del Gobierno, influenciar en la actividad económica del país y posibilitar el ascenso al poder de aquellos políticos dispuestos a cooperar con su proyecto, engrasando la maquinaria a través de suculentas recompensas económicas... El BIS puede mirarse hoy como la punta de la pirámide de la estructura financiera mundial, aunque sus orígenes habría que buscarlos en la creación del Banco de Inglaterra en 1694[74].

Entre sus múltiples cometidos estuvo el de gestionar la serpiente monetaria europea.

Una de las más influyentes familias de banqueros, como es la de los Rockefeller, que siempre ha estado en el centro de la creación de todo tipo de instituciones financieras y de influencia política del nuevo orden mundial, admite sin tapujos su plan:

> Algunos incluso creen que formamos parte de una camarilla secreta que trabaja contra los mejores intereses de los Estados Unidos, caracterizando a mi familia

> y a mí como «internacionalistas» y conspirando con otros en todo el mundo para construir una estructura política y económica global más integrada: un mundo, si se quiere. Si esa es la acusación, soy culpable y estoy orgulloso de ello[75].

Otras instituciones clave son el G-20, el foro internacional de gobernantes y presidentes de bancos centrales creado en 1989, que tiene como objetivo la estabilidad financiera internacional, del que nació primero en 1999 el FSF (Financial Stability Forum) y, posteriormente, se reconvirtió en 2009 en el FSB (Financial Stability Board)[76], del que forma parte todo el conglomerado de organismos financieros internacionales, fuera de cualquier control democrático de las naciones, como Bank for International Settlements (BIS)[77], International Monetary Fund (IMF)[78], The World Bank (WB)[79], Organisation for Economic Co-operation and Development (OCDE)[80], European Commission (EC)[81], European Central Bank (ECB)[82], ECB Banking Supervision[83], Basel Committee on Banking Supervision (BCBS del BIS)[84], Committee on Payments and Market Infrastructures (CPMI del BIS)[85], Committee on the Global Financial System (CFGS del BIS)[86], International Association of Insurance Supervisors (IAIS)[87], International Accounting Standards Board (IASB)[88] y International Organization of Securities Commissions (IOSCO)[89].

Una de las circunstancias menos conocidas es que el FSB, que representa ser una asociación sin ánimo de lucro según las leyes suizas, está alojado por el BIS en esa jurisdicción especial en Basilea, en virtud de un contrato de servicios renovable de cinco años. Una recomendación del FSB suele convertirse en una reforma de obligado cumplimiento, que debe implementarse a nivel mundial en los bancos centrales y comerciales (tan solo hay veintinueve bancos sistémicos en el mundo, es decir, relevantes a nivel de volumen y clientes), en las bolsas, en las aseguradoras, en las contabilidades y, por tanto, en las auditoras, con su habitual discreción. Rusia ha dejado de asistir a las reuniones del FSB, pero sigue en el BIS. Por algo será. El dinero está por encima de los bloques.

2.3. El colonialismo digital

La digitalización ha sido un auténtico tsunami. Nicholas Negroponte, del MIT, el profeta del advenimiento digital, en su libro *El mundo digital,* de 1995, nos decía «la transformación de átomos a bits es irrevocable e imparable»[90]. Y no se ha equivocado. La sociedad se ha transformado mayoritariamente en digital. En una primera ola de la digitalización se consiguió que las conexiones a Internet fueran más rápidas y populares. También se dio la conversión de dispositivos analógicos a digitales: del libro al *e-book*, de la cinta VHS al *streaming*, de los mapas al GPS, de las fotos de carrete a Instagram, y de las cartas en papel al *e-mail.*

Ahora nos encontramos en los inicios de la segunda ola de digitalización de la sociedad, la llamada digitalización de todo. Una digitalización ubicua. El *smartphone* fue el primero de esta revolución, pero actualmente estamos hablando del Internet de las cosas (IoT o *Internet of things*), muy implantada en procesos industriales, pero que también se está extendiendo a los aparatos de consumo. Por ejemplo, el cepillo de dientes tendrá un programa que se adaptará a las necesidades de nuestra dentadura en cada circunstancia. También tenemos la digitalización de los coches, del comercio y del hogar. Pero mucho más intrigantes son las tecnologías que afectan a la vida personal, lo que podemos denominar la digitalización del yo, como por ejemplo los *wereables,* que son dispositivos que se pueden llevar encima, como relojes, ropa, gafas, pulseras, etcétera, y pronto se dará la implantación de chips en el cerebro.

La combinación de estos nuevos microordenadores, con múltiples sensores capaces de monitorear nuestra vida y conectarse con aplicaciones inteligentes que nos permiten mejorar y tomar decisiones sobre nuestros hábitos, a través de recomendaciones personalizadas, potencian el yo de una manera sustancial. La inteligencia artificial, los algoritmos predictivos y el *big data,* en esas extensas granjas de ordenadores llamadas *cloud computing,* permiten que las aplicaciones reconozcan patrones entre océanos de datos para llegar instantáneamente a las mejores conclusiones. Cada vez más, estas tecnologías monitorizarán y gestionarán nuestras vidas. El optimismo idealista en el progreso tecnológico que todo lo resolverá es la ideología del colonialismo digital. Se nos convence de que la tecnología es magia y lo solucionará todo, las enfermedades y los problemas humanos. Es la microfísica del poder digital. Lo digital lo está colonizando todo.

El imperio monetario domina el mundo. Es un imperialismo muy violento, capaz de destruir países, camuflado bajo la objetividad que da la macroeconomía. Su colonialismo monetario se expande hacia el interior en busca de nuevos mercados de los que extraer riqueza. Si no hay nuevos territorios, hay que expoliar a los Estados y gestionar sus infraestructuras y sus recursos, como el agua, para extraer rentas. Un nuevo y gran mercado es el ciberespacio, la digitalización de la sociedad y de la economía. Desde finales de los años noventa los pioneros como Amazon, Google o Alibaba empiezan su desarrollo exponencial. En 2004, con el nacimiento de Facebook, se inicia una nueva fase con la eclosión de las redes sociales, que cambia definitivamente la dinámica de la opinión pública y de la política. En 2015 Google crea su *holding* empresarial llamado Alphabet, justo cuando el capital digital se alía con el capital militar. En 2016, la empresa china ByteDance lanza Douyin, que será exportado al mundo como TikTok a través de una empresa instrumental en las Islas Caimán. Desde entonces, tenemos una rivalidad en el capital digital entre China y Estados Unidos. El resto de países del mundo han perdido definitivamente cualquier posibilidad de competir. Europa no tiene ningún futuro. Este es un momento crucial en la historia. China ha adelantado a EE. UU. en muchos aspectos de tecnología avanzada. No lo han logrado invirtiendo más dinero, sino siendo más bestias que en Silicon Valley: la competencia es salvaje y pocos sobreviven.

Hoy en día, el llamado FAANG, acrónimo para indicar las mayores corporaciones digitales americanas —a saber, Facebook, Amazon, Apple, Netflix y Google (Alphabet)—, representa el 10 % de la bolsa, con una capitalización de tres billones de dólares. Entre 2010 y 2020 ha incrementado su valor un 2300 % frente al 215 % de media del resto del índice S&P 500.

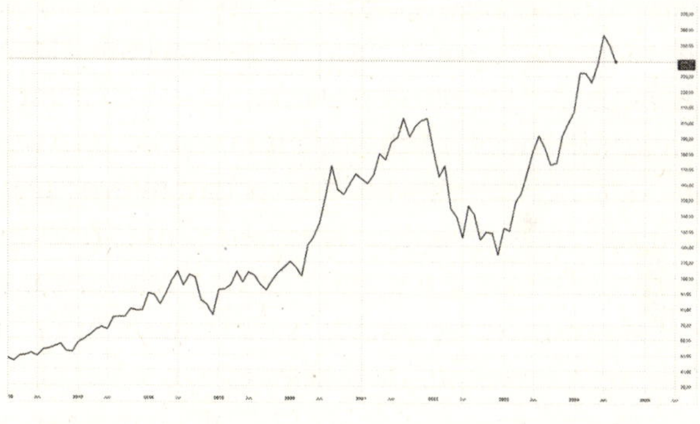

Gráfico 2.3. Visión histórica de la cotización bursátil de FAANG en el S&P 500. Un gigante del mercado. (Fuente: TradeView)

Son ya parte de la globalización digital y, por su tamaño, están implicadas en muchos procesos del globalismo. Ya no se puede entender ni la globalización ni el globalismo, con su inmenso poder de control y manipulación, sin las corporaciones digitales. Son multinacionales que almacenan datos de millones de clientes con detalles de hábitos de consumo pormenorizados. Las grandes plataformas digitales que se han introducido capilarmente en todos los aspectos de nuestra vida son uno de los grandes aliados del capital financiero junto a la industria armamentista. Ellos son los brazos armados de la globalización. En la medida en que estos gigantes tecnológicos fueron creciendo, se empezaron a aliar con el capital militar.

La colaboración entre las tecnológicas y el consorcio armamentístico ha ido aumentando en los últimos años. Todo comenzó con el plan de Ash Carter, secretario de Defensa del Gobierno de los Estados Unidos. El DIUx (Defense Innovation Unit Experimental) se creó en 2015, para identificar rápidamente a las empresas que desarrollaban tecnologías de vanguardia que podrían ser útiles para las Fuerzas Armadas, y luego invertir en ellas. La relación del Pentágono con Silicon Valley venía de lejos, pero anteriormente habían estado más interesados en semiconductores[91]. Con DIUx, el Pentágono construyó su propia aceleradora de empresas emergentes, dedicada a financiar empresas especializadas en inteligencia artificial, sistemas robóticos, análisis de metadatos, ciberseguridad y biotecnología. En marzo de 2016, Carter organizó la DIB (Defense Innovation Board), un grupo de especialistas civiles encargado de brindar asesoramiento y recomendaciones a las autoridades del Pentágono. Nombró al ex-CEO de Google y miembro del Consejo de Administración de Alphabet Eric Schmidt para presidir el DIB, donde también había actuales y antiguos ejecutivos de Facebook, Google e Instagram, entre otros.

Esto no era algo nuevo. Una incubadora de *start-ups*, ya en la década de los noventa, fue creada por la CIA. Peleus era una entidad sin fines de lucro destinada a financiar empresas tecnológicas, especialmente de Silicon Valley. La organización existe aún hoy en día bajo el nombre de In-Q-Tel. Los jefes de la CIA temían un posible «Pearl Harbor digital», en referencia a que la información del ataque japonés estaba diseminada en varias agencias que no hablaban entre ellas, con lo que no se pudo anticipar a tiempo. Para prevenir este problema en la era digital, se centraron en tecnologías de análisis de datos masivos que se pudieran extraer de diversas fuentes. Invirtieron en Keyhole Inc. que fue adquirida por Google en 2004 y que se convirtió en Google Earth al año siguiente. Hoy en día, In-Q-Tel tiene un *portfolio* de 296 empresas en las que han invertido[92].

La prensa empezó a acusar a Google de espionaje por su colaboración en los programas militares, pero la opinión pública no pareció escandalizada, hasta que empezaron a darse las primeras deserciones y protestas de ingenieros de Google, Amazon y Microsoft, que se negaron a participar en estos convenios. El Proyecto Maven, conocido como el Equipo Interfuncional de Guerra Algorítmica, saltó a la opinión pública e hizo que muchos ingenieros tuvieran problemas de conciencia. El subsecretario de Defensa, Robert Work, creó el programa en abril de 2017 y lo describió como una iniciativa en la carrera armamentística de la inteligencia artificial. La desaprobación generalizada de los ingenieros obligó a Google a cancelar su colaboración en el Proyecto Maven para mantener una buena reputación, pero se convirtió en contratista privado y secreto.

El FAANG y otras empresas más, como Twitter/X o Space X, a día de hoy tienen cientos de contratos para desarrollar tecnología militar. El hecho de que también las tecnológicas se financien con fondos públicos, que provienen inevitablemente de la expansión monetaria, muestra la absorción del capital digital por el financiero. La economía digital no llega ni a un 10 % del PIB en Estados Unidos y en Europa[93]. Algunas previsiones para 2030 estiman que se alcanzará el 30 % del PIB mundial[94]. La cuestión es que cada vez está todo más digitalizado, pero la economía digital no desafía al imperio monetario. No estamos de acuerdo con la hipótesis Varufakis del *cloud capitalism*. Sí, nos gusta el término de tecnofeudalismo y estamos de acuerdo en que los oligopolios funcionan como rentistas, pero solo cuando dice:

> TikTok puede, por lo tanto, desviar las rentas de la nube del mercado estadounidense a China sin depender del déficit comercial de Estados Unidos ni de la supremacía del dólar. Al no necesitar dólares para crear su capital en la nube, TikTok lo utiliza para sacar directamente sus rentas de la nube denominadas en dólares, sin dificultades y a la velocidad de la luz[95].

El déficit comercial no se aplica en esta industria (la necesidad de las redes sociales va por otro lado) y es verdad que la plataforma se ha desarrollado con yuanes en China, pero los ingresos de EE. UU. son en dólares y, por tanto, esa renta, al igual que los beneficios, sigue sometida al dólar. El único problema es que no pagan muchos impuestos en EE. UU. Y otra cosa bien diferente, pero muy preocupante para la Administración norteamericana, es que el Gobierno chino tenga acceso a los datos de los clientes americanos, ya que, por el artículo 7 de la Ley de Inteligencia Nacional de China, tanto las empresas como los ciudadanos deben «apoyar, ayudar y cooperar» con los Servicios de Inteligencia chinos[96]. Por eso, en el momento de redactar este manuscrito, el presidente Biden ha dado nueve meses para que TikTok EE. UU. sea vendido a inversores norteamericanos. Ahora bien, China está presentando la batalla contra el dólar también con su sistema CIPS (*cross-border interbank payment system*) nacido en 2015, que representa una alternativa seria al sistema SWIFT utilizado por todos los bancos para realizar pagos internacionales. Lo siguen ya 167 países, y las sanciones a Rusia por la guerra de Ucrania han impulsado su expansión.

El control y el uso de los datos es uno de los campos de batalla del colonialismo digital. La falta de control de sus propios datos pone al ciudadano en una indefensión absoluta. La privacidad se convierte en un derecho fundamental que es vulnerado todos los días. Muchos datos se utilizan y se venden con nuestro consentimiento pasivo, por no leer los términos y condiciones de cada contrato de uso de una plataforma, pero muchas veces se hace sin el consentimiento de la persona, ante su total indefensión legal, o incluso en secreto. Google Earth pone a disposición del mundo detalles de edificios y domicilios privados por todo el globo terrestre sin ningún consentimiento, y se niega a pixelar nada sin una orden judicial. Todas las cámaras que nos graban por las calles operan sin el menor permiso, y la mitad de las que hay sembradas por el mundo son tecnología china. Es un tema extremadamente grave. Las agencias de protección de datos no se ocupan de los abusos y de las necesidades de los ciudadanos. Las personas hemos perdido el control de nuestros datos, incluso de los biométricos —nuestra cara, nuestros ojos, nuestras huellas digitales— y, por tanto, nuestra identidad está en constante peligro. Nuestros móviles trazan todos nuestros movimientos, comunicaciones, compras, transacciones bancarias y un sinfín de actividades. Saben más de nosotros que nosotros mismos. Son capaces de anticipar cualquier cosa en nuestra vida por absurda que parezca.

Desde finales de 2016, el Gobierno chino ha sometido a los trece millones de uigures de Xinjiang, una minoría étnica musulmana, a una persecución política. Se dice que hasta un millón de personas están recluidas en campos de «educación política». La campaña de *«Golpe duro contra el* terrorismo violento» del Gobierno ha convertido la región en uno de los principales centros de China para el uso de tecnologías innovadoras para el control social. Un aplicación móvil es utilizada por la Policía para comunicarse con la llamada Plataforma Integrada de Operaciones Conjuntas (IJOP). Este sistema se está extendiendo a toda China. Las autoridades están recopilando cantidades masivas de información personal y la introducen en el sistema central, vinculando esos datos con la tarjeta de identificación nacional de la persona. Es un sistema que combina la extracción automática de información proveniente de dispositivos electrónicos (cámaras CCTV[97], rastreadores wifi, móviles) con la entrada manual, a través de una Policía política que espía a sus ciudadanos. Cuando el sistema IJOP detecta irregularidades sospechosas según el algoritmo predictivo utilizado, tan curiosas como el uso de más electricidad de la habitual, envían estas alertas a las autoridades y se pone en marcha una investigación.

Por otra parte, China destaca en la implementación del sistema de crédito social (SCS). Llevan desde el año 2000 trabajando en proyectos piloto e implantándolo oficialmente a partir de 2014. Es un sistema que involucra al Gobierno, las empresas, la judicatura y los agentes sociales. A pesar de la *Recomendación sobre la ética de la IA* de la UNESCO, en la que se señala que «los sistemas de IA no deben usarse con fines de puntuación social o vigilancia masiva», China lo está haciendo. El crédito social está basado en los algoritmos de calificación de créditos al consumo (*scoring*), inspirados en la empresa americana líder FICO (Fair Isaac Corporation). En el caso del SCS, la gran diferencia es que, una vez se obtiene la puntuación que determina el algoritmo que procesa múltiples fuentes de datos, se establecen recompensas o castigos para cambiar el comportamiento de las personas. Es una vez más el poder disciplinario, pero digital, la microfísica del poder digital.

Los experimentos con IA tipo *Minority Report*, adelantarse al delito, tampoco han sido muy brillantes. El sistema *harm assessment risk tool* (HART[98]) fue puesto en marcha en Durham, Reino Unido, y unas 12.200 personas fueron evaluadas 22.265 veces, desde 2016 hasta que se abandonó en 2021. La mayoría de las evaluaciones cualificaron a las personas como de riesgo de reincidencia «moderado» (12.262) y «bajo» (7111). Sin embargo, 3292 personas fueron consideradas como de «alto» riesgo de reincidencia. Como resultado, no se sabe por qué, los archivos han sido borrados, pero es probable que hayan sido acusados y procesados muchos reincidentes, en lugar de ofrecerles la oportunidad de rehabilitación. La tasa de precisión de HART era inaceptable, pues según su informe publicado a principios de 2024 fue del 53,8 %. Algo como tirar una moneda al aire. Veremos una versión 2.0 de esta tecnología. Se sigue trabajando intensamente en ello.

La colonización digital ha permitido expandir el capitalismo a muchos ámbitos de nuestra vida privada inimaginables hace unos años, pero también hay que decir que hoy en día todo esto se asume con normalidad. La implantación es muy opaca y va extremadamente rápida. Los ciudadanos son muy poco conscientes del comercio de datos personales que existe a nivel mundial y lo que se puede hacer con ellos. Sería como si un empleado de Google o de Amazon estuviera siempre sentado en nuestra sala de estar apuntando todo lo que hacemos y decimos, y luego se fuera a contarlo a nuestros jefes, a nuestros vecinos y a nuestros familiares. Quizás así nos daríamos cuenta de algo.

El escándalo de Cambridge Analytica nos da una pequeña muestra de lo que está pasando, pero esto ya es historia; el presente es más sofisticado y efectivo. Cambridge Analytica fue fundada en 2013 por Robert Mercer, un administrador estadounidense de fondos de cobertura, y Steve Bannon, estratega político, exbanquero de inversiones y expresidente ejecutivo de Breitbart News. Se creó como consultora especializada en la recopilación y en el análisis de datos para la creación de campañas publicitarias y políticas. En 2014 estuvo implicada en 44 campañas políticas estadounidenses, como las de Ted Cruz o Donald Trump, y 200 a nivel mundial, como la de Mauricio Macri y las de países como Nigeria, Kenia, Chequia o India. Esta empresa llegó a tener 5000 datos específicos sobre cada votante estadounidense. Aplicando un análisis de perfilado psicológico al conjunto de datos, era capaz de determinar el tipo de personalidad de cada votante y luego dirigirle mensajes individuales específicamente diseñados con el objetivo de influir en su decisión de voto, manipulando sus emociones o buscando vulnerabilidades personales. Estas técnicas, llamadas *microtargeting,* también se utilizan profusamente en comercio electrónico. La fuente más importante de datos era Facebook, en aquellos tiempos poco protectora de sus usuarios. A través de una aplicación de un tercero, Cambridge Analytica consiguió ilícitamente datos de hasta 87 millones de perfiles de Facebook que incluían fotos, indicaciones de «me gusta», mensajes privados y toda la red de contactos. Facebook pagó 725 millones de dólares para resolver una acción legal por violación de datos vinculada a la consultora política Cambridge Analytica y, además, en 2019 acordó pagar 5000 millones de dólares más para resolver una investigación de la Comisión Federal de Comercio sobre sus prácticas de privacidad. Una propina. Aún así, intenta configurar tu privacidad en una red social y te darás cuenta de que necesitas un asesor.

2.4. La guerra civil planetaria

Si todos somos súbditos de un mismo pseudogobierno global, quiere decir que las guerras son siempre guerras entre hermanos; son guerras civiles. La unidad del imperio globalista se sustenta en el monetarismo y en su gestión financiera. La plutocracia domina el mundo a través del dólar. Rusia y China también son parte del globalismo, pero está claro que no se han sometido lo suficiente. El globalismo no es uniforme, tiene diferentes sabores. Las élites de los estratos inferiores tienen intereses enfrentados. Se ha intentado constantemente desestabilizar a Rusia, esperando un cambio de régimen, pero se ha resistido con firmeza hasta la invasión de Ucrania de 2022. China, destinada a ser la fábrica del mundo a través del apoyo norteamericano, a cambio de ser la mayor tenedora de la deuda americana, se ha convertido en un país tecnológicamente puntero, con grandes marcas propias, primera potencia militar en número de soldados en activo, segundo país del mundo con mayor PIB y el primer exportador del planeta. También es una potencia nuclear. China no es dominable ni reversible. Rusia y China han decidido desafiar, junto con el resto de los países del área BRICS+, al imperio del dólar. Siguen siendo globalistas y participando en la gobernanza internacional, pero quieren el trono del poder mundial, el lugar de Estados Unidos, la gestión del imperio. O su parte de la tarta. Tienen su propio estilo de globalismo. No son antiglobalistas.

Se dice que vivimos en un mundo multipolar y es cierto en el ámbito económico, pero respecto a lo militar sigue habiendo dos grandes bloques y eso, de momento, ha servido para mantener una cierta estabilidad, por aquello de la mutua destrucción asegurada. Sin embargo, desde el punto de vista monetario, actualmente solo hay un poder mundial y ese es el dólar. Si el dólar fuera un sistema sano, probablemente China querría apropiarse de él, pero el totalitarismo monetario marcha lentamente en la dirección del colapso y, al menos, China y Rusia intentan buscar su alternativa monetaria para no verse afectadas.

Una plutocracia que no tiene patria manda en el imperio globalista. Por eso las guerras, cada vez más frecuentes, son como guerras civiles entre los dos bloques militares. Una guerra perpetua global que se enciende y se apaga. Si calculamos la intensidad de los conflictos armados por número de muertes, según el Uppsala Conflict Data Program en el año 2000 se dataron 93.774 muertes y, después de algunas fluctuaciones, en el año 2022 fueron 238.212, lo que representa un notable aumento[99]. También, desde el año 1946 hasta 2022 han pasado de ser menos de veinte conflictos bélicos al año a ser más de cincuenta[100], especialmente los llamados conflictos de baja intensidad, que son los de menos de 10.000 muertes al año. Incluso las propiamente denominadas guerras civiles han ido en aumento y son mayoritarias desde 2008[101]. Curiosamente, el país que ha participado en más conflictos armados durante el siglo XX y el XXI ha sido China, con treinta y cuatro[102]. Hasta los años cincuenta China tenía una extensa participación en conflictos regionales; no hay que pasar de vista este perfil agresivo. Tenemos que bajar al cuarto lugar, con veinticuatro, para encontrar a Estados Unidos, a pesar de que su política exterior ha estado dominada por los halcones.

Klaus Shwab, uno de los ideólogos del globalismo, no puede ser más claro al respecto:

> Por primera vez desde que Margaret Thatcher captó el espíritu de una época al declarar que «no existe tal cosa como la sociedad» (en 1987), los Gobiernos ahora tienen la sartén por el mango. Todo lo que venga en la era pospandémica nos llevará a repensar el papel del Gobierno[103].

Si las naciones ya solo son los dispositivos de dominio locales del globalismo, entonces las guerras son siempre guerras civiles. Como sostiene Toni Negri:

> En el mundo de hoy existen numerosos conflictos activos, algunos de corta duración y confinados en un lugar determinado, otros duraderos y expansivos. Pues mientras que la guerra, según la tradición del derecho internacional, es un conflicto armado entre entidades políticas soberanas, la guerra civil es un conflicto armado entre combatientes soberanos y/o no soberanos *dentro de un mismo territorio soberano.* Pero ahora esta guerra civil no hay que entenderla dentro de un espacio nacional —ya que ha dejado de ser la unidad efectiva de la soberanía—, sino del territorio global[104].

Solo hay un territorio soberano: el mundo. Y todo nos afecta. Aunque para ser justos, el primero en hablar de un imperio global fue nada menos que George Soros:

> La analogía del imperio se justifica porque el sistema capitalista global gobierna a quienes pertenecen a él, y no es fácil excluirse. Además, tiene un centro y una periferia como un imperio, y el centro se beneficia a expensas de la periferia. Lo más importante es que el sistema capitalista global exhibe algunas tendencias imperialistas. Lejos de buscar el equilibrio, está empeñado en la expansión[105].

Soros es un defensor del capitalismo y de la sociedad abierta, que tiene una idea muy clara y muy realista de cómo funciona el mundo. Es interesante comprobar que su teoría del sistema capitalista como imperio global reconoce que ejerce una nueva clase de imperialismo:

> En contraste con el siglo XIX, cuando el imperialismo encontró una expresión territorial literal en forma de colonias, la versión actual del sistema capitalista global tiene un carácter casi completamente no territorial, o incluso extraterritorial. Los territorios están gobernados por Estados y los Estados a menudo plantean obstáculos a la expansión del sistema capitalista. Esto es cierto incluso en el caso de Estados Unidos, que es el más capitalista de los países, aunque el aislacionismo y el proteccionismo son temas recurrentes en su vida política[106].

Y una vez más, lo que dice es casi calcado de lo que recientemente propusieron Negri y Hardt:

> En contraste con el imperialismo, el imperio no establece ningún centro de poder y no se sustenta en fronteras o barreras fijas. Es un aparato descentrado y desterritorializador de dominio que progresivamente incorpora la totalidad del terreno global dentro de sus fronteras abiertas y en permanente expansión[107].

De esta manera, los autores concluyen las consecuencias de la soberanía: «Nuestra hipótesis básica consiste en que la soberanía ha adquirido una forma nueva, compuesta por una serie de organismos nacionales y supranacionales unidos por una lógica de dominio. Esta nueva forma de soberanía es lo que llamamos "imperio"»[108]. Al no ser territorial, el imperio coloniza digitalmente y biofísicamente: «El objeto de su dominio es la vida social en su totalidad[109]». Extraños compañeros de viaje hacen los extremos.

A pesar de que la narrativa nos diga lo contrario. Las guerras *proxy* son la triste realidad de la guerra civil global. La guerra de Ucrania es un buen ejemplo. Ucrania visibiliza lo que sucede en muchos otros países de manera más oculta. Después de la disolución de la URSS, Ucrania ha sido un Estado independiente, aunque los Gobiernos estaban bajo influencia rusa. Después del golpe de Estado del Maidán, auspiciado por los norteamericanos, los Gobiernos cambian a las órdenes de Estados Unidos, y estos han buscado la desestabilización de Rusia a través de una guerra civil en la zona. Putin, después de más de 10.000 muertos en el Dombás por orden de Zelensky, después de la repetida vulneración de los acuerdos de Minsk, y ante la amenaza de la OTAN de plantar misiles nucleares delante de su frontera, se decide a invadir Ucrania. Aparte de muchas otras consideraciones, lo que intenta es garantizar su supervivencia ante la OTAN. Lastimosamente, los dos bandos, en un momento u otro, han infringido el derecho internacional, y ninguno de los dos está realmente interesado en el pueblo ucraniano que ha sucumbido al horror de esta guerra con sus vidas.

La guerra *proxy* entre Estados Unidos y Rusia en suelo ucraniano es una muestra de la guerra civil global. Pero no pensemos que Ucrania es un caso especial. Muchos ejemplos del pasado son un toque de atención para cualquiera: Afganistán, Siria, Libia, Panamá, etcétera. Si alguien se sale del plan, sufre las consecuencias[110]. En Oriente Medio, más de lo mismo. Irán e Israel luchan a muerte en otra guerra *proxy*. España quiso desarrollar su propia bomba nuclear y seguir siendo un país neutral y soberano, pero Estados Unidos tenía otros planes y Carrero Blanco saltó por los aires. Kissinger no cita a nuestro país en sus más de 900 páginas de su libro *Diplomacia*[111]. Fuimos una presa fácil y no hizo falta diplomacia ninguna. Felipe González remató la faena incorporándonos a la estructura militar de la OTAN y a la Unión Europea. Seguimos el guion y nos convertimos en un país subsidiario en Europa, nulo en la geopolítica internacional. El resort veraniego de los europeos.

Marruecos fue el país elegido por Estados Unidos para ejercer el control de África y del Mediterráneo. Esto explica el abandono del Sahara español. El Africom, el mando del Pentágono para África, está situado en Marruecos, y este es el único país, que se sepa, con una sede de la agencia de espionaje de señales norteamericana, la NSA. No hace falta decir que ni los ucranianos ni los españoles, ni siquiera los marroquíes, han votado para decidir temas tan trascendentales. Un país tan poderoso como Alemania no ha podido decidir ni quién le vende el gas natural. Alguien, siguiendo intereses norteamericanos, ha destruido los gaseoductos Nord Stream. Llama poderosamente la atención que Estados Unidos lleve desarrollando centrales de regasificación desde el mismo año del Maidán y que actualmente esté abasteciendo a toda Europa a precios muy superiores a los rusos, ahora que estos ya no pueden. Los ejemplos de la falta de diplomacia en la época de Kissinger o de Hillary Clinton excederían la extensión de este libro.

Después de la Guerra Fría seguimos viendo este antagonismo entre las dos superpotencias nucleares. Viene sucediendo en África, en Hispanoamérica, en Oriente Próximo. Los grupos terroristas y las guerrillas también cumplen su cometido de hostigamiento *proxy* entre los dos contendientes. A veces, los conflictos se complican entre diversas partes de un mismo bando, como también ocurría en la guerra civil española. Las revoluciones de color, aquellas donde espontáneamente —o al menos en apariencia— el pueblo se rebela contra dictadores o gobernantes autoritarios, son también un ejemplo de guerra civil inducida por el globalismo. Muchas han ocurrido en las exrepúblicas soviéticas (Yugoslavia, Georgia, Ucrania, Kirguistán), pero también muy conocidas son las de la llamada Primavera Árabe (Líbano, Egipto, Túnez, Yemen, Libia).

El hecho de que asistamos a una guerra civil global también afecta a las sociedades internamente y a la seguridad. Para prevenir el terrorismo, vivimos en un estado de excepción permanente, vulnerando derechos fundamentales todo el tiempo. También es una realidad que el gasto militar está aumentando en todo el mundo. Esto también evidencia el agotamiento de la hegemonía monetarista. El endeudamiento colosal, especialmente en los últimos años por parte de Estados Unidos, intenta retrasar y gestionar el colapso. Para ello hay varias iniciativas. La guerra es una de ellas. Es bastante probable que haya algo así como una tercera guerra mundial. Aquí el conflicto en Ucrania parece un poco la «demo» de este cruel proceso que se quiere extender a Europa, pero en esta ocasión los riesgos son enormes. Rusia, China e Irán tienen una alianza militar discreta. Durante la escalada, que llevará unos años, la economía de guerra se pondrá en funcionamiento, gracias al incremento de los presupuestos militares europeos, lo que aliviará la situación de Estados Unidos, porque servirá esencialmente para la compra de armamento estadounidense.

El profesor Saqib Qureshi de la London School of Economics escribió en un artículo del *Newsweek* que «los talibanes no ganaron en Afganistán, sino los contratistas de defensa»[112]; y el profesor Nassim Nicholas Taleb escribió un mensaje en la red social X diciendo: «Afganistán: en gran medida una transferencia de riqueza de los contribuyentes estadounidenses a los contratistas militares»[113]. No se puede decir más claro. Los gigantescos contratos militares entre el consorcio armamentista norteamericano y la Administración de EE. UU. durante la guerra de Afganistán —como en todas las demás— significan la extracción de billones de dólares desde las rentas de los ciudadanos americanos, vía impuestos, a un sector privado de enorme influencia política. Una parte de los amos del mundo. En palabras de Julian Assange, el objetivo en Afganistán «es tener una guerra interminable, no una guerra exitosa», para «lavar dinero de las bases impositivas de los Estados Unidos... en manos de la élite de seguridad transnacional[114]».

Según los últimos datos del SIPRI (Stockholm International Peace Research Institute) publicados en 2024, el gasto militar global alcanzó los 2443 millardos de dólares en 2023, con un 6,8 % de aumento interanual; el mayor desde 2009. EE. UU. es la mayor potencia en gasto militar, que representa casi el 40 % del presupuesto mundial. Le siguen China y Rusia. Sin embargo, el porcentaje destinado a presupuesto militar respecto al PIB se ha reducido a nivel global del 6,4 % en 1960 al 2,3 % en 2022. Algunas excepciones notables muestran la escalada militar en Europa, que registra el aumento más rápido del gasto con un 13 %. Finlandia, recién incorporada a la OTAN, ha aumentado su presupuesto un 36 %. Otra vez, la carrera armamentística que anticipó las guerras de 1914 y 1939 vuelve a estar de actualidad. Rusia desde 2014 ha aumentado un 55 %, lo que parece que se estaba preparando para el enfrentamiento actual, y EE. UU. en 2023 representó el 68 % del presupuesto de la OTAN.

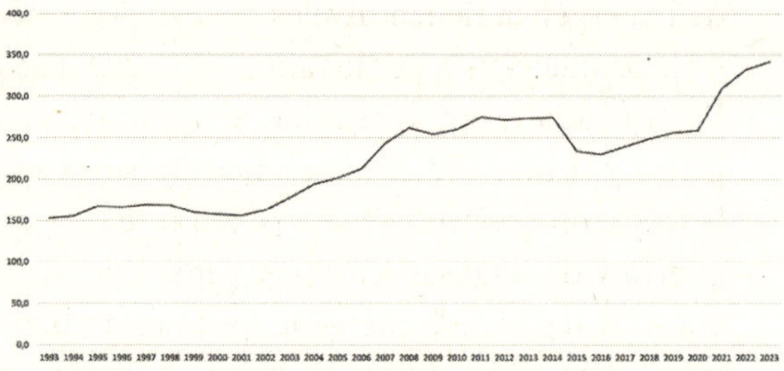

Gráfico 2.4. Gasto militar mundial, media per cápita. Una tendencia significativa en aumento. (Fuente: SIPRI)

En el núcleo de este libro está el mostrar como la energía determina la gran mayoría de dinámicas ocultas por el poder y por el dinero. A medida que aumenta la población y el consumo energético, se desarrolla un conflicto por los precios y la obtención de energía. Cuando no se consiguen las condiciones deseadas, empiezan las confrontaciones bélicas. Son muy pocas las naciones en el mundo que son independientes energéticamente, lo que garantiza una gran inestabilidad militar de cara al futuro. La energía es uno de los *casus belli* más comunes, pero habitualmente ocultado bajo tensiones territoriales.

El caso de Ucrania vuelve a ser paradigmático[115], pero también hemos asistido a guerras de energía en Iraq, Siria, Nigeria, Sudán del sur, mar de la China meridional, etcétera. El desencadenante de estas guerras, según un reciente estudio, se produce cuando se traspasan ciertos umbrales del consumo nacional de energía y de la intensidad energética (consumo respecto a PIB) en países dependientes[116]. Con un impresionante aparato matemático, que recoge datos de 1980 y 2021 en 68 países, han conseguido verificar empíricamente cosas que tienen todo el sentido y que son un signo de nuestra época:

> Basándonos en nuestra muestra global, encontramos primero que los países con altos niveles de seguri-

> dad energética tienen niveles más altos de crecimiento de la producción y, por lo tanto, estabilidad económica. En segundo lugar, la relación entre la seguridad energética y la estabilidad económica empeora en la era de la inflación creciente. Tercero, durante los períodos de guerra y de intensas tensiones geopolíticas, la relación entre la seguridad energética y la estabilidad económica se deterioró. Por lo tanto, nuestras tres predicciones empíricas están respaldadas[117].

La consecuencia es que ahora las políticas energéticas exigen involucrar a los Ministerios de Defensa.

Las guerras suponen un gasto energético enorme y una destrucción de activos descomunal. El consumo energético de Japón previo a la Segunda Guerra Mundial de 1940 no se recuperó hasta 1955[118]. Todo está determinado por la energía.

2.5. Las ideologías globalistas

El globalismo se caracteriza por tener una ideología o un ideario poco conocido y un plan operativo elitista, pragmático, eugenésico y financista que no es para el conocimiento de las masas. Es un ideal que comparten las personas que pretenden dirigir el mundo para la imposición de la agenda global. Se opone al soberanismo como sinónimo de localismo nacional. El globalismo ejerce la soberanía global. Los Estados nacionales hoy en día tienen la función de mantener la ficción de las naciones del pasado y del funcionamiento ordinario de la democracia, pero son el obstáculo para los planes expansionistas hacia nuevos mercados digitales y nuevos procesos extractivos de valor de la economía real. Los políticos son impulsados a realizar cambios legislativos profundos, para que el imperio pueda conquistar nuevos mercados tradicionalmente protegidos por los Estados y establecer un control mental y físico de la población. Es una privatización, pero no para capitales nacionales, sino para el selecto club de los fondos de inversión globalistas. Según Gideon Rachman:

> La diferencia entre globalización y globalismo puede parecer oscura y sin importancia, pero importa. Globalización es una palabra utilizada por los economistas para describir los flujos internacionales de comercio, inversión y personas. Globalismo es una palabra utilizada por los demagogos para sugerir que la globalización no es un proceso sino una ideología: un plan malvado, impulsado por una oscura multitud de personas llamadas «globalistas»[119].

La profesora canadiense Tworek es quien lo ha definido con mayor lucidez: «El triunfo de la ideología fue que no percibimos que era una ideología, parecía algo que tenía sentido». Esa es la clave. Parecía un proceso lógico, justo, bondadoso, atrevido, moderno, pero es todo lo contrario. Hay demasiada gente inteligente en el lado oscuro.

Sin embargo, el globalismo se aprovecha de muchas ideologías y nuevas culturas, para dividir y confundir a la sociedad y debilitar a los Estados nacionales. Promociona ideologías para el pueblo que destruyen los valores tradicionales de Occidente como la libertad, a través del dogmatismo de ciertas minorías. Incita al conflicto intrasocietario con el objetivo de imponer con mayor facilidad su plan de dominio. Nos encontramos ante un movimiento muy audaz, donde, en vez de construir una cultura única y cerrada, se impulsa la disgregación de la cultura occidental a través de ideologías fragmentarias lideradas por minorías de activistas. El globalismo es muy tolerante con las ideologías, de hecho, es antidogmático, mientras no lo perjudiquen. Todas aquellas propuestas de construcción de nuevas identidades que saboteen a la familia, a las naciones tradicionales o a los valores cristianos son bienvenidas. Simplemente, quieren acabar con el poder mental de los ciudadanos, destruyendo sus creencias más arraigadas. Tienen que ser discursos adecuados para el pueblo, inspiradores de los valores de justicia más elevados. Abundan las ideologías basadas en la identificación mas que en la identidad, es decir, en un tipo de identidad que se convierte en activismo y que, por lo tanto, combate y se defiende de las culturas tradicionales. Es el romanticismo de ser un revolucionario, pero de sofá. Hay que tener cuidado con la batalla cultural, porque el globalismo vive de manipular la mente humana a través de las más diversas ideologías para conseguir sus planes, pero al final quiere la batalla real, que los ciudadanos se maten entre sí. Las socialistas sirven mejor para engañar al pueblo y las liberales son ideales para seducir a la clase media alta. En cada país actúa de manera diferente. El globalismo sigue los principios de la microfísica del poder y del monetarismo.

George Soros en 1998 escribió el libro *La crisis del capitalismo global. La sociedad abierta en peligro*, unos pocos años después de su ataque especulativo a la libra esterlina. Es un libro donde podemos ver definidas algunas de la claves fundamentales del globalismo que varios autores recientemente se han encargado de señalar[120]. Soros concede una importancia sustancial a los valores: «El desafío supremo de nuestro tiempo es establecer un conjunto de valores fundamentales que se apliquen a una sociedad global en gran medida transaccional»[121]. Resalta la importancia de la pluralidad, porque es sinónimo de una sociedad abierta, donde existe una democracia participativa y una economía de mercado, pero son necesarios algunos valores universales mínimos: «Debe haber algunos valores universales que sean generalmente aceptados. La sociedad abierta puede ser pluralista por concepción, pero no puede ir tan lejos en la búsqueda del pluralismo como para no distinguir entre el bien y el mal»[122].

La filosofía de Soros está basada en la del filósofo Karl Popper, autor del clásico *La sociedad abierta y sus enemigos*.

De él extrae dos principios: la reflexividad, que es la capacidad de influir en la realidad, y la falibilidad, que es la constatación de que las verdades son temporales. Ese relativismo que critican los antiglobalistas viene de los ideólogos neoliberales del globalismo, más que de los autores posestructuralistas. Estos principios que adopta Soros le llevan a escoger una política muy pragmática y táctica:

> La tolerancia y la moderación también pueden llevarse a los extremos. Exactamente lo que es correcto solo puede descubrirse mediante un proceso de prueba y error. La definición puede variar según el tiempo y el lugar, pero debe haber una definición en cualquier momento y lugar. Mientras que la Ilustración ofrecía la perspectiva de verdades eternas[123].

Reconoce el biopoder del nuevo capitalismo financiero: «A medida que el sistema se expande, la función económica llega a dominar la vida de las personas y las sociedades. Penetra en áreas que antes no se consideraban económicas, como la cultura, la política y las profesiones»; y lo verdaderamente importante es que existe un centro del imperio: «A pesar de su naturaleza no territorial, el sistema tiene un centro y una periferia. El centro es el proveedor de capital; la periferia es la usuaria del capital. Las reglas del juego están sesgadas a favor del centro»[124]. Más claro imposible. El centro del imperio extrae a través del dominio del dólar la riqueza de la periferia. Y no considera necesaria la democracia a nivel planetario, sino que las dictaduras pueden ser más convenientes para el desarrollo del capitalismo en la periferia:

> Existe una creencia generalizada de que el capitalismo está de alguna manera asociado con la democracia en la política. Es un hecho histórico que los países que constituyen el centro del sistema capitalista global

> son democráticos, pero no ocurre lo mismo con todos los países capitalistas que se encuentran en la periferia. De hecho, muchos afirman que se necesita algún tipo de dictadura para poner en marcha el desarrollo económico. El desarrollo económico requiere la acumulación de capital y eso, a su vez, requiere salarios bajos y altas tasas de ahorro. Esto se logra más fácilmente bajo un Gobierno autocrático que sea capaz de imponer su voluntad al pueblo que con uno democrático que responda a los deseos del electorado[125].

También a nivel de empresa se puede dividir entre el centro y la periferia. El centro estaría formado por las empresas cotizadas, por los grandes oligopolios, que son los mejor financiados y son los más beneficiados por el totalitarismo monetario; en cambio, las empresas privadas, locales o pequeñas, no pueden competir con las corporaciones globales.

> Pero en el sistema capitalista global actual se ha producido un cambio pronunciado a favor de un comportamiento de maximización de beneficios y el correspondiente aumento de las presiones competitivas. A medida que los mercados se globalizan, las empresas de propiedad privada se encuentran en desventaja a la hora de conservar o ganar cuota de mercado; las empresas necesitan obtener capital de accionistas externos para explotar las oportunidades que presenta la globalización. Como resultado, las empresas que cotizan en bolsa han llegado a dominar la escena y se han vuelto cada vez más decididas en la búsqueda de ganancias[126].

El gran problema que analiza Soros es que no hay instituciones propias para el globalismo:

> Pero, incluso si reconociéramos esta necesidad, ¿cómo podríamos lograrla? El mundo ha entrado en

> un período de profundo desequilibrio en el que ningún Estado individual puede resistir el poder de los mercados financieros globales y prácticamente no existen instituciones para la formulación de normas a escala internacional. Los mecanismos colectivos de toma de decisiones para la economía global simplemente no existen[127].

Por eso, según su filosofía, lo mejor que se puede hacer es aprovechar lo existente. Lo vemos hoy en día: el BIS, la ONU, la OMS, la Unión Europea, la OTAN, etcétera.

> Preparar un plan de gobernanza global iría en contra de los principios de la sociedad abierta; también sería un ejercicio inútil. Debemos empezar con lo que existe y decidir qué es lo que hay que cambiar. También debemos poder movilizar el apoyo necesario. Karl Popper llamó a esto ingeniería social gradual. (...) El hecho de que las reformas radicales sean a menudo radicalmente erróneas no elimina la necesidad de llevarlas a cabo. Ahora nos encontramos en otro momento similar en la historia. El sistema capitalista global ha sido alcanzado por varias crisis y se esta desintegrando[128].

En este sentido le parece la Unión Europea un buen experimento de ingeniería social para «superar los obstáculos que plantea la soberanía nacional a la búsqueda del interés común»[129].

Para ello, piensa Soros, necesitamos a los líderes adecuados que movilicen a la opinión pública en la agenda ideológica del globalismo, admitiendo que deben ser ayudados por organizaciones no gubernamentales:

> Una sociedad global abierta no puede ser creada por personas u organizaciones no gubernamentales que actúen por sí solas. Los Estados soberanos tienen

> que cooperar y esto requiere acción política. La opinión pública y la sociedad civil tienen papeles importantes que desempeñar porque, en una democracia, los políticos deben responder a las demandas populares. En democracias que funcionan bien, los estadistas pueden incluso ejercer liderazgo en la movilización de la opinión pública. Necesitamos ese liderazgo para formar una coalición de países con ideas afines y comprometidos con la creación de una sociedad global abierta[130].

Vemos que en este libro Soros adelanta muchas de las ideas que son esenciales en el globalismo monetario, pero no solo eso, él es consecuente con su análisis, siendo uno de los mayores actores en la influencia política gracias a sus fundaciones formalmente filantrópicas. La Open Society Foundations (OSF), el conjunto de fundaciones de Soros, consideradas como organizaciones no gubernamentales sin ánimo de lucro, con un presupuesto de 20.000 millones es tan solo la novena organización en el *ranking* mundial. Bill Gates y Melinda Gates Foundation, con 50.000 millones, es la segunda. Sin embargo, la influencia de la OSF es mundial, capilar y multiforme. Sobre todo, muy táctica: en cada momento se necesitan acciones diferentes. La OSF, según sus documentos, se dedica a proyectos de práctica democrática, igualdad y antidiscriminación, información y derechos digitales, equidad económica y justicia, educación, salud y derechos humanos, periodismo, reforma de la justicia y la regulación de la ley[131]. Casi nada. La OSF no solo realiza programas propios, sino sobre todo se dedica a financiar todo tipo de organizaciones que pueden influir o actuar en situaciones muy concretas. Una de las instituciones beneficiadas es America Votes, una ONG dedicada a la movilización del voto en las bolsas abstencionistas de Estados Unidos. También OSF se ha dedicado a financiar las protestas del caso George Floyd en 2020[132]. OSF anunció que donaría 150 millones de dólares en subvenciones en cinco años a varios grupos de justicia racial, incluidos Black Voters Matter Fund, Repairers of the Breach y Equal Justice Initiative. El grupo también anunció una donación de setenta millones de dólares en subvenciones locales para la reforma policial y de justicia penal, la participación cívica y la capacitación política para grupos demográficos más jóvenes.

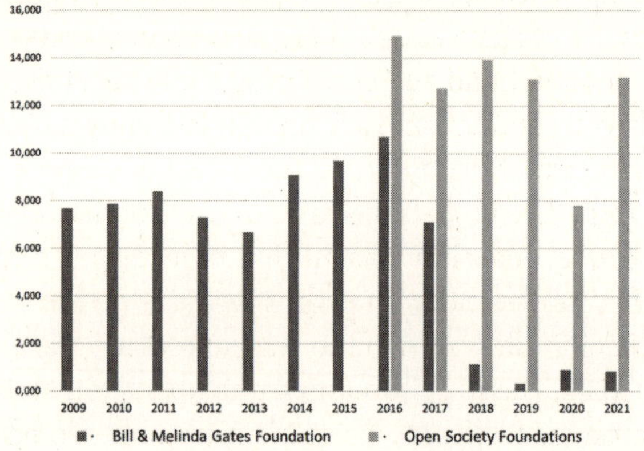

Gráfico 2.5. Desembolso principales fundaciones en Europa en USD constantes. A partir de 2016 hay un liderazgo de Soros. (Fuente: OCDE)

El gasto de las cincuenta mayores ONG supera al PIB de un tercio de los países del mundo. Solo UNICEF, dedicada a proteger a los niños, mueve más de 5000 millones cada año, mientras que ACNUR, que atiende a los refugiados, suma otros 3000 millones. En España, el 50 % de los fondos de las ONG corresponde a subvenciones públicas. Estas ideologías del globalismo no son esencialistas, son tacticistas, instrumentalistas, su propósito es abrir los límites del Estado nacional a la sociedad abierta global. Si antes se consideraba a los países del socialismo real como sociedades cerradas, después de la caída del muro de Berlín todas las sociedades son demasiado cerradas para el imperio del monetarismo mundial. Las ideologías son impulsadas en la sociedad a través de ONG, fundaciones y asociaciones, magnificadas por los medios de comunicación, radicalizadas en las redes sociales y convertidas en ley por los políticos al servicio de la élite.

Las ideologías de disgregación y segregación social como la ideología *woke* son promocionadas largamente por el globalismo. El idealismo identitario basado en la invención del género se ha convertido en un agenda política para muchos Gobiernos. Lo curioso es que el primero en hablar de «género» como en la actualidad fue el psicólogo John Money en 1955, quien aplicó el conductismo a la sexualidad, convencido de que la identidad sexual dependía de la educación y no de la naturaleza[133]. Experimentó sus teorías con un niño llamado David Reimer, al que una circuncisión fallida lo dejó sin miembro viril. Money convenció a los padres del bebé de que la cirugía de reasignación de sexo sería lo más apropiado para el niño. A los dos años, David se sometió a una operación en la que se le extirparon los testículos y siguió un tratamiento hormonal. Fue educado como mujer y su nombre cambió a Brenda. Money llegó a recomendar hasta una intervención quirúrgica para crear una vagina artificial, pero los padres se negaron. Money comparó la evolución de David con la de su hermano gemelo y constató en varios artículos el éxito de su planteamiento[134]. Hasta *The New York Times* afirmó con grandilocuencia que la cultura es más determinante que la biología. Sin embargo, este caso auroral, esa demostración científica de la prevalencia de la cultura, fue un fracaso absoluto y un fraude médico. En 2004 David se suicidó disparándose un tiro en la cabeza con una escopeta. Desde que sus padres a sus catorce años le explicaron la verdad, nunca pudo encajarlo. A pesar de ello, los intelectuales *woke* siguen negando a la biología, considerándola una ciencia «falsa» o «llena de sesgos»[135]. En un estudio reciente, unos científicos han constatado que la ideología *woke* «se relacionó con ansiedad, depresión y falta de felicidad[136]».

Se están imponiendo leyes que fomentan la división social, dando poder a las minorías. Incluso el género se ha convertido en un estándar cultural adoptado por empresas y organizaciones. Como complemento se ha puesto en auge la llamada «interseccionalidad», inventada por Kimberlé Crenshaw, quien considera que los sistemas de poder discriminan a quienes están más marginados en la sociedad por varios factores a la vez, como la triple opresión de ser mujer, pobre y negra. Por esa razón, el marxismo cultural intenta unir las luchas de género, raza y clase. Toda la influencia social de estas ideas se inicia en los *think tanks,* que actualmente son numerosísimos[137]. Quizás estamos acostumbrados a ver las ONG como instituciones humanitarias, pero no es así, especialmente las más grandes. El World Bank reconoce hasta cuarenta y siete tipos de ONG diferentes, entre las cuales tenemos a las BINGO (Big International NGO), como la Cruz Roja; o las GONGO (Government-Organized NGO), como la International Union for Conservation of Nature. Y, como hemos visto, las fundaciones también están incluidas. Los *think tanks* también lo pueden ser. Por ejemplo, respecto a cuestiones tan artificiales como la ideología de género (un 9 % del mundo desarrollado se declara LGTBQ+[138]), tenemos la Fundación IGLTA, comprometida a promover los viajes y el turismo LGBTQ+ en todo el mundo y a apoyar a pequeñas empresas turísticas operadas y de propiedad LGBTQ+ en doce países, donde la infraestructura para el turismo gay, lesbiano, bisexual y transgénero aún no está completamente establecida. Está financiada por grandes empresas como Google o Expedia. También tenemos a GenPol, un *think tank* y empresa social que aboga por la igualdad de género y la justicia social, y, como se lee en su página web, «utilizamos los resultados de nuestra investigación para ayudar a otros a incorporar una perspectiva de género y desarrollar soluciones sensibles al género». También tenemos al National Center For Civil And Human Rights LGBTQ+ Institute, y podemos llenar este libro citando ejemplos. Existe un enorme bombeo de dinero para algo que no es un problema social y es estadísticamente insignificante. Esta es la manera de imponer las ideologías. Tenemos un sinfín de ideologías de identificación alimenticias, animalistas, ecologistas, proinmigración, indigenistas, independentistas, proabortistas, proeutanasia, prodrogas, *queer,* etcétera. Hoy en día, radicalizar estas ideologías entre la gente joven es relativamente fácil a través de las redes sociales. De la misma manera que lo consiguen los grupos terroristas, se hace con cualquier tipo de discurso, escogiendo las personas más vulnerables y manipulando sus emociones. Se siguen las fases de captación, compromiso, formación, radicalización y acción. De esta manera, estos grupos culturales actúan de manera muy radical y fanática, como si fueran una secta. El objetivo globalista es la fragmentación social y la destrucción de las instituciones tradicionales, y la inoculación de nuevos valores que permitan debilitar el consenso social sobre el que se sustentan los pueblos. Con la debilidad de los Estados nacionales es más fácil imponer la agenda globalista. Algunos identifican a las ideologías del globalismo con el neomarxismo, pero no es exacto. El globalismo siempre ha financiado y manipulado al marxismo, pero no a todo, aunque el que promociona lo haga pasar como único. Y lo mismo hace con el discurso neoliberal y con todas las ideologías políticas mayoritarias. Pero que manipule no quiere decir que tenga un sometimiento completo. A veces, el manipulador es manipulado. Lo que no tolera el globalismo es el antiglobalismo.

Un rol muy importante lo lidera la llamada Agenda 2030. Como ya hemos visto, tiene la virtud de unificar todos los problemas sociales mundiales en una serie de objetivos formales básicos, lo que actúa como una ideología bastante neutra, donde todas las culturas políticas hegemónicas de izquierda y derecha pueden estar de acuerdo. La Agenda 2030 es, por una parte, unos eslóganes formales como la Declaración de

Derechos Humanos, en la que normalmente todo el mundo civilizado está de acuerdo, pero luego está la implementación. China dice que respeta los derechos humanos y muchos se lo creen, y nadie duda de que EE. UU. también, a pesar de Guantánamo. La Agenda 2030, además de ser una ideología, es un conjunto de indicadores que permiten medir y gestionar el mundo, y aplicar políticas que responden a los planes del globalismo. La gran idea que subyace al globalismo es que la política debe ajustarse a la globalización y no al revés.

La batalla cultural se ha convertido en una guerra ideológica, no por digital menos violenta. La diferencia de recursos es abismal. Por eso, conviene centrarse no solo en organizar una oposición política, sino en impulsar formas de vida alternativas.

3. EL DISCURSO DOMINANTE: LA AGENDA CLIMÁTICA

3.1. La ciencia de la manipulación científica

Al igual que Agustín de Hipona dijo: «¿Qué? ¿Y si te engañas? Pues, si me engaño, existo. El que no existe no puede engañarse, y por eso, si me engaño, existo»[139], también Descartes fundamentaba en la duda metódica la base de las certezas del pensamiento. Sin embargo, la duda, lejos de servir hoy para discernir la verdad, se ha convertido en una de las armas más poderosas de desinformación de la opinión pública.

John Kerry, cuando fue secretario de Estado, afirmó que «la ciencia es indiscutible» refiriéndose al cambio climático, pero se equivocaba de lleno: la ciencia es precisamente lo contrario. Es discusión, es buscar datos y argumentos contra fácticos que desmonten cualquier nueva teoría o hipótesis. La ciencia nos da el mayor nivel de confianza, pero los que están fuera de la comunidad científica no pueden comprobar datos y evaluar metodologías. Todo lo que pasa en la opinión pública es susceptible de ser manipulado. Hasta la ciencia. Y ocurre desde hace décadas. Por ejemplo, con la industria del gran consumo, como la farmacéutica, a la cual le permiten mantener en el mercado terapias y medicamentos poco eficaces o incluso completamente nocivos para la salud. De obligada lectura es el libro *Merchants of Doubt: How a Handful of Scientists*

Obscured the Truth on Issues from Tobacco Smoke to Global Warming, de Erik M. Conway y Naomi Oreskes; o *Doubt is Their Product: How industry's assault on science threatens your health,* de David Michaels, que se prodiga en mostrar los ejemplos más importantes, como los de la industria armamentista, la del tabaco o la del petróleo, y los métodos más astutos para confundir a la opinión pública.

Un caso paradigmático puede ser el café. ¿Es bueno o malo? Si alguien busca en Google Trends verá que, durante los últimos cinco años, a nivel mundial las búsquedas de «café bueno» y «café malo» son unas líneas casi iguales con apenas dos puntos porcentuales de diferencia a favor del café bueno. Si lo miramos por países, en Francia gana el café malo en un 95 %, lo cual no es de extrañar, mientras que en Italia es un 50 % para cada opción, y en Brasil «café bueno» alcanza un 95 %, lo que es coherente con ser un país productor. ¿Por qué un país tan consumidor de café como Italia está tan dividido? Pues porque se ha logrado generar la duda. El café sabe bien, pero es una droga que no es saludable. ¿Y quién compite con el café? El té verde y el mate, principalmente. Cuando hay sospechas, pero la información no parece decantarse por ninguna certeza, la gran mayoría de consumidores se saturan informativamente, incapaces de discernir la verdad de la mentira y hacen lo que hacían siempre, tomar café o no tomarlo. Las personas buscan un refuerzo de lo que creen, más que la verdad absoluta. Somos una sociedad autosatisfecha.

En un famoso memorando de 1969 de la industria tabaquera, podemos leer:

> La duda es nuestro producto, pues es el mejor medio de competir con el "corpus de datos" que hay en la mente del público. Es también el medio de establecer una controversia. En el mundo de la empresa reconocemos que existe una controversia. Sin embargo, entre el público general hay un consenso de que los cigarrillos

> son, en cierta medida, nocivos para la salud. Si conseguimos establecer una controversia a nivel público, tendremos la oportunidad de transmitir los hechos reales sobre el tabaco y la salud. La duda es, también, el límite de nuestro «producto»[140].

La industria tabaquera fue la pionera en articular unos mecanismos de desinformación no militares, para ocultar los estudios que correlacionaban el consumo de tabaco con el cáncer. La industria de la duda está conformada por poderosas maquinarias dedicadas exclusivamente a la destrucción y ocultación de la verdad.

Mientras la desinformación ataca a nivel de la opinión pública, las *fake news* van un paso más allá, postulando hechos inexistentes con total descaro. Ni los medios, ni las redes sociales, ni los más famosos *influencers,* ni la gran mayoría de personas dispone de la formación adecuada o del pensamiento crítico suficiente para desmontar las mentiras verosímiles. Y si lo tienen, al final el dinero, un discreto incentivo pecuniario disfrazado de publicidad, acalla a las mejores mentes. Nos fiamos de gente igual que nosotros como si eso fuera garantía de algo, porque pueden ser inconscientes reproductores o amplificadores de la mentira, y no tenemos en consideración a la gente diversa, que piensa diferente de nosotros, que puede ser portadora de la verdad. Los discursos se establecen a través del lenguaje y se adoptan principalmente por simpatía temática de la gente emisora con la que tenemos afinidad. Viralidad es eso, pero sucede a una gran velocidad, lo que es incompatible con la reflexión. La mentira se reproduce con enorme rapidez, como un virus. La verdad necesita tiempo para reconocerla y digerirla, no siempre nos gusta. Actualmente, existe una aceptación acrítica de los discursos. Nunca la opinión pública ha sido más vulnerable a la manipulación social como hoy en día. La desinformación se considera ya una amenaza para la seguridad nacional en los países avanzados.

La Unión Europea está muy preocupada por el tema y ha publicado recientemente un estudio al respecto, *Final report of the High Level Expert Group on Fake News and Online Disinformation*[141], para desarrollar políticas que combatan este fenómeno que afecta a la seguridad, a los mercados financieros y a la gobernabilidad. La información y la desinformación se han convertido en un terreno pantanoso, pero la peor de todas es la oficial. Los Gobiernos han aprendido de las tabaqueras a manipular la información, pero quieren tener el monopolio, por eso hay que certificar la versión oficial. La reciente proliferación de sitios web del tipo *fact checkers* como *Newtral*, que confirman la veracidad de las noticias, solo ha hecho empeorar la situación, porque la gran mayoría son extensiones del poder o tienen sesgos ideológicos importantes. Más que nada se dedican a desautorizar las noticias u opiniones publicadas que no coinciden con las de la hegemonía cultural dominante. Estas agencias tienen un gran poder, porque cuando señalan las noticias y a los medios que publican aparentes bulos, estos son penalizados gravemente en los algoritmos de buscadores como Google.

La filosofía y el pensamiento en general, o el mismo método científico, es decir, la racionalidad, sirven primordialmente para deconstruir discursos falsos y proponer alternativos, pero existen personas perversas que hacen un uso contrario de la racionalidad. Utilizan una racionalidad negativa, una racionalidad éticamente falsa y perjudicial, más difícil de detectar. Por eso, es más urgente que nunca diseminar las herramientas del pensamiento crítico, como arma de defensa personal, intelectual, contra las de destrucción masiva de la verdad oficial. La construcción de un espacio de opinión pública digital sano es cosa de todos.

El cambio climático es quizás la manipulación más extraordinaria de la opinión pública realizada jamás. Después de décadas utilizando diversos paradigmas fallidos como «los límites del crecimiento», «la reducción de la capa de ozono», «el calentamiento global» y ahora «el cambio climático», se ha convertido finalmente en un éxito, consiguiendo establecer un discurso con unos niveles de adscripción y fanatismo insólitos gracias a las redes sociales. Aquí la ciencia de la duda se utiliza para desacreditar agresivamente cualquier atisbo de crítica o argumento científico que la cuestione. La palabra «negacionismo» lo resume todo. Sin embargo, no puede negarse lo que no existe. O, mejor dicho, nadie niega el cambio climático, que es un aspecto científico de la climatología o paleoclimatología —que se refiere al estudio de variaciones climáticas en periodos largos, no solo durante décadas como mínimo, sino durante siglos, miles o millones de años—, pero otra cosa son las profecías mesiánicas del IPCC (Intergovernmental Panel on Climate Change). La causalidad antropogénica es muy discutible, y sobre todo el uso que se hace de ella, pero por primera vez se ha conseguido que este metarrelato social funcione como una religión. Una serie de valores ecológicos atractivos para un Occidente ingenuo y con un sentimiento de culpa patológico, como una especie de síndrome del impostor, que solo puede redimirse de su vida acomodada sacrificando su alma por el bien del planeta. Pero el planeta son ellos, los globalistas, no la sociedad entera, no la biosfera. Los fieles de la causa no lo saben. Llevan décadas fabricando este gran relato, a pesar de que en cincuenta años, y tras treinta y tres cumbres climáticas, no se han conseguido bajar en absoluto las emisiones de CO_2 y a nadie le parece raro. El sentimiento de culpa está en la idiosincrasia occidental, solo hay que darle contenido. Destruimos el planeta, matamos a otras especies, todo por nuestra maligna codicia sin límite. Un supuesto mal social lo convertimos en individual. No olvidemos que seguimos viviendo en el Holoceno; la propuesta de llamar a nuestra era geológica Antropoceno, debido a la culpabilidad del cambio climático, ha sido rechazada por la Unión Internacional de

Ciencias Geológicas (IUGS). Da la impresión de que los enemigos de la sociedad son antes los negacionistas que un país como China, que emite casi la mitad del CO_2 mundial, o los ricos países árabes como Catar, Kuwait, Emiratos Árabes Unidos, Baréin, Brunéi, Omán o Arabia Saudí, que son los que tienen la mayor huella de carbono del mundo en toneladas CO_2 per cápita. España tiene una huella per cápita del 5,48 y Catar del 35,52; un auténtico derroche. Una vez te has convertido a la ideología climática, tienes carta blanca para hostigar al enemigo. Las ideas son poderosas y es lo que mueve al conflicto al ser humano.

El profesor Nordangård sostiene que los precedentes del cambio climático se remontan a las predicciones del físico sueco Svante Arrhenius del siglo XIX, quien dijo que duplicar el dióxido de carbono en la atmósfera aumentaría seis grados la temperatura, y a Gilbert Plass, cuando en 1956 publicó *The Carbon Dioxide Theory of Climate Change* en la revista *Tellus*. Este estudio fue financiado por la ONR (Office Naval Research), fundada por el presidente Truman y relacionada con la familia Rockefeller[142]. Henry Kissinger y David Rockefeller, a través de Rockefeller Brother Fund, estuvieron implicados en la constitución del IPCC.

El Club de Roma, fundado por Andrea Peccei y financiado por la Fiat y Gianni Agnelli, aliado de Rockefeller, encargó el primer modelo de evolución social al MIT Sloan School of Management. El informe liderado por Donella Meadows *The Limits to Growth* fue publicado en el año 1972, luego revisado en 2004 (*Limits to Growth: The 30-Year Update*) y también en 2012 (*Les limites à la croissance dans un monde fini*), con nuevos datos que empeoran las previsiones realizadas en la primera edición, pero que nunca se cumplieron. El primer informe presenta un modelo del mundo computarizado llamado *World 3*[143], basado en la teoría de la dinámica de sistemas y en enormes bases de datos con las variables clave de la civilización humana (población mundial, industrialización, contaminación, producción de alimentos y agotamiento de recursos), para predecir las consecuencias del crecimiento económico. Los sesgos neomaltusianos y eugenésicos del estudio de Meadows son evidentes y derivan de la visión de las élites que lo financiaron.

El IPCC nació en 1998 de mano de la ONU, siendo otra ONG más de las financiadas por el capital de fundaciones privadas. Es el promotor de la ideología del «cambio climático». Siguió la senda de Meadows, trabajando solo con modelos predictivos que se han tenido que ir modificando constantemente porque siempre han fallado en sus previsiones. El clima es un sistema físico complejo; esto significa que necesita muchas variables, y quizás algunas de las más determinantes no las conocemos aún o no las sabemos cuantificar, para dar una explicación de por qué suceden los fenómenos. Un modelo climático o *global climate model* (GCM) es un modelo probabilístico sofisticado que calcula las interacciones físicas al menos entre cuatro componentes: atmósfera, tierra, océano y hielo marino, utilizando cientos de datos: temperatura del aire, presión, densidad, contenido de vapor de agua, magnitud del viento, etcétera. Según se lee en el último informe —llamado *AR6* (*Assessment Report* o *Informe de Evaluación*)— del IPCC, el modelo se elabora con datos no propios, es decir, de otras instituciones, y también con artículos externos. Dicho de otra manera, lo voy a poner en mayúsculas, el IPCC NO HACE CIENCIA, no hace investigación propia. El IPCC no dice que algo vaya a ocurrir como se lee en la prensa, tan solo sugiere la probabilidad de que un evento ocurra y el nivel de confianza en sus fuentes. Cuando habla de *likely* (probable), según su introducción metodológica[144] se está refiriendo a un máximo del 66 % de probabilidad, lo que es casi como tirar una moneda al aire, y cuando habla de *very likely* (muy probable) se está refiriendo al 90 %. Antes de calcular la probabilidad, existen dos filtros cualitativos que realizan unos científicos voluntarios arbitrariamente. Si una fuente tiene suficiente evidencia, entonces se estima el nivel de confianza que tiene, pero no deja de ser un criterio subjetivo. Esto quiere decir que existen predicciones con un bajo nivel de confianza y con un bajo nivel de probabilidad. No hay una auténtica revisión científica. Los equipos de trabajo del IPCC, más que científicos en activo, que también los hay, los componen burócratas de la ciencia, personas de despacho que hace décadas que no pisan un laboratorio y que son elegidos de instituciones como la WMO (World Meteorological Organization).

El objetivo de los informes del IPCC es influir en la opinión pública y en los políticos, para ayudarlos a imponer políticas sociales difíciles. El IPCC siempre presenta una versión reducida de sus informes para políticos (*CLIMATE CHANGE 2023, Synthesis Report, Summary for Policymakers*). Allí tienen el argumentario y las políticas a aplicar. No tienen que pensar en nada, tan solo utilizar las predicciones apocalípticas como dogmas de fe, para generar miedo y urgencia, y así imponer las políticas inevitables que destruirán la riqueza social en aras de un bien superior. Sin votar. Por eso, hay que separar la ciencia de la gestión política. Y hay una regla de oro que deberían conocer los políticos: no se deben tomar decisiones sobre probabilidades de probabilidades como nos indica el teorema de Bayes[145].

Para entender la diferencia entre un modelo probabilístico y uno determinista, podemos observar que, según la mecánica clásica, para calcular la velocidad nos bastan tan solo dos variables: dividir el espacio por el tiempo. Y esta es la razón por la que no existe una teoría del clima. No tenemos ecuaciones que nos permitan predecir unos resultados a partir de unas pocas variables iniciales. Y no solo estamos hablando de variables del propio planeta Tierra, sino también de externas, como la influencia del Sol. Los modelos matemáticos pueden ser muy útiles, sobre todo para aplicaciones de ingeniería, pero no son teorías científicas. De hecho, funcionan bastante bien para predecir el tiempo en periodos muy cercanos, pero no podemos decir si lloverá un día concreto dentro de cincuenta años y por qué. Por tanto, nada de lo que se proyecta a años vista en estos modelos complejos del IPCC tiene por qué ser cierto. Las predicciones sobre el calentamiento terrestre han fracasado estrepitosamente. Sin embargo, se siguen haciendo sin decirle a la gente que un modelo fiable necesitaría miles de años de computación. Hasta que no tengamos ordenadores cuánticos eficientes y asequibles, esto no será posible. De momento, lo que podemos deducir es que si no podemos influir significativamente en revertir el supuesto desastre climático es que tampoco podemos ser sus causantes clave. Los ecólogos científicos nos recuerdan que, para el ecosistema del planeta Tierra, la especie humana es irrelevante. El clima seguirá evolucionando y la humanidad se adaptará hasta que no consiga hacerlo. La Tierra seguirá su curso con indiferencia hasta que se extinga también. Ya ha habido cinco extinciones masivas de especies en el planeta sin intervención humana.

Un grupo de científicos ha creado un modelo alternativo al IPCC llamado *Keep it simple model*[146], donde se comparan varios modelos —incluido el IPCC AR5— con observaciones reales de temperatura desde 2006 a 2015, y es sorprendente ver el completo desacoplamiento de las proyecciones del IPCC con la realidad. No hay modelos que tengan en cuenta más de diecinueve años, con lo que las series largas, incluso anteriores al Holoceno, muestran como durante el Imperio romano estuvimos en un periodo mas cálido que el actual y la incidencia del ser humano era casi irrelevante.

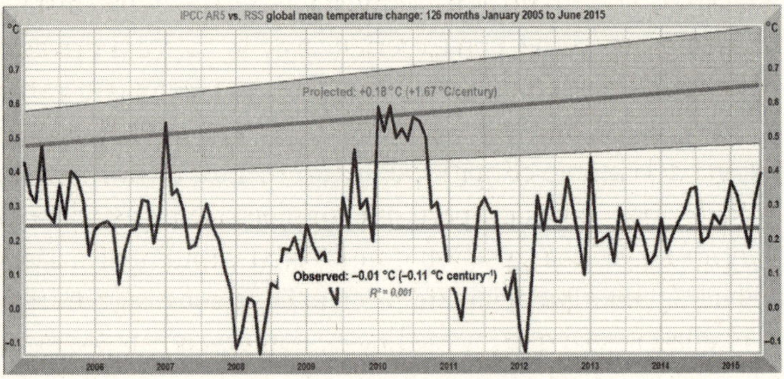

Gráfico 3.1. Proyecciones del IPCC AR5 comparadas con datos reales de RSS (Remote Sensing Systems) de temperatura media global mensual. (Fuente: © Science China Press and Springer-Verlag Berlin Heidelberg 2015)

Son muchos los científicos contrarios a las aseveraciones del IPCC, pero no tienen ni su presupuesto ni su influencia en los medios. El NIPCC es la alternativa neutra de un grupo de científicos al IPCC. Han realizado muchos informes[147] desmontando los sesgos de los modelos del IPCC y están encontrando su lugar en la prensa más independiente[148]. El cambio climático es mucho más que una ideología, como veremos en los siguientes capítulos, ya que es el nexo entre el poder político, la gestión de la energía y el capital financiero. Es el arma principal para tener un sistema de coacción mundial individualizado, un impuesto global para empresas e individuos que no se aplica a los ultrarricos, y una excusa para transformaciones energéticas de calado que redunden en la reducción de la población a nivel mundial y extraigan la riqueza de las sociedad.

Para rebatir el catastrofismo climático hay poco menos que ser científico. No está al alcance de los ciudadanos. Y eso está hecho a propósito por los alquimistas del cambio climático. Ante la incapacidad de criticar por su complejidad, se busca la adscripción acrítica o dogmática. La manipulación del IPCC es muy sofisticada y la disidencia está perseguida.

Steven E. Koonin no es un activista, no es un izquierdista, es un científico del clima, con experiencia en la empresa privada y también en la gestión pública. Llegó a ser subsecretario para la Ciencia en la Administración de Obama, pero es crítico con la ideología del cambio climático con argumentos científicos. Hay científicos más radicales, pero que alguien que ha estado en el Gobierno tenga una posición contraria al cambio climático y denuncie la manipulación de la ciencia es muy significativo: «Ha quedado claro que los medios de comunicación, los políticos y muchos informes de evaluación tergiversan con toda desfachatez lo que dice la ciencia sobre el clima y los desastres»[149]. Este es un ejemplo claro de tergiversación en prensa:

> Una Estatua de la Libertad medio sumergida en las aguas fue la llamativa imagen de portada del número de septiembre de 2013 de la revista *National Geographic*. El titular más destacado decía: «La subida del nivel del mar: cómo está cambiando nuestras costas». Un lector que, llevado por la curiosidad, hubiera consultado el registro de datos del mareógrafo de Battery Park, en la punta sur de Manhattan (a menos de tres kilómetros de la estatua), habría comprobado que el nivel del mar allí ha subido a una tasa promedio de unos 30 cm (1 pie) por siglo desde 1855. A ese ritmo, el lector habría calculado enseguida que las aguas van a tardar más de 20.000 años en subir y amenazar con tragarse a la Lady Liberty[150].

Como seres humanos, es más fácil lidiar con el incremento de la temperatura que con el descenso y, según todos los científicos, estamos a las puertas de una pequeña glaciación como hubo en la Edad Media. Koonin nos deja algunas conclusiones claras:

- La temperatura desde hace 500 millones de años se ha reducido y en los últimos 10.000 años ha variado muy poco.

- Desde 1880 se puede deducir que el hombre ha contribuido muy poco a la elevación de la temperatura, un grado a lo sumo.
- El cambio climático no ha sido uniforme en todo el planeta.
- No sabemos realmente cómo reducir la temperatura.

La realidad es que «no se ha apreciado ninguna tendencia significativa en el número anual de récords de calor durante el último siglo ni en los últimos cuarenta años, mientras que el número de récords anuales de noches frías ha disminuido desde 1895, y a un ritmo algo más rápido en los últimos treinta años. Sin duda, que el frío esté suavizándose (menos inviernos crudos y noches frías) ofrece una perspectiva muy distinta (y menos alarmante) de los veranos tórridos de tardes abrasadoras cada vez más frecuentes»[151].

La geología nos da la mejor perspectiva del clima. Y nos recuerda lo siguiente:

> Hace unos 2,6 millones de años la Tierra se adentró en la época actual de edades de hielo, con sus fases alternas glaciares e interglaciares, impulsadas por cambios rítmicos de la órbita y la inclinación terrestres conocidos como «ciclos de Milankovitch»[152].

El Holoceno es un periodo interglaciar del Cenozoico. Lo que nos espera es más frío, no más calor.

> En los últimos 55 millones de años la Tierra ha experimentado un enfriamiento continuo y ha dejado de ser un invernadero para convertirse en una cámara frigorífica. Esto recibe el nombre de «enfriamiento del Cenozoico», por la era geológica en que ocurrió[153].

El CO_2 parece ser más la consecuencia que la causa de los aumentos o variaciones de temperatura. Cuando sube la temperatura, sube el CO_2, y cuando baja la temperatura, el CO_2 también, aunque con un considerable retraso de hasta unos 800 años. Esto se ha estimado que ocurrió hace 200.000 años, según lo observado en las geomediciones realizadas en la Antártida por Caillin[154]. También existe una clara correlación con los rayos cósmicos provocados por el Sol y las oscilaciones de temperatura en ciclos largos de miles de años[155].

Lo que se concluye con todo esto es la escasa influencia del ser humano en el cambio climático: Koonin la cifra en el 1 %. También se puede constatar la enorme incertidumbre de los modelos climáticos (más del 50 % y aumenta enormemente cuanto más lejos en el futuro se quiere llegar), la gran falta de ciencia probada que nos indique las causas exactas de los eventos meteorológicos, para realizar mejores modelos y mitigar las consecuencias, y la probada manipulación pseudocientífica de los datos para encajarlos con una ideología de política climática.

3.2. La ideología del decrecimiento

El cambio climático y los esfuerzos casi obligatorios de descarbonización de la energía impulsan a la ideología del decrecimiento como el estandarte del neomarxismo ecologista. Sin embargo, el globalismo sabe que nos encontramos ante un horizonte de decrecimiento económico. Por diversos motivos, la expansión monetaria cuantitativa extrema de los últimos años está enmascarando el decrecimiento de la prosperidad en general y un empobrecimiento vía inflación difícil de controlar. Las tasas de natalidad actuales hacen prever por primera vez en la historia un decrecimiento de la población mundial. La finitud y la escasez de la energía y de los recursos naturales configuran la senda de un futuro de gestión eficiente de la energía o de decrecimiento económico. Los neomarxistas —en mi opinión marxistas-leninistas clásicos, pero neoconfundidos— abogan por una transición controlada hacia las energías renovables y por un decrecimiento ordenado, como si este proceso llamado «transición energética» se pudiera debatir en una mesa de científicos. En el fondo, sueñan con resucitar una dictadura del posproletariado ecosocialista que planifique la producción y el consumo de la energía limpia. Con ello están haciendo el trabajo conceptual, la construcción discursiva para el globalismo y su agenda verde. Sin embargo, los planes de la plutocracia son bien diferentes: no piensan colectivizar la riqueza. Carlos Taibo, profesor jubilado anarco-colectivista, es uno de los grandes defensores del decrecimiento, que, según sus palabras, consiste en la «reducción de los niveles de producción y consumo de los países ricos»[156]. Y podríamos añadir, de manera centralizada y planificada, «para todos los humanos». Taibo se considera antiglobalista; sin embargo, con consignas tan generalistas en las que no interviene ni el mercado ni la sociedad civil, no hace otra cosa que contribuir a la implantación de las políticas de la emergencia climática globalistas. Lo que propone Taibo son seis puntos muy generales e ideológicos:

> La recuperación de una vida social que nos ha sido robada… el despliegue de fórmulas de ocio creativo… el reparto del trabajo… reducir el tamaño de muchas de las infraestructuras productivas, administrativas y de transporte… restaurar la vida local frente a la lógica desbocada de la globalización… la autogestión y la democracia directa… asumir, en el terreno individual, lo que significan la sobriedad y la sencillez voluntarias[157].

Unos investigadores de la Erasmus University de Rotterdam[158] se dedicaron a recoger todas las propuestas para el decrecimiento aparecidas en la literatura científica y, tras varios filtros, quedaron 121 resultantes. Agrupando propuestas más populares se puede resumir en: reducción de horas de trabajo pagadas; introducción de la UBI (*universal basic income*); trabajo menos productivo; mayor control de los trabajadores sobre la producción, la distribución y los excedentes; atender a las necesidades de la comunidad, etcétera. La gran mayoría de las propuestas populares provienen del viejo marxismo y otras intangibles que no se diferencian demasiado de la esotérica propuesta de Taibo, pero poco o nada dicen del decrecimiento.

Buscamos en Antonio Turiel, físico y experto en temas energéticos, decrecentista proclamado y picoilero convencido, cuál es su propuesta. Y leemos varias ideas: anulación de las deudas actuales; reforma radical del sistema financiero; redefinición del dinero; reforma de los Estados; definición de planes de transición locales y preservación de los servicios básicos; reingeniería; aprovechamiento de la energía renovable; cambio de los modelos de propiedad; cambio del modelo de uso; minería de los vertederos y reaprovechamiento de los materiales[159]. Otra vez volvemos a los argumentos del marxismo ingenuo obsoleto. No tenemos un auténtico plan para el decrecimiento diseñado por expertos, sino propuestas genéricas para que, mientras decrezcamos, hagamos una sociedad lo más socialista posible. El decrecimiento en Turiel es una estrategia política radical. Las ideas como un jubileo de la deuda, no cobrar intereses por el crédito, gestión pública de los bancos comerciales y de inversión, política monetaria contractiva, dar poder a los municipios no son solo de una ingenuidad absoluta, además de irrealizables, sino que harían imposible el decrecimiento que se busca. No hay mejor instrumento que el mercado y los precios para gestionar las interacciones humanas sin intermediarios y obtener información fiable. Las únicas ideas realmente ecológicas utilizadas por Turiel son reingeniería de procesos, energías renovables, transición energética local y reaprovechamiento de materiales. Nos parece sensata la apuesta por monedas locales, pero tampoco vemos cuánto debemos decrecer, a qué ritmo y con qué costes. Lo que cuesta entender es si para Turiel estamos al inicio del colapso o del «gran descenso»[160], es decir, que no hay solución, por qué alguien nos tiene que decir cómo morir. Lo que nos lleva a la raíz. Una cosa es el análisis bioenergético y otra, la política económica bioenergética, que establece soluciones a los problemas analizados o intenta mitigarlos. Turiel habla de un «decrecimiento democrático» frente una austeridad autoritaria; no parece una mala propuesta, pero ¿cómo se articula? ¿Y si no queremos decrecer? ¿Seguiremos siendo democráticos? «El capitalismo equivale a algo así como a la infancia y la adolescencia de la humanidad... tenemos que madurar, llegar a un estado estacionario de "no más crecimiento", tenemos que volvernos adultos. Ese es nuestro gran reto: madurar»[161]. Tampoco se comprende por qué madurar es decrecer, en vez de ser consciente de nuestra finitud termodinámica y aceptarla. El hecho de que haya tan poca originalidad y detalle en el decrecimiento significa que nadie quiere sacar el cuchillo y decir por dónde se corta la prosperidad y la paz, a nivel del consumo, producción y servicios.

Al final, todo lo que se dice recuerda a lo que dijo Wolfgang Harich, considerado un precursor del decrecentismo, en una larga entrevista recogida en el libro *¿Comunismo sin crecimiento?*, donde critica las ideas del crecimiento cero del Club de Roma desde una perspectiva marxista: «Las recomendaciones del Club de Roma tienen las siguientes premisas: el derrocamiento de la burguesía, la instauración de la dictadura del proletariado y la construcción del comunismo»[162]. Poco más que añadir.

En términos de la agenda globalista, ¿cuál debe ser el límite máximo de la huella de carbono per cápita? Una respuesta podría darla un estudio reciente donde se estima que la Tierra podría sustentar nuestra población actual de 8000 millones de personas si todos adoptaran un estándar de vida mínimo con un ingreso anual por persona de entre 15.000 y 19.500 dólares[163].

Lo que busca el neofeudalismo es un decrecimiento asimétrico. ¿Qué es el gran reseteo sino un programa de decrecimiento a lo bestia? Una destrucción o apropiación de activos reales. Los recursos mayoritariamente deben ser para las élites y sus estamentos aliados, y para el resto, lo mínimo posible. Se dice que somos demasiados, pero, por poner una proporción, los 8000 millones de habitantes del planeta cabrían en poco más de la mitad de la isla de Tenerife[164] y podemos alimentarlos a todos. Se dice que los recursos son finitos. Todo es finito. Y, aunque cada vez sabemos mejor cuán finito es, seguimos teniendo reservas energéticas para largo. Aún podemos vivir muchos años y dedicarnos a buscar soluciones energéticas. Lo veremos en los próximos epígrafes. Lo que sí es evidente es que todavía podemos ser más eficientes con la gestión de la energía.

De momento se nos dice que crecemos, pero solo crecemos gracias a la deuda provocada por la expansión monetaria. La deuda pública mundial alcanzó los 315 billones de dólares en el primer trimestre de 2024[165]. El PIB real mundial aumentó 110 billones de dólares[166], lo cual significa que, por cada dólar de crecimiento registrado en tres meses, se añadieron 2,86 dólares de nueva deuda neta. Por tanto, el crecimiento no es real, porque solo se consigue con endeudamiento y gasto público no estructural. La economía real decrece. Nuestro «glorioso» Imperio español, el más grande de la historia, que se extendía por los cinco continentes, también cayó. En parte se sustentaba con la extracción de plata de las Américas. España hizo suspensión de pagos o *default* hasta seis veces (1557, 1575, 1596, 1607, 1627 y 1647) en menos de cien años, pero podía endeudarse con bancos holandeses e ingleses, gracias a las reservas de plata. La economía española cayó en productividad y la población se empobreció por falta de trabajo y por los impuestos cada vez más altos, que debían compensar el gasto militar galopante, necesario para expandirse y someter a más territorios y así conseguir nuevos recursos. Al final, los países prestamistas acabaron produciendo todos aquellos bienes que en España ya no eran rentables producir, con lo cual la economía española pasó a ser un espejismo subvencionado. Todo empezó a resquebrajarse cuando la extracción de plata empezó a ser más costosa y los bancos dejaron de dar créditos al Estado español. La inflación llegó al 250 %. España se hundió del todo, con sus guerras de sucesión y con la mayor parte de la población en la miseria, presa de una economía feudal y clientelista, mientras en el norte de Europa, la burguesía, que había acumulado el capital español, pudo iniciar una revolución industrial que la llevó a cotas de mayor bienestar.

Cámbiese plata por petróleo, deuda española por americana y veremos un patrón común. Jared Diamond describió en su libro *Collapse: How Societies Choose to Fail or Succeed* varios ejemplos de declive de las civilizaciones. Su importante conclusión es que el colapso[167] no es una fatalidad, es una elección. Habría que aclarar que el colapso de una civilización se puede evitar o alargar, al menos en teoría, pero ¿y si estamos hablando del colapso de la especie humana? Cuando colapsaba un imperio o una civilización, otra nueva ocupaba su lugar. Inglaterra dominó cuando el carbón era clave y Estados Unidos con el petróleo, pero ya no hay nuevos territorios ni nuevas fuentes de energía. Hay que lidiar con lo que tenemos y no es posible una sociedad mínimamente avanzada sin combustibles fósiles.

Malthus fue un economista de finales del siglo XVIII e inicios del XIX, que predijo que si el crecimiento de la población aumentaba de forma geométrica, mientras el crecimiento de la producción de alimentos aumentaba de forma lineal, esto llevaría a un punto donde la población rebasaría la capacidad de producir alimentos y se entraría en una catástrofe poblacional. La idea se ve reforzada por el hecho de que la historia de la humanidad está llena de situaciones donde civilizaciones enteras han caído por explotar los recursos de su entorno más allá de su capacidad de regeneración. El ejemplo de manual es el de la Isla de Pascua, donde la teoría más aceptada es que la sobreexplotación forestal llevó a la extinción a la mayoría de especies arbóreas de la isla y los nativos perdieron unos recursos imprescindibles para la alimentación: al carecer de canoas dejaron de pescar y la dieta de pájaros descendió casi a cero, pues no tenían donde anidar. La población y la sociedad de la Isla de Pascua sufrió una profunda crisis y un gran descenso, hasta el punto de que hubo casos de canibalismo. El neomaltusianismo, que es uno de los principios del globalismo, pretende reducir la población, no ya por temas alimenticios, sino energéticos.

Las civilizaciones, según Diamond, colapsan por el agotamiento de las fuentes de energía. Las civilizaciones, como los imperios, tienen un ciclo vital, responden a un patrón clásico de campana de Gauss, con su crecimiento, apogeo y declive. Desde el punto de vista económico, al igual que pasa con los productos, las mismas razones del éxito son las razones del futuro fracaso. La semilla del declive está en el propio crecimiento. Si uno no nace, no muere. Y cuanto mas rápido crece, mas rápido muere. Las revoluciones tecnológicas han sido muy importantes para la humanidad, a pesar del mayor consumo y generación de residuos, porque han aportado un salto cualitativo a un modo de vida más confortable, más predecible y menos arriesgado. Según Tainter[168], las sociedades complejas colapsan debido a la ley de los rendimientos decrecientes. En su interpretación, esta disminución es debida a la productividad y la de esta, a la energía. Tainter muestra que hoy en día los rendimientos marginales de las inversiones en energía, educación e innovación tecnológica están disminuyendo: «Varios factores sugieren que la productividad de la investigación y el desarrollo efectivamente ha disminuido»[169], y añade «la innovación técnica a menudo ocurre a lo largo de una curva de productividad marginal decreciente»[170]. Ya se afirmaba en el informe *Meadows* que la tecnología no ocuparía un lugar relevante en evitar el colapso de seguir las cosas como hasta ahora.

> Las esperanzas de los optimistas tecnológicos se centran en la capacidad de la tecnología para eliminar o ampliar los límites al crecimiento de la población y el capital. Hemos demostrado que, en el modelo mundial, la aplicación de tecnología a problemas aparentes de agotamiento de recursos, contaminación o escasez de alimentos no tiene impacto en el problema esencial, que es el crecimiento exponencial en un sistema finito y complejo. Nuestros intentos de utilizar incluso las estimaciones más optimistas de los beneficios de la tecnología en el modelo no impidieron el declive final de la población y la industria y, de hecho, en ningún caso pospusieron el colapso más allá del año 2100[171].

La tecnología en ningún caso puede sustituir a la energía.

Algunos son más pesimistas incluso. Hablan de un decrecimiento acelerado. Bardi, estudiando el pico del petróleo[172], desarrolló un modelo que explicaba como el declive es más rápido que el crecimiento[173] en las sociedades, teniendo en cuenta recursos naturales, economía y contaminación. La curva descrita por el modelo la llamó el efecto o acantilado Séneca, inspirándose en una cita de este:

> Sería algún consuelo para la debilidad nuestra y de nuestras obras si todas las cosas perecieran con la misma lentitud que llegaron a existir; pero tal como son las cosas, los incrementos son de lento crecer, la ruina es rápida[174].

El acantilado Séneca describe precisamente la curva de la caída del Imperio romano. Es mucho más precipitada que una campana de Gauss. Un acantilado similar es el que describe la caída del EROI. Las consecuencias de un acantilado son muy graves y pueden implicar la destrucción prácticamente total de una sociedad.

Diamond nos hace la pregunta clave del decrecimiento, «¿cuántos de nuestros valores tradicionales de consumidores con un nivel de vida del Primer Mundo podemos permitirnos conservar?»[175]. Estos son los dilemas. ¿Móviles u hospitales? ¿Ordenadores o calefacción? Repetimos la pregunta por excelencia: ¿qué huella de carbono (o preferiblemente otro indicador no relacionado con el CO_2) per cápita puede ser digna y razonable?

La fiesta se acabó según los más agoreros, siguiendo al citado estudio de prospectiva del *The Limits to Growth*: «Los breves tiempos de duplicación de muchas de las actividades del hombre, combinados con las inmensas cantidades que se duplican, nos acercarán a los límites del crecimiento de esas actividades sorprendentemente pronto»[176]. Se nos ha dicho que crecemos más deprisa de lo que se regenera el planeta, que necesitaríamos 1,5 planetas. Los cálculos científicos indican que la demanda humana excedió la capacidad regenerativa de la biosfera, la biocapacidad, en la década de los ochenta. Si la huella ecológica humana[177] era del 70 % en el año 1961, en 1999 fue del 120 %. Sin embargo, las predicciones más tenebrosas siguen sin cumplirse, pero, igualmente, los decrecentistas se creen con el derecho de obligarnos a vivir como ellos quieren.

También se nos dice que crecemos más de lo que nos permiten las reservas energéticas. La *peak oil theory*[178] o teoría del pico de petróleo fue propuesta por el geofísico M. King Hubbert en 1971. Se trata de un modelo matemático —otro más— capaz de predecir el nivel de extracción del petróleo a lo largo del tiempo. Según sus cálculos, el pico mundial sería entre 1995 y 2000. Posteriormente, el Gobierno de los EE. UU. encargó un estudio a Robert Hirsh para determinar con exactitud cuándo sería el pico. Los resultados se publicaron en 2005 y se estableció en 2015. Sin embargo, recientemente la Agencia Internacional de la Energía (AIE) hizo público, en noviembre de 2010, que la producción de petróleo crudo llegó a su pico máximo en 2006. Y la última estimación, basándose en los datos actuales de producción de la Asociación para el Estudio del Pico del Petróleo y el Gas (ASPO), considera que el pico del petróleo habría ocurrido en 2010. Al final, siempre estamos hablando de modelos matemáticos que predicen el futuro y fallan. De hecho, Hirsh ha planteado varios escenarios del descenso del pico[179] porque las predicciones son complejas.

Muchas otras materias primas o fuentes de energía como el gas, el carbón, el uranio, etcétera, ya habrían pasado su cenit o estarían muy próximas. Es lo que llaman el *peak everything* o pico de todas las materias primas de energía. Otra importante consideración para el decrecimiento es que crecemos más de lo que el aumento del coste de obtención de energía nos permite. El EROI (*energy return on investment* o TRE, tasa de retorno de la energía) mide el cociente de la cantidad de energía total que es capaz de producir una fuente de energía y la cantidad de energía que es necesario emplear o aportar para explotar ese recurso energético.

$$EROI = \frac{\text{Energía entregada}}{\text{Energía necesaria para entregar esa energía}}$$

Los ratios del EROI nos conducen a un descenso brusco o curva tipo acantilado en pocas décadas del excedente energético. Las cifras globales indican que hemos pasado de un EROI global de 40:1 o 40 % en 1990, a 20 % en 2010, y se prevé un descenso hasta el 5 % en los próximos años, a partir del cual ya no es prácticamente rentable la generación de energía, pero no ya en términos económicos, sino energéticos. Si por cada unidad gastada en extraer petróleo obtenemos un excedente de tan solo cinco unidades, en comparación con las más de cien de 1940, tenemos un problema enorme: el acantilado del EROI o *energy cliff*. Según estudios recientes, un EROI límite del 3 % se conseguiría en 2065[180]. El EROI es la versión energética de la ley de rendimientos decrecientes, que tiene su correlato en la ley de rendimientos decrecientes económica por el aumento de los costes monetarios de la energía.

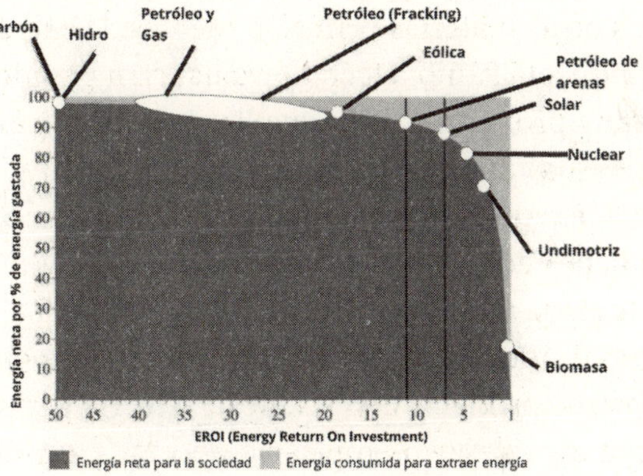

Gráfico 3.2. EROI de fuentes de energía en la curva tipo acantilado. (Fuente: Marc Abott[181])

Igual que ha existido una ideología del progreso, y frecuentemente el capitalismo es el sistema económico que en mayor medida se ha identificado con esta, ahora tenemos una ideología del retroceso o, lo que es lo mismo, del decrecimiento. El globalismo solo conseguirá mantener su totalitarismo monetario mundial con un capitalismo menos extenso que aún crece y un tecnosocialismo para la gran mayoría de la población, estable o en decrecimiento.

Todo el mundo quiere un mínimo estándar de confort. En 2021, el 43 % de los africanos, unos 600 millones de personas, carecían de acceso a la electricidad. Es difícil decirles que nunca tendrán niveles de confort occidentales.

Decrecimiento es subdesarrollo. Lo que tenemos que conseguir es que el fin del imperio monetario no signifique el fin de la humanidad. Por primera vez, las proyecciones de la población mundial indican un decrecimiento: para el año 2050 se prevé que 155 naciones de 204 tengan índices de fertilidad insuficientes para sostener sus poblaciones actuales. Este fenómeno se incrementará en el año 2100, donde 198 de 204 países, el 97 %, estarán en la situación en la que las defunciones sobrepasarán a los nacimientos. Las tasas de fertilidad se desplomaron desde un 4,8 en el año 1950 a 2,3 en 2021[182]. Se estima que la población mundial podría alcanzar el pico de 8600 millones en 2050, antes de descender a 7000 millones en 2100. Esto es decrecimiento de verdad y tiene un impacto trágico en la economía real. No es algo fácil de revertir y las consecuencias de un envejecimiento social son extraordinariamente graves, como falta de mano de obra, baja productividad, pensiones imposibles de financiar, elevado gasto sanitario, etcétera. El consumo de energía está relacionado con el progreso y el declive del consumo con la pobreza. La especie humana tiene el derecho a vivir y morir dignamente, pero no puede engañarse pensando que vivirá eternamente. El decrecimiento es el problema, no la solución. Si es inevitable o no, es una cuestión bien distinta. Y qué hacemos al respecto es nuestra responsabilidad, no la de los globalistas.

3.3. La dictadura de la descarbonización

El hombre no está en el centro de la biosfera. Lo primero de lo que tenemos que ser conscientes es de que estamos de paso por la vida y por el planeta. No solo como individuos, sino como especie. Las ideologías de «hackear la muerte» y detener el envejecimiento son idealismos pseudorreligiosos que niegan la finitud del ser humano. Las personas somos negacionistas de la finitud por naturaleza. Está en nuestro ADN. Lo cierto es que todo tiene un ciclo vital. No es una cuestión tecnológica ni de conocimientos, lo que sucede es que no podemos vulnerar las leyes del universo. Es una cuestión científica, de física, de la entropía. Nadie puede vulnerar la segunda ley de la termodinámica. Todo en el universo tiene una evolución, y el agotamiento de la energía disponible lleva al desorden y a la disipación de la materia.

No existe una emergencia del cambio climático, porque el planeta Tierra no depende de nosotros para existir y seguir evolucionando. El cambio climático no es un problema para el planeta. Existe un problema humano con el clima, no un problema climático en la Tierra. Un número muy elevado de especies pueden sobrevivir en un mundo imposible para la humanidad. A veces olvidamos que la selección natural también se aplica al ser humano. Muchas especies de homininos ya desaparecieron. No estuvo el *Homo sapiens* en el primer día de la Tierra y no estará en el último. Tenemos que reconocer que el ser humano no podría, por ejemplo, vivir sin la concurrencia de millones de bacterias benignas. Quizás deberíamos aceptar incluso que ese es el «animal» dominante en la Tierra, las bacterias. De hecho, en los orígenes del planeta, las bacterias creaban colonias interconectadas por toda la superficie del globo, tal que neuronas inteligentes. Sin las cianobacterias, que metabolizaron oxígeno en la atmósfera terrestre, no habríamos podido existir. Somos muy pretenciosos pensando que, porque tengamos, probablemente, la conciencia más desarrollada en el universo conocido, somos la especie dominante. En realidad, entendemos tan poco lo que es la inteligencia en general y cómo funciona el universo que nos podríamos sorprender descubriendo estructuras más inteligentes que nosotros, que ni siquiera se corresponden con la vida biológica conocida y que en estos momentos ni siquiera atisbamos a reconocer.

Como hemos visto hasta ahora, el imperio monetario aplica su totalitarismo globalista a todos los ámbitos vitales. El cambio climático es uno de los programas clave de los globalistas desde la cumbre del clima en Kyoto. Sirve para la gobernanza mundial. El Protocolo de Kyoto de 1997 obliga a los países a reducir las emisiones de CO_2 por primera vez en la historia, a diferencia de la Convención Marco de las Naciones Unidas sobre el Cambio Climático de Nueva York en 1992, donde tan solo se reconoció que el problema del cambio climático era real.

El totalitarismo monetario tiene diversas agendas y promueve diferentes ideologías. Debilita los Estados nacionales para flexibilizar las legislaciones en favor de sus conglomerados corporativos y financieros. Esto genera conflictos y pobreza. El cambio climático es un programa central en la agenda globalista. Es una ideología neutra, es para izquierdas y derechas, es radical por la emergencia de los problemas climáticos, es moralista, utiliza la culpa y promueve el enfrentamiento con los apóstatas o negacionistas. También es una agenda política que obliga a una rápida transición a las energías renovables y a la descarbonización de las economías. Es un *casus belli* encubierto para muchas guerras. Es un dispositivo de control social y un impuesto mundial. En fin, lo tiene todo.

Vaya por delante que según los nueve *límites planetarios* del Stockholm Resilience Centre (SRC), al menos hay tres que son más graves que el supuesto cambio climático —la integridad de la biosfera, los flujos bioquímicos y las nuevas entidades contaminantes— y nadie habla de ello. Pero volvamos al meollo. El concepto de «cambio climático» es confuso. En física, el cambio climático es una subdisciplina científica que estudia los cambios climáticos a largo plazo. Se pregunta el cómo, pero no el quién. Cuando se habla de «cambio climático» nos referimos a ese metarrelato dominante que se inició con el estudio de Meadows. La consecuencia más importante del cambio climático sería la elevación de la temperatura en el planeta. En el centro de la ideología del cambio climático están las emisiones de CO_2 (dióxido de carbono). Las emisiones de gases de efecto invernadero provocadas por los humanos serían las que destruirían el futuro de la Tierra. Sin embargo, sin CO_2 la vida tal y como la conocemos no podría existir. Aparte del dióxido de carbono, otros gases también son responsables, como el metano, el óxido nitroso, los perfluorocarbonos, los hidrofluorocarbonos y el hexafluoruro de azufre. El metano es el utilizado para presionar a favor de los cambios alimenticios y de la reducción de la ganadería. Pero el gas invernadero más importante es el vapor de agua, que representa el 0,4 % de la atmósfera y tiene hasta el 72 % de capacidad para retener calor emitido por la superficie de la Tierra, aunque son los océanos los que absorben el 90 % del calor del sistema del clima. Tampoco tenemos que olvidar el efecto termostato del albedo, que hace que el enfriamiento aumente con la elevación de la temperatura, es decir, que el calentamiento por la luz solar se compensa con el enfriamiento por el calor irradiado al espacio, lo que se conoce como albedo. El 30 % de reflectividad absorbe el 70 % de la luz solar de la Tierra.

Sin embargo, el dióxido de carbono es el único del que se oye hablar, aunque representa solo un 0,042 % o 420 partes por millón (ppm) por volumen de la atmósfera —según los últimos datos del observatorio de Mauna Loa—, del cual tan solo el 3,6 % es producido por los seres humanos. Hemos pasado de 280 ppm en 1750 a 410 ppm en 2019. Si contamos que en 1960 teníamos una concentración de 300 ppm, hay que reconocer que esta ha crecido bastante. Lo impactante es que los valores actuales superiores a 400 no se veían desde el Plioceno, es decir, hace unos cuatro millones de años aproximadamente. En esa época había árboles en la Antártida, porque la temperatura media era aproximadamente 4 °C superior a la actual y la altura de los océanos era entre cinco y veinticinco metros más elevada. Durante los últimos 400.000 años, el clima ha alternado ciclos cálidos con edades del hielo, pero nunca sobrepasó los 400 ppm. La previsión del IPCC es que se llegará a 1000 ppm a final de siglo. La atmósfera es un globo de supervivencia para los humanos; si no existiera, la temperatura media sería muy superior a la actual. Y es gracias al efecto de los gases invernadero por lo que la Tierra es habitable y tenemos una temperatura media agradable. El calor es mejor para la vida que el frío. Martin Siegert, profesor del The Grantham Institute for Climate Change del Imperial College en Londres, reconoce que, hace cincuenta y cinco millones de años, las concentraciones de CO_2 alcanzaron más de 1000 ppm debido a los gases emitidos por la actividad volcánica. Después de ese pico se redujo el carbono en la atmósfera gradualmente gracias a las plantas y a los animales, y luego fue enterrado. Esa función de captura del dióxido de carbono continúa. Existe un ciclo largo de carbono que convierte esa parte capturada en fósiles. Los árboles formaron depósitos de carbón y los organismos marinos formaron reservas de petróleo y gas.

La relación entre emisiones CO_2 y concentración de CO_2 no es simple, y la ciencia no tiene respuestas definitivas para ello.

> La cantidad de carbono que el uso de combustibles fósiles añade al ciclo supone actualmente del orden del 4,5 % del carbono que fluye cada año. Aproximadamente la mitad de ese aumento lo absorbe la superficie (el aumento de CO_2 ha incrementado la vegetación en gran parte del planeta) y el resto se queda en la atmósfera, aumentando su concentración de CO_2[183].

La concentración de dióxido de carbono es mucho más preocupante que el supuesto aumento de la temperatura. A 1000 ppm, como sucede en una habitación llena de personas, se puede llegar a tener somnolencia, pero más allá de 2000 ppm sufrimos efectos fisiológicos graves. Sin embargo, para encontrar niveles de concentración de dióxido de carbono tan bajos como los actuales, debemos remontarnos al Pérmico, hace 300 millones de años.

Lo que parece es que el ser humano se ha adaptado a niveles de concentración bajos. Esa concentración de CO_2 tiene una gran duración en el tiempo. El 60 % de CO_2 en la atmósfera seguirá de aquí a veinte años; entre el 30 % y el 55 % seguirá cien años después, y entre el 15 % y el 30 % existirá después de mil años. Por eso, no resulta fácil ni rápido bajar las emisiones. La influencia humana seguirá aumentando esta situación, excepto si se paran todas las emisiones, lo cual sería el colapso. A 2 ppm de aumento por año, que es la media actual, en tres siglos de ser constante (cosa improbable) llegaríamos a 1020 ppm, lo cual empezaría a ser preocupante para el ser humano, pero hay mucha incertidumbre al respecto; los modelos lineales no funcionan, a pesar de que los modelos del IPCC sugieren con su habitual ambigüedad que para 2100 habría una concentración atmosférica de CO_2 entre 541 ppm y 970 ppm. Sin embargo, poco se hace referencia a la enorme capacidad de las plantas de evacuar CO_2 de la atmósfera. De unos 40.000 millones de toneladas al año de CO_2 lanzadas a la atmósfera por la actividad humana, las plantas retiran 60.000 millones. Si no hubiera esa permanencia a largo plazo de las partículas de CO_2, el saldo negativo haría imposible la vida[184].

La manera de contabilizar nuestra culpa antropocéntrica en la destrucción del planeta es mediante la huella de carbono. Calcular la huella de carbono es relativamente fácil, pero implica una radiografía completa de nuestros hábitos de consumo: alimentarios, energéticos, de transporte, de dispositivos eléctricos, etcétera. La Agenda 2030 en el ODS 13 —«Acción por el clima» (13.2 Incorporar medidas relativas al cambio climático en las políticas, estrategias y planes nacionales)— y el

ODS 14 —«Producción y consumo responsables»— nos acabará empujando a pagar impuestos sobre la huella de carbono; también están previstos confinamientos climáticos, así como cambios en nuestros hábitos de consumo.

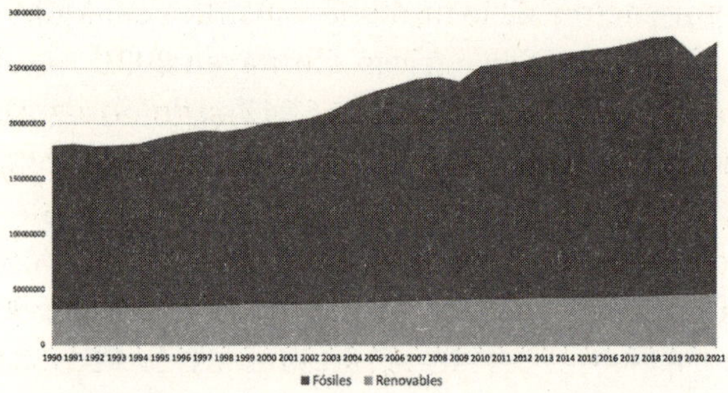

Gráfico 3.3. Consumo global de energía. No ha cambiado mucho y se ve como no es posible prescindir de las fuentes fósiles. (Fuente: IEA)

Para las empresas, lo mismo. Alcanzar un *net zero* (cero emisiones netas de CO_2) implica muchas restricciones y, a veces, inversiones y cambios profundos en la organización y su gestión, que en el corto plazo reducen su competitividad y la capacidad de generar beneficios. De hecho, es un ideal imposible o una meta tramposa. Lo hemos visto. Se llama microfísica del poder. La disciplina entra en todos los aspectos cotidianos. La idea es medirnos y estandarizarnos. Obligarnos a hacer lo que el poder quiere. Se trata de una coerción para vivir como los poderosos han establecido. Ya nos han avisado. Los instrumentos serán las CBDC (Central Bank Digital Currency) ligadas al consumo de dióxido de carbono y a una política de impuestos y crédito social. En este punto, si el cambio climático es real o no ya casi es lo de menos. El totalitarismo monetario se sirve de la dictadura climática de la descarbonización para lograr sus fines de control absoluto. Por el momento, los impuestos de medio ambiente son un 5,4 % del total de la Unión Europea en 2021[185].

El inefable presidente del Foro Económico Mundial, Klaus Schwab, ideólogo del gran reseteo, habla de «justicia climática»[186], un nuevo concepto abstracto de la naturaleza que está por encima de lo humano y justifica cualquier medida extrema. En toneladas métricas, China, en 2021, fue el principal contaminador de CO_2 con 12.667,42, seguido a gran distancia por EE. UU. con 4853,78[187]. Pero en cálculos de toneladas de CO_2 per cápita, los peores países son —recordémoslo una vez más— Palaos, Catar, Kuwait, Emiratos Árabes Unidos, Baréin, Trinidad y Tobago, Brunéi, Omán y Arabia Saudí. Todos países donde viven ricos con lujos desmesurados. La clave de todo el sistema de reducción de emisiones reside en la captura de CO_2.

Como hemos visto, el planeta se defiende ante los aumentos de dióxido de carbono mediante su captura con animales, pero sobre todo con plantas. Especialmente los océanos, en virtud del fitoplancton, son los que tienen la mayor capacidad de captura. Para reducir las emisiones, se han puesto en marcha procesos industriales llamados *carbon capture and storage* (CCS) que permiten capturar las emisiones de dióxido de carbono y transportarlas a un depósito para almacenarlas a largo plazo. Son procesos costosos y no exentos de protestas ciudadanas en las poblaciones huéspedes de los almacenes.

Los créditos de carbono son un sistema internacional de descontaminación para reducir las emisiones de CO_2 a la atmósfera, y es uno de los tres mecanismos propuestos en el Protocolo de Kioto para la reducción de emisiones causantes del calentamiento global. Los créditos o bonos de CO_2 son un permiso de emisiones. Este curioso sistema es el que utiliza Bill Gates para desplazarse en su avión privado, sin que ello sea incompatible con su supuesta defensa de las políticas contra el cambio climático. Muchas organizaciones, como Survival International o Greenpeace, lo han denunciado como un fraude o como *greenwashing* (lavado de cara verde). Hay muchos tipos de bonos de carbono, y también muchas empresas que los venden, como Verra, Northern Rangelands Trust o Amazon Carbon. Estos créditos funcionan como un impuesto. Cuando no se pueden reducir las emisiones cambiando tecnologías o con procesos CSS, se pueden compensar comprando estos bonos verdes. Estas empresas que venden bonos de carbono suelen comprar grandes extensiones de tierra en países del hemisferio sur, como Kenia, Zimbabue, Camboya, India, Colombia o Perú. La preferencia es ocupar tierras llenas de árboles sacando a las comunidades indígenas del lugar con la excusa de que no protegen la biodiversidad correctamente y, otras veces, ayudados por grandes inversiones se plantan árboles para evitar la deforestación de una zona determinada.

El precio medio del bono de CO_2 en 2024 está en 62,22 EUR y en febrero del 2023 tuvo un pico de 91,82 EUR. Existen diversos tipos de bono. Los más estándar son los créditos de carbono (CER), pero también existen derechos de emisión (EUAs), derechos de emisión para la aviación (EUAAs), y reducciones voluntarias (VER). Para calcular el precio necesitamos saber el CRU (*carbon removal unit*), que es la unidad de medida de la captura de carbono. Cada CRU equivale a una tonelada de carbono. El precio del bono de carbono dependerá de cuantas toneladas de carbono hayan absorbido los árboles de la empresa ofertante. El sistema de comercio de emisiones de la Unión Europea (EU-ETS) es el primer gran mercado de carbono del mundo que empezó en 2005 y cubre casi la mitad de las emisiones de gases invernadero de la UE, procedentes de más de 11.000 empresas. En la actualidad hay cinco grandes mercados de carbono en el mundo y, según el Banco Mundial, existen setenta y tres iniciativas de tarificación del carbono a nivel local que cubren el 23 % de las emisiones mundiales de gas invernadero. En 2022, los Gobiernos recaudaron más de 95.000 millones de dólares a partir de las iniciativas de tarificación. Este es un sistema completamente absurdo que no implica ninguna reducción de emisiones de gases invernadero reales y que algunas empresas se atribuyen el privilegio de cobrar por un bosque que en la mayoría de los casos siempre ha existido; y, mientras tanto, las élites, los ricos y las grandes corporaciones pueden saltarse las restricciones como quieran.

Las emisiones mundiales de dióxido de carbono relacionadas con la energía consumida por el ser humano alcanzaron casi 40.000 millones de toneladas en 2021. Actualmente, la capacidad global de captura de carbono es de 279 millones de toneladas y se espera que para 2030 se multiplique por seis, pero seguirá siendo insuficiente. No es una cantidad significativa, con lo que parece que el ser humano poco puede hacer para cambiar la situación sin entrar en un colapso económico. En palabras de Koonin:

> La visión realista a largo plazo es que es muy poco probable que se eliminen las emisiones netas mundiales para 2075, y mucho menos para 2050, por lo que la respuesta primordial de la sociedad será adaptarse. Yo estoy en ese bando, acompañado de más de un colega mío bien informado[188].

Hasta el momento son los océanos y las plantas los encargados de mitigar la situación del dióxido de carbono generado por el ser humano. El sueño imposible de la descarbonización, de las cero emisiones, es un intento de aplicar con urgencia la agenda climática, pero muchas personas y empresas han empezado a ver la imposibilidad o la hipocresía que se oculta tras este objetivo absurdo.

3.4. El fracaso del *Green New Deal*

Las élites decidieron crear un programa social de alcance que moviera a toda la población mundial hacia un nuevo paradigma energético. La autentica razón subyacente era desplazar grandes masas de ahorros a un plan que pudiera dinamizar la renqueante economía existente hacia una nueva verde y digital. Teniendo la amenaza decrecentista, la ideología del cambio climático y un impuesto mundial basado en el CO_2, solo había que inventar un gran plan económico con grandes cantidades de dinero para financiarlo, como si fuera una acumulación primitiva del capital verde. Un nuevo *new deal*. Y este es el *green new deal*.

Aquí entra en escena Jeremy Rifkin. Un personaje ciertamente curioso. Profesor, consultor y activista que ha trabajado mucho los temas de la agenda globalista. Durante la crisis del petróleo de 1973 organizó protestas masivas contra las compañías petroleras. En 1988 estuvo divulgando el concepto de «calentamiento global» y creando varias organizaciones que sirvieron para concienciar sobre el tema. Ya en 1992, Rifkin lanzó la campaña *Beyond Beef*, una coalición de varios grupos ecologistas (Greenpeace, Rainforest Action Network y Public Citizen), con el objetivo de fomentar una reducción del 50 % en el consumo de carne de vacuno, para reducir las emisiones de metano. ¿Les suena? Todo un visionario. Desde 1977, a través de su buque insignia, la Foundation on Economic Trends (FOET), se ha dedicado activamente a influir en las políticas públicas nacionales e internacionales en temas relacionados con el medio ambiente, la economía y el cambio climático. Su primer plan de economía mundial sostenible está recogido en su libro *La Tercera Revolución Industrial*, donde, entre otras cosas, promueve la transición a las energías 100 % renovables. Ha sido consultor de la gran mayoría de Gobiernos respecto al impulso de las energías verdes, como fue el caso del Gobierno de Zapatero en España, que empezó a subvencionar la energía eólica. Su influencia política siempre ha sido muy profunda, y su interés por los temas económicos, sociales y energéticos siempre ha sido objeto de muchos de sus libros de éxito.

En 2019 publica *The Green New Deal* (traducido al español como *El Green New Deal Global*), que es el programa para transformar la economía tradicional en una verde y digital. Uno de los primeros usos de la expresión *green new deal* fue del periodista Thomas Friedman. Posteriormente, el 21 de julio de 2008, apareció en Reino Unido el célebre informe *A Green New Deal Joined-Up Policies to Solave the Triple Crunch of the Credit Crisis, Climate Change and High Oil Prices*, que describe una serie de propuestas políticas ecologistas. El informe fue promovido por el Green New Deal Group, formado por varios intelectuales británicos y miembros del partido verde del Reino Unido, y publicado por la New Economics Foundation.

Rifkin se apropió del concepto y desarrolló en su libro su propio plan de *green new deal*, inspirado en el informe británico y en sus propias ideas de la tercera revolución industrial. Este libro es clave, porque está en la agenda política de la gran mayoría de países desarrollados. Según Forbes, «Jeremy Rifkin es uno de los principales arquitectos de la visión económica a largo plazo de la Unión Europea, *Smart Europe*, y un asesor clave para la visión de la Tercera Revolución Industrial de China»[189], nada más y nada menos. Úrsula von der Leyen anunció en 2020 el *European Green Deal*, un plan para hacer de Europa «el primer continente climáticamente neutro del mundo» para 2050. El Partido Verde Europeo asumió el *green new deal*. Para Europa, la adopción de este plan ha representado lo que el analista Lorenzo Ramírez llama con gran acierto «la soga verde».

El iluminado de Rifkin propone una transición hacia las energías renovables estimando que la civilización de los combustibles fósiles colapsará en 2028[190], cosa que podemos asegurar que no ocurrirá, y además se inventa que estamos en una «burbuja de carbono» que es la mayor de la historia[191]. Afortunadamente, diríamos, porque de lo contrario estaríamos muertos. La propuesta energética de Rifkin es crear redes de energía solar a nivel local utilizando los edificios:

> El paso de los combustibles fósiles a la energía verde es «poder para la gente», tanto figurada como literalmente, pues cientos de millones de personas se convierten en productores de su propia energía y electricidad donde trabajan y viven. Este es el principio de la gran democratización de la energía en todas las comunidades del mundo[192].

Rifkin piensa en redes locales de intercambio de electricidad generada por la energía solar y eólica. Esa, en particular, no es mala idea, pero depende de la legislación de cada país y de sus monopolios energéticos. La transición a las energías renovables se combina con la logística del transporte eléctrico y con la digitalización: «La combinación del internet de la comunicación con el internet de la energía renovable hace posible la creación y el desarrollo del internet autónomo de la movilidad y de la logística»[193]. Otra idea central del libro es la economía compartida del bien común, un nuevo tipo de socialismo tecnológico donde la «propiedad es sustituida por el acceso»[194]. También destacan medidas completamente fuera de la realidad, como son las siguientes:

> Los Gobiernos federal, estatal, municipal y de los condados deben ordenar la implantación de procesos circulares en toda la cadena de suministros y en toda la industria para 2030, con el objetivo de reducir drásticamente las emisiones de carbono y aumentar la resiliencia contra el cambio climático en todos los aspectos de la economía, la sociedad civil y la gobernanza, e implementar las sanciones y los incentivos adecuados[195].

En el estilo de la urgencia radical de muchos ecologistas y con ese pensamiento sancionador tan contrario a la libertad.

Lo más interesante es la manera como se pretende financiar esta transición verde y digital. El primer axioma es que, ya que van a colapsar las energías fósiles, hay que considerar que todos los activos relacionados con estas son obsoletos. Eso es tanto como tener productos financieros tóxicos y, por tanto, entender que deben ser sustituidos, so pena de ver devaluados los ahorros hasta el suelo. Calcula que debe haber unos cien billones de dólares en activos obsoletos de combustibles fósiles. Hay que pinchar esta burbuja del carbono, desinvirtiendo en la industria petrolífera y en la del carbón, y reinvertir en renovables. Para ello acude a un concepto singular de capitalismo social, similar al *stakeholders capitalism* del Foro Económico Mundial o al capitalismo inclusivo, promovido por el Council for Inclusive Capitalism[196] y auspiciado por los Rothschild y el Vaticano. Son los propios trabajadores, como dueños de los fondos de pensiones norteamericanos, quienes deben de utilizar estos para invertir en el futuro, porque, de lo contrario, todas las inversiones en fósiles darán pérdidas. Un plan demencial, ya que considerar que los activos en energía fósil son obsoletos es una idea completamente idealista y acientífica, pero además pretende que lo paguen los trabajadores en EE. UU. con sus pensiones. Si lo hubieran hecho, estarían por las calles mendigando. Nada de inversiones para los fondos de cobertura o similares. Así llama a realizar una absurda descarbonización de las inversiones: de los 40 billones de fondos de pensiones globales, 25,4 están en manos de la fuerza laboral estadounidense, concretamente en 73 millones de pequeños capitalistas. Ellos deben invertir en proyectos de infraestructuras para la tercera revolución industrial, y Gobiernos y bancos deben ayudar. Al final del libro se recogen las «Veintitrés iniciativas clave del *green new deal*[197]», que son la agenda política especialmente para Estados Unidos.

Rifkin tiene muchos admiradores entusiastas, pero se le ha criticado por su total falta de rigor y sesgo instrumental. También por ser una persona que escribió un interesante libro llamado *Entropy. A New World View* en 1980, donde se declara seguidor del economista Georgescu-Roegen, pero en *Green New Deal* no hay nada de esa ciencia. No hay criterios científicos, ni datos sobre energía, ni financiación que demuestren que el plan es viable. Nada de densidad de energía, de EROI y de otros conceptos energéticos. Si la intención era crear un gran programa y una ideología para cambiar de ritmo, eso sí se ha conseguido. Los más pragmáticos, como los chinos o los norteamericanos, han adoptado la bandera verde, pero no han dejado de consumir y vender energías fósiles, porque no se puede prescindir de ellas. Tan solo la crédula de Europa, siempre más amante de las ideas que de los hechos, ha caído completamente en la trampa de los titiriteros verdes. Europa tiene un plan energético irrealizable, y cuanto más tarde en admitir la realidad, más sufrirá económicamente. Lo único que le honra es que hace trampas al solitario, y, a pesar de los embargos a Rusia, le compra gas natural licuado por la puerta de atrás. De lo contrario, muchos europeos se hubieran congelado en invierno.

El dióxido de carbono se ha convertido en el elemento necesario para el control mundial. Todo lo vivo usa CO_2. Toda la economía usa CO_2. La plutocracia bancaria, propietaria de las petroleras y de los combustibles fósiles, así como de otros recursos naturales clave, quiere controlar todos los activos de carbono, para así controlar el mundo.

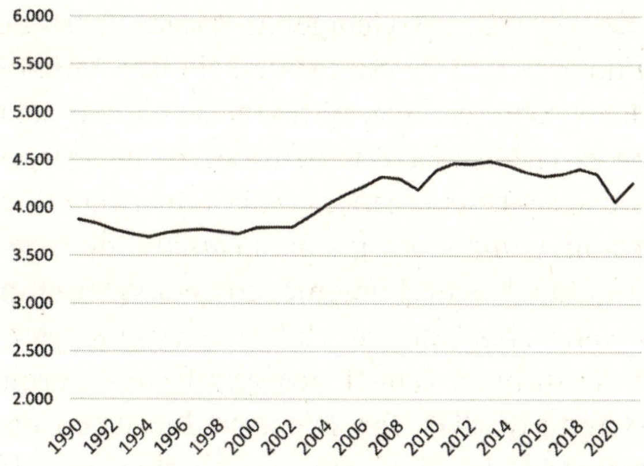

Gráfico 3.4. Emisiones mundiales de CO_2 per cápita. Una manifiesta estabilidad. (Fuente: WorldBank)

BlackRock, el mayor gestor de fondos de inversión, también exigió que todas las empresas participadas siguieran políticas llamadas ESG (*environmental, social and governance*) alineadas con la Agenda 2030, y que adoptaran políticas de descarbonización. Sin embargo, muchos países están moderando sus políticas renovables suicidas. BlackRock también ha sacado el pie del acelerador. También han salido muchos artículos críticos en la prensa generalista. Algunos por poco verde y otros por demasiado[198], pero lo que está claro es que el *green new deal* está tocado de muerte. Muchos economistas, en vez de hablar de cero emisiones de CO_2, ya hablan con cautela de una «economía baja en combustibles fósiles». Probablemente, se construirá una versión 2.0 del *green new deal* en algún momento.

Una de las razones poderosas por las que está fallando el *green new deal* es por la física. Estas agendas ideologizadas están hechas por economistas y por activistas de la ecología, destinadas a ser consumidas por políticos. La ciencia no aparece por ningún lado. Cuando se utilizan informes del IPCC y se asumen como un dogma científico, aunque haya una minoría de científicos que los defiendan, no se está haciendo ciencia. La ciencia es discusión entre expertos, es buscar contrargumentos o datos alternativos para desmontar las teorías. El consenso científico es anticientífico. No existió consenso alguno cuando Einstein publicó su teoría de la relatividad, más bien la comunidad científica la rechazó, sin embargo con el tiempo la ciencia se abrió paso porqué las evidencias, como el cálculo exacto de la anomalía del perihelio de Mercurio, la fueron imponiendo. La transición rápida a 100 % renovables no es posible, aunque tengamos externalizada al tercer mundo gran parte de la producción que se necesita de energía fósil.

Veamos algunos de los inconvenientes por los que no parece posible que una sociedad moderna pueda prescindir de las energías fósiles. Primero de todo, los límites físicos. Al igual que el teorema de Carnot determina el límite de eficiencia de un motor de combustión diciendo que, como máximo, el 80 % de la energía química que existe en el combustible se puede convertir en trabajo, las placas solares no pueden sobrepasar el límite de Shockley-Queisser, que sitúa su máxima eficiencia de captación en torno al 33,7 % de la energía solar recibida[199]. Esto es física, y no depende de la tecnología, a no ser que inventemos alguna manera nueva de capturar la energía solar. La energía eólica está limitada por la ley de Betz, que en aerodinámica indica la potencia máxima que se puede extraer del viento. Ningún aerogenerador puede captar más del 59,3 % de la energía cinética del viento. Esto es física, no tecnología.

Luego tenemos el tema de la densidad de la energía. La densidad de energía volumétrica es la cantidad de energía acumulada en una materia determinada o en una región del espacio. La humanidad ha ido evolucionando en el uso de materias primas para generar calor y, posteriormente, electricidad también. Primero se utilizó la madera, que tiene una densidad de 16 MJ/Kg; luego el carbón, que tiene una de 24 MJ/Kg; y más tarde el petróleo, con 44 MJ/Kg, y también el gas natural, con

55 MJ/Kg. Sin embargo, la energía nuclear es la más densa. El Uranio-235 tiene una densidad de 3.900.000 MJ/Kg. La energía solar estaría en 0,001 MJ/Kg y la eólica en 0,0027 MJ/Kg. Si tenemos que almacenar energía solar o eólica en una batería de litio, su densidad es como máximo de 2,23 MJ/Kg. Esto también es física. Y es un baño de realidad.

Otro concepto que ya hemos introducido es el EROI (*energy returned on energy invested*), que mide el esfuerzo energético, que no financiero, en extraer una determinada fuente de energía. Por ejemplo, el petróleo estuvo por encima del 100:1; eso quiere decir que haciendo un esfuerzo del 1 % se conseguía un 100 % de energía. Actualmente, este ratio estaría entre 35 % y 10 %. El gas natural entre 67 % y 20 %, el carbón entre 80 % y 27 %, la nuclear entre 15 % y 5 %, la solar entre 12 % y 6 %, y la eólica 18 %[200]. Los EROI son declinantes en el tiempo y hay un límite más allá del cual ya no tiene sentido extraer energía, porque solo hay pérdida.

Estas son unas pocas cuestiones que deben tenerse en cuenta a la hora de planificar escenarios energéticos. No es una cuestión fácil. Hay muchos factores implicados en la gestión de la energía y los expertos no están pudiendo participar en las decisiones. En todo caso, lo único cierto es que estas políticas que los ciudadanos no han decidido y que los gobernantes ignorantes han impuesto sin reflexión alguna nos empobrecen. Y detienen el progreso de los países en vías de desarrollo. China es líder en energías renovables, pero al mismo tiempo produce casi la mitad de las emisiones de CO_2 del mundo, porque sin ellas no podría desarrollarse. De la misma manera que no hay un sueño africano descarbonizado.

3.5. Transhumanistas contra la humanidad

Durante la Antigüedad y el Medievo hubo un intenso debate filosófico en torno a la inmortalidad del alma. Entre sus detractores estuvieron Epicuro, Lucrecio o Aristóteles, y entre sus defensores Platón, Tomás de Aquino o Anselmo de Canterbury. Es la eterna controversia entre las diversas variantes del materialismo contra el idealismo. A partir de la inmortalidad del alma se solía demostrar racionalmente la existencia de Dios. La conclusión de este debate, que se alargó muchos siglos, se dio en la modernidad con filósofos como Kant o Feuerbach, donde quedó racionalmente acreditado que no existe ni Dios ni la inmortalidad del alma en el ámbito del conocimiento científico. Por encima de cualquier creencia, se debe actuar según la ética de la responsabilidad humana, según lo que Kant llamaba imperativo categórico.

El debate se renueva hoy en día. Poshumanismo y transhumanismo son las ideologías de los poderosos. Solo les falta una cosa: el sueño imposible de la inmortalidad. El charlatán y optimista patológico Michio Kaku sostiene en su reciente libro *El futuro de la mente* que alcanzaremos la inmortalidad mediante el *brainet* (una especie de *pen drive*), donde almacenaremos nuestros recuerdos y emociones, que podremos compartir después de morir y nuestros amigos podrán *likearnos*. Mediante el *conectoma* (otro *pen drive*), con todas nuestras conexiones cerebrales (la nueva versión del alma), se podrá conservar nuestra mente después de muertos y nuestros hijos podrán interactuar con nosotros. Y ya para acabar, dando una pirueta final con tirabuzón, Kaku nos dice que mediante el genoma y el *conectoma* se podrá crear una copia de nosotros mismos: un androide. Magnífico y delirante. Pero esa inmortalidad es para los demás, pero no para nosotros mismos. Se trata de una inmortalidad simulada. La única manera de crear una auténtica inmortalidad sería no haciendo una copia, sino manteniendo el original, el cerebro, teniendo vivos los grupos de neuronas que determinan nuestra conciencia, aunque no fuera en nuestro cuerpo. Pero esto no es viable aún; los científicos han logrado mantener un cerebro funcionando fuera de un cuerpo tan solo veinticuatro horas en un entorno de laboratorio. Sin embargo, el emprendedor Dimitri Itskov, con su Proyecto Avatar[201], tiene establecido hasta un *roadmap* hacia la inmortalidad con una promesa más sólida que la de Kaku.

El Avatar A (2015-2020) sería una copia robótica de un cuerpo humano dirigido remotamente mediante BCI (*brain computer interface*); en el Avatar B (2020-2025) se trasplantaría el cerebro humano al final de su vida; en el Avatar C (2030-2035) se tendría un cerebro de inteligencia artificial, donde se ha trasplantado la personalidad al final de su vida; el Avatar D (2040-2045) sería un holograma. Otra utopía muy bonita, pero de momento son solo palabras. «Transferir la personalidad» científicamente no significa nada, solo una payasada. ¿Y qué pasaría si alguien sufre una muerte violenta antes del *transfer*? Quizás la inmortalidad no fuera para todos... Pero incluso ese ser reinsertado en un nuevo cuerpo o ese holograma, ese desarrollo humano artificial, iría contra la genética y contra la evolución de nuestra misma especie, determinando la propia extinción por falta de adaptación, ya que el mundo sería dominado por los tontos de siempre. En todo caso, lo más probable es que, durante la fase del Avatar C, las restricciones energéticas serían tan severas para los seres humanos, para los vivos, que nos veríamos obligados a desconectar a los avatares, es decir, aunque parezca una paradoja, a matar a los muertos.

Entre todos los sofistas y charlatanes, el que más nos gusta es el multifacético Ray Kurzweil, autor de varios inventos y *best sellers* con abundantes y precisas predicciones sobre el desarrollo de la tecnología, actualmente director de Ingeniería de Google. A él debemos el concepto de singularidad[202], el momento en que la inteligencia artificial superará a la inteligencia humana. Los androides o máquinas o sistemas de inteligencia superior, más allá de la singularidad, por definición, no podrán respetar las tres leyes de la robótica[203], porque serán suficientemente sofisticados y discretos para perjudicar a los humanos de manera indirecta sin que estos lo puedan notar. Y hay muchos ejemplos en la ciencia ficción de la rebelión de ordenadores inteligentes y de androides desde la mítica *2001: Una odisea del espacio*. En todo caso, los límites objetivos de las profecías cientificistas están en el consumo energético. Lo veremos en los próximos capítulos. Los nuevos profetas de la inmortalidad del alma son como en el pasado, peligrosos manipuladores de conciencias que intentan sustituir las religiones monoteístas con creencias pseudocientíficas.

La muerte es el precio que tenemos que pagar por tener sexo[204]. La reproducción de nuestra especie, de toda especie, es el antídoto a la mortalidad, es el mecanismo de supervivencia de la especie. La reproducción permite su continuidad. Igualmente, el sentido de la vida solo tiene lugar debido a la finitud, con lo cual, si fuéramos inmortales nada acabaría teniendo sentido. Esa es la función de la muerte, el placer, la herencia y el sentido de lo que hacemos. Sin ello, la vida no sería posible. La especie es el animal, no el individuo; el individuo es siempre incompleto. Y todas las especies forman parte de un animal aún más grande: el universo inteligente[205]. Si la digitalización inteligente hiciera a los humanos eternos sería el fin de la especie, con lo cual, por su propia supervivencia, la misma especie lo evitará; pero, mientras tanto, hará superhumanos.

El término «transhumanismo» fue inventado en 1927 por el británico Julian Huxley, biólogo y eugenista influido por Teilhard de Chardin. Fue secretario general de la UNESCO y fundador de la IUCN (International Union for Conservation of Nature), auspiciada a su vez por la familia Rockefeller[206]. Con este nuevo concepto pretendía describir la idea de que el ser humano posee la capacidad de trascenderse a sí mismo, es decir, de tener un rol activo en su propia evolución como especie. En 1977, el filósofo posmodernista Ihab Hassan acuña el término «poshumanismo» en un trabajo titulado *Prometheus as Performer: Towards a Posthumanist Culture*. En

1983, la escritora Natasha Vita-More difundió el «Manifiesto Transhumano», el cual después de muchas modificaciones ha llegado hoy en día como la «Declaración Transhumanista». Suele considerarse al artículo de Max More en el *Extropy Magazine*, «Transhumanism: Toward a Futurist Philosophy», de 1990, como el documento fundacional. El transhumanismo es un conjunto de filosofías que buscan guiar al ser humano hacia una condición poshumana. El movimiento transhumanista empieza en los años setenta, en los que se produce un interés por la transformación tecnológica del ser humano. Un fenómeno muy popular en California en plena efervescencia tecnológica. Además del transhumanismo tecnocientífico más popular, existe el posbiológico. Hay corrientes que se basan en el mejoramiento biomédico, como George Church, o en la genética, pero actualmente todo parece estar más centrado en el interfaz hombre-máquina, como las diademas de ondas cerebrales o los chips como los de Neuralink, que permiten dotar a las personas de capacidades intelectuales superiores. La tecnociencia se ve así obligada a hacer grandes promesas. Es la forma que tiene de llamar la atención, para competir con éxito por los escasos fondos para la investigación, especialmente desde la extensión de la investigación militar y de su imposición de prioridades. Las promesas seductoras y espectaculares se vuelven necesarias, puesto que el favor del público es un elemento que pesa cada vez más en quienes toman las decisiones de financiación. No en vano, muchos de los que toman estas decisiones son políticos que han de ganar las siguientes elecciones presentando, a ser posible, una gestión más que solvente. Hasta tal punto es así que se ha hecho próspero el negocio de las promesas[207]. Las promesas altisonantes y arriesgadas se han convertido en la carta de presentación de disciplinas científicas. Y tenemos una inflación de promesas difíciles de cumplir, para entusiasmar a la sociedad con que un futuro mejor es posible. El problema es que gran parte de la sociedad pronto se convertirá en un auténtico excedente humano que no servirá para nada, porque al menos los esclavos servían para trabajar, pero con la IA eso no será posible. Con lo cual lo del «no tendrás nada y serás feliz» quizás se podría traducir en «harás de todo y nunca sabrás qué es ser feliz». Serán lo que llama Antonio Diéguez «clases biológicas» en vez de sociales[208].

Se decía que tardaríamos décadas en tener aplicaciones más inteligentes que nosotros a un precio asequible, como muestra la película *Her* de Spike Jonze. El tecnólogo Ray Kurzweil llama a esta etapa de la digitalización inteligente poshumanidad, el sueño de un ultrahombre como el de Nietzsche hecho realidad. La realidad es que, con GPT-4o de OpenAI, se puede decir que esto ya está aquí. Traducción de idiomas en tiempo real y conversaciones con IA que ya no podemos distinguir de las humanas por la capacidad de simular nuestras emociones. Ese mundo poshumano ya está aquí. Tendremos asistentes que nos ayudarán en todo o nos manipularán dirigidamente por sus creadores. Será difícil saberlo. Entramos en un terreno desconocido. Aunque empezamos a ver sus consecuencias: los accidentes. Existe una asociación llamada AIID (Artificial Intelligence Incident Database) dedicada a registrar todos los incidentes provocados por la IA: van en aumento y cada vez son más graves, como la muerte de un peatón por un coche autónomo o la detención errónea de un inocente por reconocimiento facial, etcétera. En la nueva humanidad no es todo de color rosa.

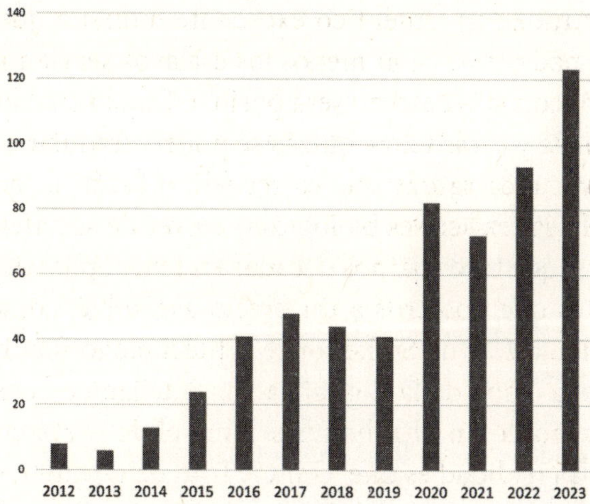

Gráfico 3.5. Número de incidentes provocados por la IA.
Una tendencia en aumento. (Fuente: AIID)

¿Y qué tiene que ver el poshumanismo con la agenda globalista? Mucho. En los planes de futuro de la humanidad, por parte de las élites al mando del totalitarismo monetario que manda el imperio global, está la bifurcación de la especie humana. Por una parte, tendremos a los humanos corrientes asistidos por la IA que irán perdiendo su trabajo y luego sus facultades intelectuales —como ya está ocurriendo con Google[209]—, especialmente las críticas —como ya hemos visto—; por otra parte, estarán las élites que disfrutarán de implantes neuronales como el de Neuralink de Elon Musk, que ampliarán sus capacidades intelectuales y físicas y los convertirán en una especie híbrida transhumana. Con lo cual existirá una brecha entre lo humano y lo sobrehumano. Y más si se utiliza indiscriminadamente la ingeniería genética para alterar a los humanos. La tecnología CRISPR-Cas9 permite introducir capacidades adicionales en los seres humanos mediante la modificación de su genoma.

El filósofo Nick Bostrom es un claro defensor del poshumanismo, ya que «algunos modos de ser poshumanos serían sumamente valiosos; y, en segundo lugar, podría ser bueno para la mayoría de los seres humanos volverse poshumanos»[210]. Se refiere a que todo el mundo puede estar de acuerdo en mejoras de salud, cognición y emoción. Como también dice, depende de lo que entendamos por «humano»:

> Depende del significado que le asignemos a la palabra «humano». Bien se podría adoptar una visión amplia de lo que significa ser humano, en cuyo caso debe entenderse que «poshumano» denota un cierto posible tipo de modo de ser humano; si estoy en lo cierto, un tipo sumamente valioso.

Me parece que podemos estar de acuerdo con Bostrom, pero es un poshumanismo ingenuo, porque piensa que todo el mundo tendría acceso a esas mejoras, lo cual es muy dudoso. El poshumanismo es una nueva faceta del racismo, un tecnorracismo, no un poshumanismo democrático. En los planes globalistas no hay políticas de integración, solo de segregación. Las élites podrán evolucionar hacia un poshumanismo, mientras los demás caminaremos hacia un infrahumanismo. Aunque los beneficiados sean las élites, se construyen ideologías y modas para que exista un apoyo popular para estas, como podemos ver en el *Manifiesto Transhumanista*[211]. El transhumanismo solo para las élites es más un antihumanismo que un poshumanismo. «El transhumanismo llena la cabeza a la gente con la esperanza y el sueño de convertirse en superhumana, pero la realidad es que el auténtico objetivo es la eliminación del molesto libre albedrío del hombre»[212]. Es ir en contra de los valores humanos, contra los derechos humanos, pues habrá unos superderechos humanos. Ese superhumanismo aumentará la capacidad de control de las élites sobre los humanos que deben ser arrinconados sin hacer nada y su trabajo sustituido por la inteligencia artificial. El neomaltusianismo se une a la eugenesia y a las nuevas tecnologías para construir el transhumanismo.

También hay otras ideas poshumanas, aunque no tengan que ver con el transhumanismo tecnológico, como son los proyectos para establecer colonias humanas en la Luna y en Marte, como primer paso para que los humanos puedan salir del planeta Tierra para vivir en otro sitio. El científico Stephen Hawking fue el primero en afirmar que no tenemos futuro «si no colonizamos el espacio»[213]. El empresario Elon Musk aseguró que un millón de humanos «podrían vivir en Marte en 2060»[214]. Y el más idealista de todos es Jeff Bezos, fundador de Amazon, quien llegó a decir que las personas que nazcan en el espacio visitarán la Tierra «de la misma manera que hoy en día visitan el parque nacional de Yellowstone»[215]. Bezos cree que el hombre podrá vivir en colonias en el espacio, pero que no conseguirá vivir en ningún planeta. Mientras, Musk piensa que el ser humano podrá vivir en Marte. «Hay que salir de la Tierra para proteger la Tierra», afirmó Bezos. Poniendo los pies en la tierra, o en este caso en la Luna, ante tamaños retos tecnológicos y humanos la minería lunar puede ser un opción realista. Existen muchos minerales como hierro, silicio o magnesio y tierras raras, así como posiblemente agua helada y, sobre todo, helio-3 que podría ser utilizado para relanzar la energía nuclear. Barack Obama, expresidente de Estados Unidos, firmó en 2015 una ley que otorga a las empresas privadas el derecho a poseer los recursos que extraigan en el espacio. EE. UU. y China compiten por esta carrera hacia la Luna. Con el Proyecto Artemis, la NASA calcula que podrá enviar una misión tripulada a la Luna en 2026, pero la minería extraterrestre queda aún muy lejos. Seguimos teniendo problemas humanos aquí abajo.

4. LA CLAVE SECRETA: LA ECONOMÍA TERMODINÁMICA

4.1. LOS PRINCIPIOS DE LA ECONOMÍA TERMODINÁMICA

El ser humano vive olvidando lo que es. A menudo no percibe que las leyes de la física le afectan tanto como al resto del planeta y al universo. El olvido de sí mismo es el olvido de la mortalidad. Es incómodo pensar en la posibilidad de extinción como especie, primordialmente para los poshumanistas. Y más allá de proclamar que el capitalismo está destinado al fracaso y es maligno, la realidad es que no existe, ni existirá jamás, un sistema económico capaz de garantizar la perpetuidad de la humanidad. Quizás la humanidad siempre lo sospechó, pero se agarró a grandes narraciones que le hicieran olvidar su triste fin. Suponiendo que la propia estupidez humana no conduzca en breve a la autodestrucción, debemos afirmar con rotundidad que no solo un crecimiento infinito en un mundo finito es imposible, sino que todas las especies acaban desapareciendo y su longevidad y diversidad están determinadas principalmente por el consumo de energía.

En la teoría de las especies-energía de Wright[216] se afirma que la disponibilidad de energía regula el tamaño de las poblaciones, las tasas de extinción y, en última instancia, la riqueza de especies. Se trata de una aproximación física. Nadie puede obviar a la física, ni siquiera los economistas, aunque llevan siglos intentándolo. Han infravalorado el hecho de que el último referente de la economía no es el dinero, sino la energía:

> Uno de los problemas de la economía es que sus practicantes predican una concentración en el dinero, mientras que el dinero es el lenguaje más que la sustancia de la economía real. En última instancia, la economía es —y siempre ha sido— una ecuación de excedente de energía, regida por las leyes de la termodinámica, no por las del mercado[217].

El primer economista que puso a la energía en el centro de la economía fue Nicholas Georgescu-Roegen con su obra *La ley de la entropía y el proceso económico*. La disciplina resultante recibe diversas denominaciones como termoeconomía, economía ecológica, termodinámica o economía biofísica, todas bastante equívocas. Sin embargo, en los últimos años de su carrera intelectual, el economista rumano escogió el término bioeconomía, acuñado por el biólogo ruso Baranoff en 1925, que es el que utilizaremos a partir de ahora. Georgescu-Roegen critica las corrientes económicas dominantes del siglo XIX como el marxismo y la escuela neoclásica. Ambas olvidan el rol central de la naturaleza física y de los recursos naturales. Se centran en el comportamiento humano. En el esfuerzo a través del valor-trabajo en el caso del marxismo y, en el caso de la economía neoclásica, en la relación entre la oferta y la demanda determinada por el valor-subjetivo del consumidor. Para ambas no existe la energía. Georgescu-Roegen se basa principalmente en las leyes de la termodinámica para su propuesta:

Principio cero (equilibrio energético): «Si dos sistemas están cada uno en equilibrio térmico con un tercero, también están en equilibrio térmico entre sí».

Principio primero (conservación de la energía): «Un sistema termodinámico puede intercambiar energía con su entorno en forma de trabajo y de calor y acumular energía en forma de energía interna (almacenada)». En otras palabras, la energía total del universo se mantiene constante. No se crea ni se destruye, solo se transforma.

Principio segundo (entropía): También llamada ley de la entropía. Según el enunciado de Kelvin-Planck, «no es posible un proceso que convierta todo el calor absorbido en trabajo». Es decir, que no toda la energía es aprovechable, no toda se puede convertir en trabajo. No es que desaparezca (principio primero) es que se degrada. Aquella que se puede utilizar se conoce como energía libre de Gibbs. Es la conocida flecha del tiempo. La irreversibilidad de los fenómenos físicos se manifiesta en la incapacidad de regresar a un estado anterior. La medida de esta degradación o desorden es la entropía, un indicador probabilístico que se define como el cociente entre el calor cedido por un cuerpo y su temperatura absoluta. Una consecuencia de esto es que, en un sistema aislado, la cantidad de entropía del universo tiende a incrementarse con el tiempo. A medida que la entropía aumenta, resulta cada vez más costoso extraer la misma cantidad de trabajo, dado que, según la mecánica estadística, el desorden correspondiente debe crecer exponencialmente. Esto se debe a que el trabajo se obtiene del tránsito de un estado ordenado a uno de mayor desorden.

Principio tercero (límite energético): «A medida que la temperatura de un sistema se acerca al cero absoluto, todos los procesos cesan y la entropía del sistema se acerca a un valor mínimo». Esta ley de la termodinámica determina la imposibilidad de alcanzar el grado cero absoluto kelvin de temperatura (-273,15 ºC), en cuyo caso la entropía sería igual a cero.

Y Georgescu-Roegen añade un *principio cuarto (materia)*: «La materia disponible se degrada de forma continua e irreprensiblemente en materia no disponible de forma práctica». Sería igual que el segundo principio, pero aplicado a la materia, en vez de a la energía. Esto es clave, porque Georgescu-Roegen insiste en la degradación de la materia y no solo de la energía.

La actividad económica se distingue por el segundo principio. Para comprender mejor este principio, examinaremos un ejemplo. Las estrellas, al fusionar núcleos de hidrógeno en su interior, liberan energía suficiente para producir luz y calor con gran intensidad. No obstante, cuando fusionan núcleos de helio, no logran liberar la misma cantidad de energía que obtenían al fusionar núcleos de hidrógeno. Cada vez que la estrella fusiona núcleos de un elemento, obtiene otro cuya utilización para generar energía es más dificultosa, lo que lleva a la eventual muerte de la estrella. La materia residual no puede generar otra estrella. Y así hasta el fin del universo.

De acuerdo con la termodinámica clásica, la energía se compone de dos cualidades: (1) libre o disponible y (2) disipada o latente. La energía libre es aquella que puede transformarse en trabajo mecánico. La disipada son los residuos producidos, la energía no recuperable.

A diferencia de la teoría de la producción neoclásica, Georgescu-Roegen identifica la naturaleza como la principal fuente de todos los recursos de la economía. De acuerdo con la primera ley de la termodinámica, la materia y la energía no se crean ni se destruyen, por tanto, en la economía tampoco (el principio de conservación). Según la segunda ley de la termodinámica, la ley de la entropía, toda la materia y la energía se transforman en trabajo, para satisfacer las necesidades humanas, pero dejando residuos no utilizables, según el llamado principio de degradación. Esta transformación constituye un proceso unidireccional e irreversible. Consecuentemente, los recursos naturales valiosos, la «baja entropía» en terminología de Georgescu-Roegen, son procesados durante la actividad económica. Los recursos son transformados y manufacturados en bienes, y el desperdicio y la contaminación sin valor productivo se convierten en «alta entropía» y se acumulan al final del proceso económico. La humanidad vive en, por y de la naturaleza. La entropía del sistema económico aumenta constantemente.

Georgescu-Roegen habla de que los factores de flujo (recursos naturales) y los factores de fondo (capital humano) son esencialmente complementarios, ya que ambos son necesarios en el proceso económico para tener una economía que funcione. Puesto que el proceso económico consiste materialmente en una transformación de baja en alta entropía, es decir, de trabajo productivo en desechos improductivos, y dado que esa transformación es irreversible, los recursos naturales han de formar parte de la noción de valor. Todo uso de recursos naturales para satisfacer necesidades no vitales lleva consigo una menor cantidad de vida en el futuro. He aquí el trasfondo de la bioeconomía: más energía, más vida y, una vez pasado el punto de inflexión, menos energía, menos vida o muerte. Es la termodinámica la que explica por qué las cosas que son útiles tienen valor económico, lo que no ha de confundirse con el precio: escasez es no poder utilizar más de una vez una cantidad dada de baja entropía. La producción representa un déficit en términos de entropía: aumenta la entropía total en una cantidad mayor que la que se derivaría de la reorganización automática en ausencia de toda actividad productiva.

Georgescu-Roegen critica que la economía neoclásica tiende a ignorar el problema de cómo asignar los recursos energéticos excedentes entre las generaciones presentes y futuras, y sostiene que el mercado es incapaz de resolver este problema intergeneracional. Esta controversia fue mantenida con los economistas Robert Solow y Joseph Stiglitz y, en cualquier caso, ha abierto un debate muy actual. ¿Existe un óptimo de consumo? ¿Hay un límite justo para el consumo individual? Pero Georgescu-Roegen sorprende en sus afirmaciones últimas sobre el sentido de la bioeconomía: «La verdadera "salida" del proceso económico no es un flujo de salida de desechos, sino el placer de vivir»[218].

Georgescu-Roegen también relaciona en su obra fundamental, concretamente en el «Apéndice B. Ignorancia, información y entropía»,[219] la termodinámica con la teoría de la información, aunque no con la profundidad con la que lo harán otros autores. La teoría de la información definida por Shannon tiene como medida clave a la entropía que cuantifica la cantidad de incertidumbre involucrada en la transmisión de la información. En el proceso de comunicación, un emisor transmite un mensaje de información a través de un canal específico a un receptor. Cuanto más estructurada y redundante sea la información, más predecible resulta. Una comunicación predecible indica una menor cantidad de entropía, desorden o ruido. Tirar una moneda al aire (1/2) tiene menos incertidumbre, información o entropía que tirar un dado (1/6).

La termodinámica y la teoría de la información acabaron estrechamente relacionadas a través del concepto de entropía negativa que fue introducido por Erwin Schrödinger. La «neguentropía», como se la llama actualmente, es la entropía que el sistema exporta para mantener su entropía en niveles bajos.

> Un organismo vivo aumentará continuamente su entropía o, como también puede decirse, produce entropía positiva (y por ello tiende a aproximarse al peligroso estado de entropía máxima que es la muerte). Solo puede mantenerse lejos de ella, es decir, vivo, extrayendo continuamente entropía negativa de su medio ambiente... de lo que un organismo se alimenta es de entropía negativa[220].

Para compensar el proceso de degradación a lo largo del tiempo, algunos sistemas abiertos consiguen compensar su entropía natural con aportaciones de subsistemas con los que se relacionan. En teoría de la información y estadística, la neguentropía se utiliza como medida de distancia a la normalidad, como el esfuerzo organizativo en virtud de una mayor sofisticación o complejidad. Fue León Brillouin quien formuló definitivamente el *principio de neguentropía de la información*, afirmando que la «información es neguentropía»; de igual manera que la cantidad de información en un sistema es una medida de su grado de organización, la entropía de un sistema es una medida de su grado de desorganización.

Si bien Georgescu-Roegen tiene el mérito de haber defendido metodológicamente una ciencia económica basada en la termodinámica y de haber establecido sus principios, a René Passet le debemos el desarrollo sistemático de esta. Según Passet, una de las características más destacadas de la sociedad contemporánea es el desarrollo de estructuras de información mediante la informática. Este fenómeno él lo concibe en su naturaleza bioeconómica, relacionándolo con el rol de la información en los organismos vivos, como es el caso del ADN. La información se presenta como el principio de transmisión de las propiedades estructurales del organismo en cuestión y, por lo tanto, constituye un elemento intangible esencial en el proceso de reproducción y mutación que caracteriza la epistemología evolutiva. Passet adopta el concepto de neguentropía y lo integra en la bioeconomía, sobre la base de que las fórmulas de Shannon sobre información y de Boltzmann sobre termodinámica son formalmente idénticas.

Fórmula de Boltzmann:

$$S = -k \sum p(i) \cdot log_e \, p(i)$$

Fórmula de Shannon:

$$H = -\sum p(i) \cdot log_2 \, p(i)$$

Passet se adhiere a la visión en la que la neguentropía adquiere una importancia radical en economía. Sin embargo, Georgescu-Roegen la criticó duramente[221], pero se equivocaba, pues es ampliamente reconocida por los bioeconomistas. Según Passet, «si todos los bienes de la biosfera no se reducen a la esfera del mercado, todos los bienes del mercado, en cambio, pertenecen a la biosfera y se someten a sus leyes»[222]. Según aprendemos de las ciencias de la vida, la economía tiene una doble característica: una «lucha contra la entropía, que llevan a cabo los organismos para conservar y reproducir su estructura» y, por otro lado, «la energía es captada del medio natural y el organismo estructura la energía mediante información»[223]. Las organizaciones al igual que los organismos estructuran el uso de la energía mediante la información (o la neguentropía). Las organizaciones evolucionan a estructuras más sofisticadas que les permiten un mayor aprovechamiento de la energía, mediante un aumento de la complejidad que se consigue aplicando más información. En esto sigue la teoría de las estructuras disipativas de Ilya Prigogine, la cual «explica que la materia inanimada, sometida a una aportación de energía, puede organizarse en estructuras coherentes y significativas. Un líquido oleaginoso, por ejemplo, debidamente calentado, se organiza en columnas de forma alveolar (remolinos de Bernard), cuya organización corresponde a una creación de neguentropía compensada con un aumento de la cantidad de entropía disipada por el líquido bajo la forma de calor. No obstante, se trata de estructuras temporales que desaparecen en cuanto se interrumpe el proceso de recalentamiento»[224]. La neguentropía es un mecanismo de adaptación al medio de las estructuras disipativas.

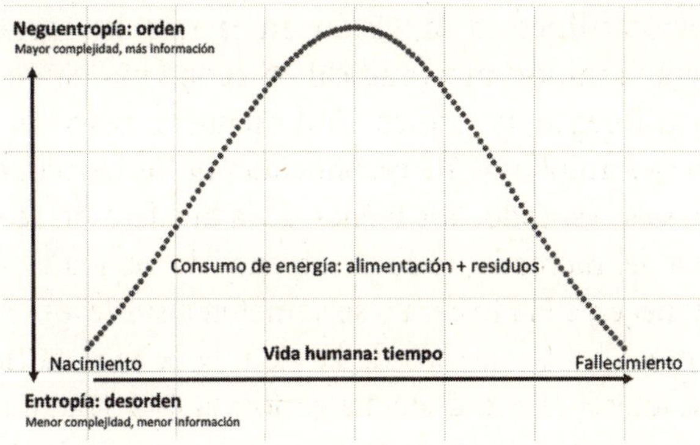

Gráfico 4.1. Modelo idealizado de la entropía aplicada a la vida de una persona. (Fuente: elaboración propia)

La energía es el común denominador de todos los elementos económicos, como los bienes materiales, la fuerza de trabajo o el capital. «En este sentido, la economía aparece como actividad neguentropia estructurante gracias a la cual se incorporará la información-estructura en la materia[225]». La bioeconomía está a la vanguardia científica. Hoy en día, en casi todos los campos —biología, física, astronomía, neurología, telecomunicaciones, informática, lingüística, etcétera— se puede explicar todo en función de la teoría de la información y de la termodinámica.

> La energía supone el medio a través del cual la información-estructura se materializa en un trabajo mecánico. Cuanto más estructurado es un sistema, menos probable será, más se distanciará de la situación de entropía y de más cantidad de energía libre dispondrá. Existe una correlación positiva entre información-estructura y energía libre; la información-estructura y la entropía correlacionan negativamente[226].

La energía se hace productiva mediante la información. Passet concluye que la bioeconomía, al igual que la biología, está en desequilibrio constante. Frente a la simplificación idealista de la teoría del equilibrio general macroeconómico:

> La conservación de la estructura de un subsistema implica que del medio se extraiga energía, cuya organización servirá de contrapeso a los efectos de la entropía. El desarrollo y la tendencia a una mayor complejidad de las estructuras exige la disponibilidad de un excedente energético que se utilizará con tal propósito[227].

Y esto es un giro copernicano en economía. En vez de postular un equilibrio ideal entre la oferta y la demanda, y analizar la realidad como una desviación del óptimo, la bioeconomía constata que la actividad económica existe en un desequilibrio permanente que intenta buscar el óptimo, compensando todo el tiempo la entropía con la neguentropía para no extinguirse.

Hay estudios científicos recientes que han ido más lejos que los autores clásicos, al relacionar la entropía termodinámica con la teoría de la información. Primero de todo, cabe mencionar al principio de Landauer de 1961, que concluye que la información es física[228] desde el postulado de que el borrado de un bit, en la memoria de un ordenador digital, viene acompañado por un aumento de la entropía. En 2014, varios experimentos científicos confirmaron la veracidad del postulado de Landauer. En 2016[229] se comprobó que cambiar un bit de 1 a 0 comportaba el gasto de veintiséis

milielectrovoltios. La entropía se puede cuantificar en bits o nats. Un nat corresponde a cerca de 1,44 bits, y a cuatro unidades de Planck. La cantidad total de bits se relaciona con el total de grados de libertad de la materia/energía. Los bits mismos codificarían la información acerca de los estados que esté ocupando esa materia/energía. Otro gran físico, John Archibald Wheeler, reafirmó que la física es información con su lema «*It from bit*». Melvin Vopson[230], a partir de estos principios, sostiene la equivalencia de masa-energía-información.

La equivalencia de energía y masa viene dada por la famosa ecuación de la teoría de la relatividad especial de Einstein. Y la equivalencia de información y energía, por el ya citado isomorfismo de las ecuaciones de la entropía termodinámica e informacional de Boltzmann y Shannon[231] respectivamente. A su vez, la equivalencia de información y masa queda establecida por el principio extendido de Landauer. Esto tiene consecuencias enormes a nivel energético, económico e incluso cosmológico. La masa estimada de un bit de información en T = 2,73 K es mbit = 2,91 × 10-40.

Georgescu-Roegen, consciente de los límites físicos de la energía en la Tierra, fue uno de los primeros decrecentistas y, por ello, tuvo una relación intensa con el Club de Roma, yendo más allá de las recomendaciones de este, defendiendo que el decrecimiento era necesario: «De modo distinto al del pasado, el hombre tendrá que volver a la idea de que su existencia es un don gratuito del sol[232]». Nosotros pensamos que esa propuesta sería más de política económica termodinámica que de economía termodinámica, y es muy importante distinguir entre ambas. Por un lado, tenemos la ciencia económica que explica el funcionamiento real de la economía basada en la energía y en la información y, por otro lado, tenemos las políticas para la gestión económica, aunque sea termodinámica, que deben constituir las soluciones a los problemas sociales provocados por la crisis de la energía. La bioeconomía dice que si la energía escasea hay decrecimiento y, a partir de cierto coste de extracción, adviene el colapso, pero lo que tengamos que hacer al respecto es una cuestión de la política bioeconómica.

La sociedad contemporánea adolece de lo que podemos llamar olvido de la entropía. Una persona individual es una máquina biológica a merced de las leyes físicas del universo. Los humanos se olvidan de su finitud; es más, vivimos como si no fuéramos a morir nunca. La humanidad vive como si no hubiera un mañana, derrochando, gastando todo lo que puede, sin pensar en las futuras generaciones, imaginando que podrá salir del planeta Tierra y vivir en algún exoplaneta. Una y otra vez negamos la finitud. El universo también es finito. Conocemos la fecha de su muerte. Aproximadamente. Tampoco sabemos exactamente cómo ocurrirá, como pasa con las personas. Se habla de que el Big Bang acabará con alguno de estos finales: Big Crunch, Big Rip, Big Freeze, o Bing Bounce. El planeta Tierra también tiene fecha de caducidad y muchos riesgos de muerte prematura como el holocausto nuclear. El Sol también se encuentra en el medio de su vida. Todo tiene su ciclo de aprovechamiento de la energía. Ante esta situación, el neofeudalismo aboga por el decrecimiento asimétrico. El totalitarismo monetario se convierte en totalitarismo energético, en la hiperutilización energética por una minoría y en un racionamiento energético para la masa improductiva o de bajo valor añadido. En cualquier caso, el decrecimiento nos lleva a todos al colapso, a unos más rápidos que a otros. Esta guerra global de la energía solo acaba de empezar, pero, como en todas, nadie ganará. Curiosamente, Marx ya lo había advertido: «Las leyes de la naturaleza jamás pueden ser destruidas. Y solo puede cambiar, dependiendo de las distintas condiciones históricas, la forma en la que estas leyes se manifiestan»[233]. La física es la realidad donde vivimos.

4.2. El desacoplamiento de la economía ortodoxa

Los medios de comunicación nos inculcan desde hace décadas una realidad económica simplista que esconde la dramática realidad de las cosas. Llevamos tanto tiempo escuchando esas estadísticas falseadas que no podemos pensar ya de otra manera que no sea que la economía adquiere un rasgo de objetividad parecido a la física termonuclear. Si hay inflación es como si lloviera; ¿qué podemos hacer? Sin embargo, debemos entender la reflexividad de las ciencias sociales, como decía Soros. No solo sirven para describir ciertos fenómenos y analizarlos, sino también para intervenir en ellos y modificarlos. Uno de los caballos de batalla para transmitir la bondad económica es el crecimiento del PIB. Si crecemos, aunque sea poco, todo está perfecto. Los políticos parece que hacen su trabajo y el país va bien, aunque en realidad esos gobernantes reciban órdenes de una estructura de poder mundial, independiente de nuestra nación. El crecimiento está maquillado y, por eso, al final de cada mes nos asustamos de la escasa renta neta que queda en nuestro bolsillos, después de que una fiscalidad agresiva extraiga los pocos ahorros que nos quedan. Actualmente, no crecemos. El globalismo lo sabe y está intentando gestionar la situación hasta que esté preparado para aplicar un nuevo *shock*. Un suceso como el de Lehman Brothers de 2008, para crear un pánico financiero mundial que permita la adopción de las monedas digitales nacionales, las así llamadas CBDC. Sin embargo, este suceso, desgraciadamente, puede ir acompañado de otras sacudidas colaterales como guerra, enfermedades o restricciones climáticas. Gestionar la crisis para el globalismo no significa salvar a los ciudadanos, sino extraer de sus rentas la mayor cantidad de valor posible. Suele hacerlo gradualmente —hasta el próximo *shock*— para evitar cualquier oposición o rebelión, pues la represión es muy costosa. No llegamos a ser suficientemente conscientes de que la riqueza y el poder del globalismo proviene de nosotros mismos. Por eso, se está privatizando todo lo público. Es el colonialismo interior. El Estado se ha convertido en un nuevo mercado y una forma de control monopolística. Solo los ciudadanos en su actividad productiva generan valor. Solo las personas, en su cándida creencia de que los políticos velan por su bien, a pesar de todos los incumplimientos y corrupciones conocidas, les delegan el poder sobre sus vidas. No se puede robar a un robot ni a una inteligencia artificial. Pensemos en ello. No se puede hacer pagar impuestos a un robot, solo a la empresa explotadora, por tanto, si no hay personas, no hay valor. No se puede automatizar una empresa al cien por cien. Si no hay humanos, no hay valor. El valor no es una cosa, es una relación entre humanos, de persona a persona. El valor no se transmite de máquinas a humanos, más bien es al revés. Por esta razón, por mucho que se empiecen a retirar del mercado cada vez más amplios segmentos de mano de obra, nunca podrá hacerse del todo. De lo contrario, viviríamos en un mundo sin valor y sin sentido. Solo se puede robar a las personas, por eso el poshumanismo sería la solución idealista a este problema de un mundo sin valor. Una escoria biológica improductiva masificada con su renta básica universal, como si fueran pilas de mátrix, frente a los superhumanos interconectados con la IA.

Pongamos un ejemplo sobre las narrativas económicas. Hace algunos años, el 1 de agosto de 2014, leímos en la prensa española que Rajoy dijo que «el crecimiento ha venido para quedarse»[234]. Lo leímos en diversas variantes, como «el crecimiento ha venido para quedarse y la recuperación es firme» o «la recuperación es firme, cada vez más intensa y ha venido para quedarse». Lo que realmente dijo Rajoy fue que «la recuperación ha llegado para quedarse»[235]. Hay unas 73.000 referencias en Google sobre esta noticia, lo que quiere decir que tuvo una buena difusión. Pero la expresión de Rajoy es de origen anglosajón, «*here to stay*», que se traduce correctamente en castellano como «permanecer», aunque se ha popularizado la traducción literal. Por añadidura, el hecho de que Rajoy utilizara esta frase de «ha llegado», como si se tratara de un rayo inesperado, no capitaliza el esfuerzo hecho por el Gobierno para conseguirla y es como mínimo extraño. ¿De dónde sale? Proviene en su origen del último informe sobre España del Fondo Monetario Internacional, cuya nota de prensa fue remitida por agencias de noticias como AFP a todos los medios. Lo que realmente decía el FMI un año antes, el 11 de julio de

2013, era *«current account adjustment in Spain: here to stay»*[236] (ajuste de la cuenta corriente en España: llegó para quedarse), donde, dependiendo de la gravedad del paro, se recomendaba seguir con el ajuste. Unos días antes de la declaración de Rajoy (11/7/2014), lo que el FMI escribió realmente en su informe fue *«Spain has turned the corner»*[237] (España ha dado un vuelco a la situación), frase con quince millones de referencias en el buscador. Sin embargo, la recepción en cierta prensa anglosajona fue *«The International Monetary Fund today declared that Spain's economic recovery is here to stay, hailing a return to growth and job creation»*[238] (el Fondo Monetario Internacional declaró hoy que la recuperación económica de España ha llegado para quedarse, y elogió el retorno al crecimiento y a la creación de empleo), que cuenta con unas 20.000 referencias en Google. Parece que el guionista de Rajoy —y quizás algo más que eso— ha sido el FMI. Nuestra soberanía monetaria ya fue cedida antes de entrar el euro en las instituciones monetarias internacionales como el FMI. No es extraño que sus ejecutores y ejecutivos nacionales repitan los mismos discursos. Así se cuecen las cosas.

La base de la teoría económica actual está basada en la llamada escuela neoclásica, que fue el intento de convertir una ciencia normativa —es decir, una ciencia social, donde el objeto de estudio es un sujeto (la sociedad, su actividad económica) que inevitablemente está a merced de la influencia social, incluida la del observador—en una ciencia nomológica, como si de la física newtoniana se tratara, donde existe un objeto definido y una metodología que permiten hacer predicciones sin que el observador sea capaz de influir en el objeto. Las ciencias sociales influyen en su objeto teórico, ya que en realidad es un sujeto. Esta transformación científica la realizó Pareto, continuador de la cátedra de Walras, al manipular el pensamiento de su predecesor. Walras, socialista, fue el fundador de la economía matemática. Su teoría del equilibrio general era normativa, basada en presupuestos políticos y se aplicaba al socialismo. En cambio, Pareto, que por otra parte era un fascista liberal, la convirtió en una teoría matemática-descriptiva, apolítica y positiva sobre el capitalismo. Sin embargo, a pesar de esa capa de positividad, confunde el modelo matemático con la realidad y con la objetividad científica. La econometría se utiliza para la gestión de la macroeconomía y para la justificación *a posteriori* de los hechos económicos. Los presupuestos sociales de esa econometría son indemostrables y abstractos: no existe un óptimo de Pareto y se omiten variables determinantes como el dinero (que se añade *a posteriori*) o, fundamentalmente, la energía. Sin desmerecer la aplicación matemática a la economía —la matemática es neutra—, sin embargo, su aplicación neoclásica, convertida en ortodoxa, presupone unos principios sociales que no son universales. Esta econometría de uso generalizado está sirviendo para ocultar los problemas económicos fundamentales, que no son ni coyunturales ni cíclicos, sino más bien sistémicos. Desafían la sociedad sobre la que se basa la economía del crecimiento y los mismos presupuestos de esta misma ciencia, ya que son incapaces de explicar lo que está pasando. La energía disponible que sabemos aprovechar es limitada, y en los modelos económicos habituales no se tiene en consideración esta restricción fundamental.

Las variables macroeconómicas son constantemente manipuladas para mantener la película del todo va bien: el PIB, la inflación, la población activa, etcétera. Los medios esconden el auténtico peligro, la situación real; nos revelan una hermenéutica oculta, una narración mixtificadora. ¿Por qué la UE en 2014 cambió la metodología de cálculo del PIB[239], incluyendo actividades criminales como prostitución y tráfico de drogas? ¿Es que son algo nuevo? ¿Y por qué ahora? Pues, simplemente, porque no crecemos, y con estos cambios el PIB español aumentó un 4,5 %. Con las distorsiones de los datos conseguimos mantener el discurso del crecimiento. Es una estrategia cortoplacista, mientras se nos ocurre algo mejor, o mientras esperamos un nuevo *shock*. Esta política del engaño se sustenta en la falta de memoria de la opinión pública. Los medios abusan del tiempo real y borran el tiempo histórico, mantienen las noticias de actualidad durante periodos muy breves. Así, lo que ya pasó no existe. Solo para unos pocos analistas y una minoría bien informada. Por ejemplo, el cambio de contabilidad del PIB se anunció en breves reseñas en las páginas de economía, pero ya no se habla de ello, es un tema técnico sin interés, un engaño consolidado.

El PIB es el indicador más manipulado. Es extraño que pueda crecer un país como España sin generar puestos de trabajo netos, sin aumentar proporcionalmente su población activa ni la productividad. En el cálculo del PIB de EE. UU. el 16 % son las llamadas imputaciones que, por decirlo de alguna manera, no son dólares reales. Otro ejemplo es que entre 2001 y 2007 Grecia utilizó derivados financieros para ocultar 5300 millones de deuda en el PIB.

El caso más escandaloso de manipulación estadística es el de la Reserva Federal, de la FED (abreviatura de Federal Reserve System, organización formada por doce bancos privados que hace las veces de banco central para EE. UU.), cuando el 23 de marzo de 2006 el indicador M3[240] pasó a ser secreto. El M3 reúne los agregados monetarios que representan la deuda[241] total emitida, más la deuda internacional de cuenta pública. No hay estadísticas oficiales publicadas de M3. La inflación es uno de los indicadores clave, ya que afecta a muchos cálculos como salarios, pensiones, beneficios, etcétera. Se dice que la inflación ya no mide el coste de la vida, sino el coste de sobrevivir. Un ejemplo es que en EE. UU. el indicador de la inflación llamado CPI-U[242] ya no parece ser muy representativo del aumento real de los precios. Por ejemplo, la sanidad pesa un 7,1 % en la inflación, mientras representa el 16 % del gasto nacional.

Sabemos que, gracias a la expansión monetaria, podemos decir que crecemos nominalmente, nos endeudamos para crecer y ahogamos fiscalmente a la población para expandir el Estado. Antes, una pequeña expansión monetaria podía mejorar la actividad económica y, por tanto, empujar el crecimiento, pero ahora lo estamos comprando. Metemos tanto dinero en circulación para que aparezcan aumentos en las estadísticas, aunque no haya suficiente actividad económica real. La prosperidad declina constantemente y la pobreza aumenta sin solución. La sociedad dual se agrava. Para hacer más creíbles las metanarraciones, se cambia el cálculo de las estadísticas cuando es necesario y comunicamos las más simples, como los cambios de inflación y PIB, siempre en el corto plazo y sin datos acumulados o comparados con el pasado, para evitar enseñar la gravedad estructural de los problemas.

La llamada economía *mainstream* u ortodoxa está basada en la corriente neoclásica, marginalista, que tiene como punto de partida la teoría del equilibrio general y las técnicas econométricas a las que hacíamos referencia. El centro de la teoría es el individuo racional (individualismo metodológico[243]). La macroeconomía está basada en las decisiones individuales de la microeconomía. Y con esto se olvida del enfoque relacional, de las relaciones de poder social que están en la economía y que restringen la libertad individual. Igualmente, las preferencias racionales no se obran en abstracto, sino en un contexto a veces no racional, como demuestran las teorías de Daniel Kahneman. El más arbitrario de los planteamientos es el axioma del punto de equilibrio. Se supone que, en una situación en la que las fuerzas económicas como la oferta y la demanda están equilibradas, los valores de tales variables no cambiarán, siempre y cuando no existan entonces influencias externas. Esto abre la puerta a la formalización de la economía, pero, como suele ocurrir con la estadística descriptiva, no sirve para gestionar mejor la economía o para predecir lo que puede ocurrir, sino para realizar explicaciones *a posteriori* o para crear narrativas que los ciudadanos no pueden contrarrestar.

La modelización matemática sirve más para adecuar la realidad al modelo que viceversa. La abstracción simplificada de la realidad no permite entender la economía en profundidad.

Según la teoría de sistemas, lo normal es que un sistema abierto esté en desequilibrio, porque está constantemente interactuando: «¡Están buscando el "equilibrio" en un sistema abierto! Y en un sistema complejo... Es una tarea inútil, llevada a cabo por tontos, pero, por desgracia, estos tontos también tienen en sus manos la imprenta»[244]. Varufakis realiza una dura crítica a la economía neoclásica: «De este modo, la sofisticada complejidad de sus modelos se sacrifica en favor de un marco determinado dentro del cual ni siquiera es posible vislumbrar un poco de capitalismo contemporáneo»[245]. Un reciente estudio demuestra que los estudios de los organismos económicos, que son los que acaban en las agendas de política económica, son más optimistas que los académicos.

> Los economistas de los Bancos Centrales son más optimistas que los académicos en sus evaluaciones de los efectos macroeconómicos de la flexibilización cuantitativa. Según una muestra de cincuenta y cuatro estudios, los escritos por banqueros centrales informan de efectos más fuertes de la flexibilización cuantitativa tanto en la producción como en la inflación. Los estudios de los Bancos Centrales también tienen más probabilidades de informar de efectos significativos de la flexibilización cuantitativa en la producción, y sus resúmenes utilizan un lenguaje más favorable, en comparación con los escritos por académicos[246].

En cualquier caso, lo que no parece haber entendido la economía ortodoxa es algo tan simple como que el PIB y el consumo de energía están correlacionados. Según Gail Tverberg el R-cuadrado, o sea, el coeficiente de determinación que indica la correlación estadística entre estas dos variables es R^2=

0,98[247]. Crecimiento económico y consumo están relacionados, y lo contrario también, decrecimiento y menor consumo energético. La economía es vista por cada vez más científicos como una estructura disipativa «fuera de equilibrio que solo puede mantenerse con un flujo de energía y materia[248]». Esto es lo que llevó al precursor Soddy a afirmar:

> Las leyes [de la termodinámica] que expresan la relación entre materia y energía gobiernan el ascenso y la caída de los sistemas políticos, la libertad o esclavitud de las sociedades, los movimientos del comercio y las industrias, el origen de la riqueza y la pobreza, y el bienestar físico general de las personas[249].

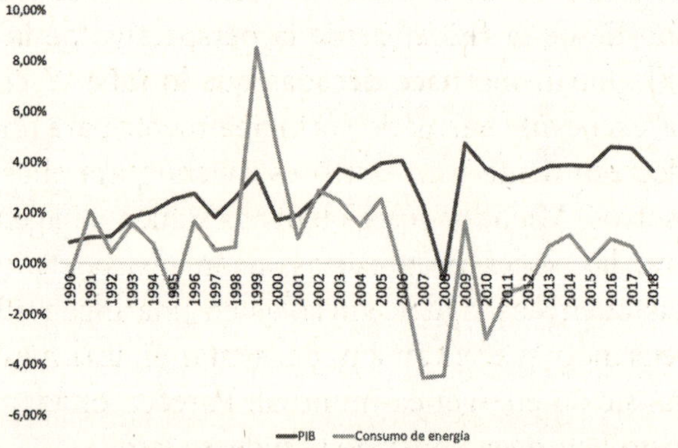

Gráfico 4.2. Crecimientos anuales del PIB y consumo de energía per capita en el mundo. Se observa una cierta correlación. (Fuente: elaboración propia a partir de World Bank)

No solo la economía está en crisis, sino que las élites intentan gestionar el decrecimiento en su favor. Aunque la alerta más importante del decrecimiento son las proyecciones de la población mundial. El famoso demógrafo Sanjeev Sanyal, del

Deutsche Bank, ha realizado un estudio donde estima que el pico de la población estaría en 2055 con 8700 millones, y luego descendería llegando a 8026 millones para el año 2100[250]. Decrecemos. Ya no son pirámides poblacionales invertidas, son estrechos tubos, por ejemplo, el de China, que para 2100 se espera que tenga menos de la mitad de su población actual, pero para 2050 el 70 % de la población será mayor de cuarenta años. Esto no es solo económicamente insostenible, sino el fin del progreso chino. Se está pagando el error de la política del hijo único. Y en el mundo parece que el plan Kissinger[251] para la creación de varias condiciones que provoquen un declive de la fertilidad ha tenido finalmente éxito. Esto no es algo coyuntural. De seguir así, significa el fin de la humanidad. Pero ¿por qué no crecemos? La respuesta es por la energía, pero, como hemos visto, no desde el punto de vista de la economía ortodoxa, sino desde la física, desde la perspectiva de la bioeconomía. El globalismo hace décadas que lo sabe. Y el plan es utilizar el excedente energético principalmente para una minoría. El decrecimiento asimétrico es mucho para ellos y poco para nosotros. Mientras los globalistas siguen su agenda despobladora, las voces progresistas, neomarxistas-leninistas y científicas buenistas siguen ancladas en una ingenuidad pasmosa, pensando que se van a poder sentar en una mesa a definir la transición energética mundial. Parecen olvidar la frase del infausto Lenin «el poder no se pide, se toma».

4.3. Las estructuras disipativas y la evolución del universo

James Gardner, en su libro *El universo inteligente*, nos propone una hipótesis científica asombrosa. ¿Es el universo en su conjunto la única inteligencia existente? ¿Puede ser el cosmos el único ser inteligente formado por una vida multiforme orgánica e inorgánica?

> La hipótesis del biocosmos egoísta sostiene que las cualidades antrópicas que exhibe nuestro universo pueden ser explicadas como consecuencias secundarias de un ciclo de replicación cósmica, en la cual una biosfera extendida cosmológicamente proporciona dos de los elementos esenciales de autorreplicación, como fue identificado por el matemático y pionero de la computación John Von Neumann. Además, la hipótesis afirma que la emergencia de la vida y la inteligencia son umbrales epigenéticos claves en el ciclo de replicación cosmológica, favorecidos fuertemente por las leyes físicas y las constantes de la naturaleza inanimada. Bajo esta hipótesis, esas leyes y constantes funcionan precisamente como la contraparte funcional del ADN: proporcionan la receta mediante la cual el cosmos en evolución adquiere la capacidad de generar vida e inteligencia cada vez más perfectas. La hipótesis concibe el proceso de evolución terrestre como una subrutina minúscula en un proceso inconcebiblemente vasto de ontogénesis cósmica. Una implicación falsable de la hipótesis es que la emergencia de vida cada vez más inteligente es un fenómeno fuerte, especialmente favorecido por los procesos naturales de evolución biológica y emergencia[252].

De manera complementaria y con más profundidad científica, el astrobiólogo Eric Chaisson ha introducido un sofisticado concepto de evolución cósmica que engarza perfectamente con lo que estamos explicando:

> La evolución cósmica es el estudio de la suma total de los muchos cambios variados de desarrollo y generativos en el ensamblaje y la composición de la radiación, la materia y la vida en todo el espacio en todo tiempo. Estos son los cambios físicos, biológicos y culturales que han producido, a su vez y entre muchos otros sistemas, nuestra galaxia, nuestro Sol, nuestra Tierra y nosotros mismos [253].

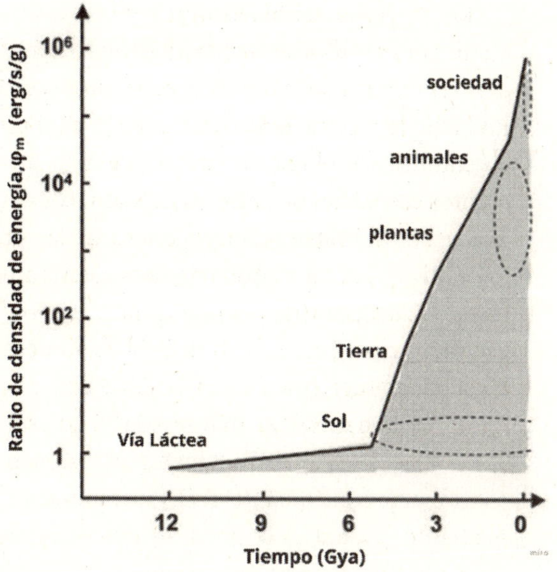

Gráfico 4.3. Evolución de las estructuras disipativas del universo según el uso de densidad de energía. (Fuente: Eric Chaisson)

Con este concepto, Chaisson puede extender una suerte de darwinismo a todo el universo, considerándolo como un mismo proceso evolutivo, donde el único ser es el universo mismo y donde lo biológico y lo no biológico forman parte de la misma evolución. Chaisson habla de una continuidad entre la evolución física, la biológica y la cultural. Desde el Big Bang hasta la actualidad, pasando por varias fases como partículas, galaxias, estrellas, planetas, química, biología y cultura, según su aprovechamiento de la energía. Para conseguir medir y probar esta hipótesis de la evolución cósmica, como aumento de la complejidad, el autor utiliza el concepto de ratio de densidad de energía libre.

La neguentropía es la información que organiza, de manera cada vez más compleja y sofisticada, el aprovechamiento de la energía en un sistema abierto en desequilibrio dinámico.

Explicado de otra manera, la neguentropía es el valor generado por la inteligencia al procesar la información, al producir productos para satisfacer las necesidades humanas; es el trabajo para revertir o detener la entropía por un periodo de tiempo limitado. El fin de la economía y de la civilización está en resistir al efecto destructivo de la entropía mediante la energía libre. El uso de la energía utilizable permite un aumento de la complejidad autoorganizativa. La neguentropía es la inteligencia, es el procesamiento de la información para mejorar la organización mediante estructuras más complejas. Chaisson[254] ha utilizado la teoría de la información para proponer una *teoría de la evolución cosmológica*, desde las galaxias hasta los seres humanos, basándose en el ratio de la densidad de la energía libre, que aumenta según la complejidad. Este concepto de densidad es llamado Φ_m (phi sub m). Es un ratio de energía por unidad de tiempo y por unidad de masa o ergio por segundo por gramo. Para nuestra galaxia sería Φ_m 0,5; las plantas Φ_m 900; los animales Φ_m 20.000. Un insecto es más complejo que una galaxia, pero vive menos. La sociedad humana estaría en Φ_m 500.000. Lo mismo se puede determinar para la complejidad de las máquinas, como un coche, un avión o un ordenador. Según el físico Edward Fredkin[255], toda la física puede reducirse a información, considerando a esta el fundamento de la materia. Física, cosmología, biología, psicología, lingüística y tecnología se pueden unificar bajo la teoría de la información, por lo que todo puede interpretarse como una computación. Se puede calcular la información que procesa el cerebro humano o las células, e incluso el universo en su totalidad, de igual manera que hacemos con un ordenador. Con este ratio, las plantas aparecen más complejas que las estrellas o los planetas. Los humanos y sus cerebros son aún más complejos que estas. Finalmente, la sociedad colectivamente es el sistema más complejo conocido. Hay un aprovechamiento cada vez mayor de la energía, venciendo a la entropía para crear orden, complejidad y organización, a través del uso de la información o neguentropía.

> La evolución cósmica, para repetir, incorpora tanto el cambio generativo como el desarrollo, abarcando sistemas físicos, biológicos y culturales, a través de una jerarquía de complejidad amplia y continua desde el Big Bang hasta la humanidad. Y en un universo en expansión, no equilibrado, la energía es un impulsor subyacente natural para el aumento de la complejidad[256].

Este aumento de la organización que sucede en determinados momentos evolutivos no comporta una violación de la segunda ley de la termodinámica; «en un universo en expansión, tanto el desorden (es decir, la entropía neta) como el orden (máxima entropía posible, menos entropía real, en un momento dado) pueden aumentar simultáneamente»[257]. Así propone un nuevo concepto de selección cósmica:

> La selección es un factor en el flujo de recursos dentro y fuera de todos los sistemas abiertos, no solo de las formas de vida. Los sistemas se seleccionan por su capacidad de utilizar energía, y esta energía, la capacidad de hacer trabajo, es una «fuerza», si es que hay alguna, en la evolución[258].

En definitiva, «los flujos de energía actúan como el motor de la evolución ampliamente interpretado»[259]. La evolución física-biológica-cultural son una consecuencia de la termodinámica. En la llamada «era de la radiación» del universo, no había complejidad. Pero en la «era de la materia», en la medida que baja la densidad y la temperatura, aumenta la complejidad. A mayor complejidad se necesita más información para describir una estructura del espacio-tiempo. Aunque pueda sorprender, una célula es más compleja que una galaxia y, por tanto, utiliza más información. Las estructuras cósmicas son sistemas abiertos que buscan un flujo constante y óptimo de energía, pero, al final, todas acaban muriendo. Prigogine nos habla de ganadores y perdedores del universo. Los que no pueden aprovechar la energía y realizar un salto evolutivo, una adaptación al cambio en medio del caos, desaparecen. Y lo mismo sucede con la evolución biológica, con la extinción de las especies y de la mayoría de mutaciones. La IA ya ha superado en complejidad a cualquier tipo de sociedad humana, por lo que la superinteligencia artificial es la mejor candidata para recoger nuestro testigo de la complejidad.

El universo utiliza todas las estructuras existentes, ya sean galaxias o seres humanos, para satisfacer el objetivo termodinámico de utilizar toda la energía libre disponible existente, es decir, aquella capaz de generar trabajo en el sentido de la física. La diferencia energética entre la máxima entropía posible y la entropía actual es el motor termodinámico del universo. Esa diferencia es también una diferencia informacional. La autoorganización cósmica tiende a utilizar la energía libre para incrementar la complejidad de las estructuras del universo. Bajo este punto de vista, la complejidad es la reacción espontánea provocada por la termodinámica cuando tiende a disipar de la manera más eficiente la energía disponible. Utilizar el máximo de energía posible por unidad de tiempo parece ser el fin del universo en expansión. En este sentido, lo que podemos llamar inteligencia ubicua cósmica, esa información que utilizan todas las estructuras disipativas, es la manera más eficiente de consumo energético, que paradójicamente acelera, a través de la creación de estructuras cada vez más sofisticadas, la muerte térmica. Desde esta perspectiva, el hombre, la inteligencia natural, no es la cumbre de la evolución cósmica, sino un simple paso más, cuyo testigo, quizás, puede ser recogido por la inteligencia artificial. Tal como predica el principio de inteligencia: «El mantenimiento, la mejora y la perpetuación del conocimiento y de la inteligencia es la fuerza impulsora central de la evolución cultural. En la medida en que la inteligencia se puede mejorar, mejorará» .

Todo lo que es determinable energéticamente es traducible a información. A partir de ahí, varios teóricos como Nick Bostrom, y hasta empresarios como Elon Musk, han propuesto la polémica idea de que vivimos en una simulación, en un holograma. Es muy especulativo aún afirmar que el universo es una simulación, aunque ya hay físicos como Vopson que lo defienden[260], pero lo que sí podemos decir es que vivimos en una supercomputación. Según Seth Lloyd, autor de *Programming the Universe: A Quantum Computer Scientist Takes on the Cosmos* (2005):

> La cantidad de información que el universo puede registrar y la cantidad de información que puede realizar se puede calcular usando la física del procesamiento de la información. Hasta la fecha, el universo puede haber realizado 10.120 operaciones en 1.090 bits (10.120 bits si se toma la gravedad cuántica en cuenta) (...) ¿Es el universo una computadora? No es ciertamente una computadora digital que ejecute Linux o Windows. Pero el universo sin duda representa y procesa cantidades cuantificables de información de manera sistemática[261].

El universo es creativo en sus formas, porque es inteligente. Vivimos en un universo informacional. Y nosotros hacemos parte de él como un pequeño destello en su inmensidad. Su funcionamiento es un proceso de datos inteligente, lo que nos da una nueva perspectiva respecto a la realidad. La inteligencia es ubicua en el universo desde el Big Bang. Esa inteligencia cósmica permite la evolución del universo, que es la constante mejora organizativa de las estructuras disipativas a través del uso de la energía y de la información. «Cuando una estructura disipativa se auto-organiza, su entropía interna disminuye»[262], es decir, cuando la entropía de un sistema abierto baja, se exporta al exterior y la información interna aumenta (la neguentropía) su complejidad. En este proceso se intercambia entropía hacia el exterior por información hacia el interior. Las estructuras disipativas se adaptan al entorno maximizando el ratio de producción de entropía o la energía disipada.

> En segundo lugar, aumentando la capacidad de memoria de estos organismos. Hemos visto que cuanta más información almacena un sistema, más disminuye su entropía, y que cualquier disminución de la entropía de un sistema aumenta su capacidad de producir trabajo mecánico, es decir, de disipar energía[263].

La vida se autoorganiza en formas cada vez más complejas, almacenando y procesando cada vez más información, mediante la disipación de la energía.

Disipación es aquí en término positivo, inevitable, es un gasto de energía, no una acción de malgastar. La transformación de energía libre en trabajo útil siempre genera residuos. No es la maldad del ser humano, es la física. La evolución cósmica coloca a la especie humana como el organismo más complejo y desarrollado, como una especie de cerebro general o de inteligencia colectiva que implica nuestra capacidad científica, técnica y de innovación. De hecho, el desarrollo de la inteligencia es una consecuencia de las leyes de la termodinámica derivada de la necesidad de procesar y almacenar información. La evolución de los organismos ha ido mejorando los mecanismos de gestión de la información; primero fueron los genes y el genoma, luego los cerebros evolucionados hasta nuestro neocórtex y después los exocerebros, como los ordenadores y las telecomunicaciones, que nos permiten funcionar como un gran cerebro o inteligencia colectiva. El universo mismo es un sistema abierto que evoluciona a través de la neguentropía. Su expansión indica que no es un sistema en equilibrio. El universo se organiza maximizando el ratio de producción de energía. Crea estructuras disipativas capaces de aprovechar energía libre y disipar la energía cada vez más eficientemente.

Según la hipótesis de la reina roja, las especies deben proliferar constantemente para poder sobrevivir. La tercera ley de la termodinámica nos dice que las estructuras disipativas evolucionan maximizando su disipación de energía; eso quiere decir que evolucionan hasta gastar sus excedentes lo más rápido posible. Cuanta más energía disponible, más rápido se crece y más rápido se agotan los excedentes. Si los humanos no gastamos el máximo de energía libre posible, no evolucionamos y no podemos sobrevivir, pero si lo hacemos, al final gastaremos toda la energía y nos acabaremos extinguiendo, a pesar de lo cual no podemos dejar de hacerlo. No es la maldad humana, no es el monstruoso capitalismo, es la física. Los humanos cambiamos nuestro entorno más rápido de lo que somos capaces de adaptarnos. Entonces ¿qué podemos hacer? Aparte de buscar nuevas maneras de captar energía solar o nuclear, siguiendo el principio de Carnot (intentar tener procesos lo más reversibles posibles), podemos intentar consumirlas lo más lento posible y reciclando al máximo, es decir, en procesos lo más cercanos posibles a la reversibilidad entrópica. Lo más crítico del uso de la energía, lo que nos precipita con rapidez al colapso, no es tanto el agotamiento inevitable de los excedentes como la intensidad de la tasa de flujo en su consumo.

La evolución prima el planetarismo humano. Si no somos capaces de gestionar la biosfera y el consumo energético de una manera global y cooperativa, nuestra sociedad puede llegar más pronto que tarde al colapso y, luego de este, la sociedad se dividirá en sociedades más pequeñas en competencia, hasta que una de ellas vuelva a conseguir el dominio planetario, pero con mayor acierto. El equilibrio termodinámico que representa un sistema aislado que no intercambia entropía por información es un sistema muerto; por eso, mientras haya consumo de energía habrá vida. La evolución favorece a los organismos y a las organizaciones que disipan más energía. Por esta razón, la sociedad humana lidera la evolución cósmica, por su gran consumo de energía y por sus enormes desechos. No nos engañemos, el medioambientalismo conservador es en realidad una postura suicida. La mecánica estadística nos ayuda a entender cómo funciona nuestro universo. La economía debería estudiar la producción y el consumo a través de la energía y de la entropía, y la política económica (la organización social) debería estar basada en la información y la neguentropía. Precisamente, el gran ecólogo catalán Ramón Margalef, probablemente el primero en entender que los seres humanos somos una especie más, indisociable de las demás especies en un único sistema ecológico, relacionó biología y ecología con la teoría de la información. A él se debe el índice de biodiversidad basado en esta teoría que lleva su nombre, que es una consecuencia de la organización de la biosfera en especies, según su capacidad de procesar energía. El hombre es una parte de la biosfera, una consecuencia de su capacidad de procesar información. Un organismo vivo es información que se estructura, se organiza y toma decisiones. Un ser vivo gestiona (computa información) e influye sobre la probabilidad de acontecimientos futuros. A este nivel, la información biológica no se diferencia tanto de la inteligencia artificial. En sus memorias inéditas[264] dice:

> El universo se puede pensar como una máquina de Turing que hace máquinas de Turing (organismos), que hacen máquinas de Turing (imaginaciones). Ni la evolución ni la imaginación tienen más límites que los del espacio y el tiempo disponibles, y especialmente el de la energía disipable, de entropía —potencial al principio— que se podrá convertir en información.

Y añade Margalef que «todo intercambio entre dos entidades distintas lleva a un aumento desigual de la información útil. Las cosas pasan de tal manera que hay un aumento mayor de la información, utilizable precisamente en aquella organización que ya tenía más información». Se trata de una forma de distribución «aparentemente injusta que, en realidad, no es más que el crecimiento desigual de cierta propiedad». Es el llamado principio de san Mateo, por la cita bíblica del capítulo 13, versículo 12 del Evangelio de san Mateo, que dice textualmente: «Porque al que tiene se le dará y tendrá en abundancia; pero al que no tiene, incluso lo que tiene se le quitará». Las investigaciones de Margalef nos inducen con determinación matemática a afirmar que la inteligencia artificial no solo superará a la humana en la singularidad, sino que absorberá toda su información. Ese aumento desigual del que habla Margalef ganará la batalla a los humanos. Pero ese es otro cuento, de momento tenemos otros problemas. Para rematar, Margalef acabó con clarividencia que el éxito evolutivo consiste en la anticipación, en estar algo más adaptado a un futuro con probabilidades de devenir presente, en lugar de al pasado o al presente.

Queda claro que la economía es como los seres humanos o los huracanes, una estructura disipativa. Necesitamos disipar energía para permanecer vivos. Todas las estructuras disipativas son de naturaleza temporal: a mayor gasto de energía, menos viven. Ahora ya lo sabes.

4.4. El inexorable aumento del coste energético

India detenta un extraño récord. El haber tenido el apagón más grande de la historia. Ocurrió el 31 julio de 2012 y afectó nada menos que a 700 millones de personas. Se dice pronto, pero estas representan a más del 10 % de la población mundial. Hasta veinte de los veintiocho estados estuvieron afectados durante más de dos días. El caos que se originó fue increíble. También es verdad que ningún otro país del mundo habría encajado un desastre de tal magnitud con tan solemne parsimonia. Cuando ocurrió en Nueva York en 1977, en tan solo veinticuatro horas más de mil tiendas fueron dañadas por el vandalismo y los saqueos. Hubo un ambiente de terror y de caos importante. Nueva York se hallaba aquel verano, además, conmocionada por el «caso Sam», la historia de un asesino, David Berkowitz, que mataba a sus víctimas en las calles de la ciudad y cuyo caso era portada de los periódicos nacionales. No es de extrañar que la jornada pasase a ser conocida como «la noche del terror». La Policía se vio colapsada y no pudo hacer nada para impedir la destrucción de tiendas y edificios en barrios como Harlem, Brooklyn o el Bronx.

Las causas del apagón de la India fueron por tres razones: 1) sistemas de energía anticuados; 2) un aumento de la demanda pico no causada por el calor, sino por una necesidad inesperada de bombear agua de pozos para uso agrícola, debido a una menor lluvia durante la temporada del monzón; 3) la escasez de lluvias también restringió la cantidad de energía hidroeléctrica generada por las presas, normalmente un porcentaje significativo de la electricidad del país. Se podría decir que la causa principal habría sido la precaria infraestructura. Una prueba más de que naturaleza y sociedad son un mismo ecosistema. En India no se avisó de los aumentos de consumo inesperados antes de producirse el apagón. En muchos países, no hay manera de anticipar el consumo y gestionar la distribución eléctrica inteligentemente. Incluso hoy en día, aunque parezca mentira, muchas redes eléctricas se controlan manualmente, eso sí, desde centros de control con muchos ordenadores, pero al final es como si unos operarios estuvieran encendiendo y apagando fases en las centrales eléctricas. En la mayoría de los casos no existen sistemas para balancear la carga o para conseguir un suministro constante, independientemente de la demanda. Existen soluciones técnicas, pero no se aplican por no invertir, buscando el beneficio rápido y fácil. Pero no pensemos que India es un caso aislado o de un país atrasado. Esto ocurre en todo el mundo. Solo en EE. UU. se calcula que los apagones crean unas pérdidas al país de más de 160.000 millones de dólares al año. Un solo apagón a nivel nacional puede reducir el PIB de un país en un 1 %[265].

La electricidad, la red eléctrica, es algo fundamental en nuestra sociedad, aunque nunca pensamos en ello, excepto a la hora de pagar la factura de la luz. La electricidad es el factor más claro de progreso. El desarrollo de la electrificación y el desarrollo económico van de la mano. El consumo eléctrico y el PIB están correlacionados. El apagón, la falta de suministro eléctrico, supone un desastre absoluto, es la vuelta al siglo XIX, a cuando no había electricidad. La electricidad también está correlacionada con la tasa de natalidad. Durante los apagones se procrea más. Cuanto más se desarrolla un país y más electricidad se tiene, más decrece la tasa de natalidad. Pero qué decir de Internet. No es que esté correlacionado con la electricidad, es que es una prolongación. El mundo digital no puede existir sin electricidad, está construido sobre esta. El tráfico en Internet cayó entre un 30 % y 40 % en el apagón de la India.

Tenemos tanta dependencia de la electricidad que somos enormemente vulnerables. Si no pasan cosas peores es porque tenemos suerte. Aunque muchos no lo crean, aún no hemos sido expuestos a desafíos importantes. Y es mejor que no ocurran, porque no estamos preparados. Normalmente, los apagones son debidos a falta de inversión en las infraestructuras, con lo cual el deterioro de estas o los picos de consumo pueden crear estos inconvenientes, que en general se reparan con relativa rapidez. En muchos países en vías de desarrollo, los cortes de luz intermitentes son una realidad cotidiana y la gente se acostumbra a vivir con ello. Muchas veces, todo se reduce a un problema político. La liberalización y privatización del sector eléctrico a nivel mundial ha provocado grandes fallos en las redes debido a la falta de inversión, como pasó en California no hace demasiados años. Las energías renovables, que son una alternativa energética muy potenciada en la OCDE, producen un suministro inestable, especialmente la eólica, lo cual no ayuda para nada en casos de apagón. Pero no solo los propios problemas endógenos de la red —como el infradimensionamiento, la falta de mantenimiento, la falta de inversión o la no aplicación de tecnologías inteligentes— pueden ser causa de apagones, sino que existen causas exógenas, incluso combinadas con las anteriores, como posibles ataques terroristas, o peor, ciberterroristas o efectos del clima[266]. En cualquier caso, la causa más devastadora y difícil de predecir es un evento Carrington[267].

En 1859 tuvo lugar la más potente tormenta solar registrada en la historia, provocada por una llamarada X40, también conocida como evento Carrington. Una gran eyección de masa coronal del Sol provocó auroras «boreales» que llegaban hasta el Caribe. La tormenta geomagnética provocó el fallo de los sistemas de telégrafo en toda Europa y Norteamérica. En 1989, una tormenta geomagnética provocada por llamaradas tipo X15 del Sol provocó un apagón de doce horas en Quebec. Los efectos de un apagón son para nosotros la pedagogía del colapso energético. Con su carácter repentino y masivo, rompe la vida cotidiana. Veamos los efectos provocados por este tipo de fenómenos.

Los efectos inmediatos de un apagón se miden en sus primeras veinticuatro horas:

- *Transporte*: Metro, tranvía y tren dejan de funcionar. La gente queda atrapada en el metro. Las personas no pueden alcanzar sus destinos y sus hogares y deben permanecer donde están. Los semáforos dejan de funcionar, provocando accidentes y caos circulatorio. El tráfico aéreo se queda sin control y sin comunicaciones, provocando accidentes y situaciones de riesgo. El tráfico marino se queda sin comunicaciones ni radares, provocando también accidentes y situaciones de riesgo. La gente se queda atrapada en los ascensores.

- *Ordenadores*: Todos los que no están conectados a SAI dejan de funcionar.
- *Comunicaciones*: La telefonía móvil deja de funcionar. En el caso de tormenta solar, habría que incluir todo tipo de satélites artificiales y comunicaciones de radio. Todo ello dificulta o imposibilita los rescates.
- *Incendios*: Normalmente, los problemas en la red eléctrica suelen ir acompañados de incendios.
- *Cajeros automáticos*: Dejan de funcionar.

Todo ello hace colapsar la vida cotidiana de las áreas afectadas. Normalmente, si las redes eléctricas de los diversos países están interconectadas, el país afectado puede comprar electricidad a otro, hasta que consigue normalizar la situación, pero en un evento Carrington las áreas afectadas serían tan grandes que esto no sería posible.

Los efectos a largo plazo empiezan en tan solo setenta y dos horas:

- *Alimentación*: Los supermercados cierran. La cadena de frío se rompe en todo tipo de almacenes frigoríficos. El suministro alimentario queda comprometido. La rotura de la cadena de frío también afecta a las reservas de vacunas de los hospitales.
- *Agua*: Las restricciones de agua aumentan. Las bombas que hacen subir el agua a los pisos dejan de funcionar. El suministro de agua potable queda comprometido.
- *Gasolina*: Las gasolineras dejan de funcionar, ya que las bombas funcionan con electricidad. Qué decir de los puntos de recarga para los coches eléctricos.

— *Servicios críticos*: Los hospitales, las centrales nucleares y los *data center* dejan de funcionar, agotadas las reservas de sus generadores de diésel. Esto hace difícil solucionar las emergencias. No pueden realizarse intervenciones quirúrgicas, no pueden funcionar las UCI y todos los servidores que sirven para coordinar las emergencias van dejando de funcionar. Lo mismo ocurre con cualquier tipo de transacción: compras que no sean en *cash*, mercado bursátil, etcétera.

— *Industria*: La industria se paraliza y el desabastecimiento de mercancías se generaliza.

— *Agricultura*: La agricultura industrial deja de funcionar. Los regadíos utilizan bombas eléctricas.

— *Residuos*: Fallos en el sistema de alcantarillado y tratamiento de residuos. La salida a la superficie de las aguas fecales puede provocar graves problemas de salud pública. También es bastante probable que se dejen de recoger las basuras y que se improvisen basureros.

— *Stocks:* Agotamiento de reservas para la supervivencia: mantas, linternas, latas de comida, etcétera.

— *Gaseoductos*: Deja de funcionar el suministro de gas. En invierno esto provocaría la falta de calefacción y empeoraría notablemente la situación de la población.

— *Seguridad*: La falta de seguridad sería total. Probablemente se decretaría un estado de sitio con toque de queda, prohibiendo la salida de la gente durante la noche, vigilada por el Ejército. Imperaría el saqueo y la organización de bandas criminales armadas que suelen ir del centro a la periferia.

El apagón se convierte en colapso en tan solo setenta y dos horas. Es como la ley de Murphy, pero a lo bestia, geométricamente. Si una cosa puede ir mal, irá mal y hará que, al menos, otras dos cosas vayan mal, y así progresivamente. Los servicios van dejando de funcionar y las soluciones también. Los daños se van agravando con el paso de los días. No estamos preparados para aguantar restricciones eléctricas masivas y permanentes. El gran apagón es uno de los riesgos sistémicos más importantes que las aseguradoras tienen bien contemplado —aunque no dotado económicamente, porque es imposible—, pero del que se habla bien poco. Preferimos aterrorizarnos pensando que algún asteroide pueda caer sobre la Tierra o que unos maliciosos marcianos vendrán a destruirnos.

Pero ¿qué pasaría si estos apagones ya no se produjeran por problemas técnicos o por un evento Carrington, sino por graves problemas de suministro global? ¿Sin carbón, sin petróleo, cuánta electricidad podríamos aprovechar? ¿Qué pasaría si tuviéramos que planificar largos periodos de tiempo sin electricidad? ¿O racionar la electricidad por sectores y actividades? ¿Cuáles serían nuestras prioridades? ¿Hospitales o móviles?

Estas pueden ser las graves restricciones a las que tendremos que hacer frente si no encontramos soluciones para dotar de suficiente energía a nuestras sociedades. Como se diría, estos terribles apagones son tan solo una pequeña ilustración de lo que puede llegar a pasar. Es quizás la idea más cercana, la imagen más palpable de lo que puede ser un colapso. De momento, como resalta Gail Tverberg, las tasas promedio de crecimiento del PIB a tres años para las economías de la OCDE, según datos del Banco Mundial, tienen una marcada tendencia hacia la baja desde los años sesenta, y el factor principal es la caída de la oferta de petróleo[268]. Parece que el consumo de petróleo y el crecimiento del PIB están correlacionados, pero cuando se aprecia escasez, entonces se pone en funcionamiento el principio de máxima potencia o principio de Lotka, donde los animales más adaptados luchan por sobrevivir ante la falta de recursos. En nuestro caso, las élites que tienen el poder, así como las naciones poderosas, intentan hacerse con el dominio de los recursos naturales. Según datos de la EIA (Energy Information Administration), de 1900 a 1973 el precio del petróleo fue extremadamente barato, menos de cuatro dólares. En 1974 aumentó más del doble y siguió su subida imparable hasta 2005; a partir de entonces, no baja de los cincuenta dólares, y muchas veces ha estado rozando los cien dólares. Como hemos visto, el precio del petróleo, aparte de las manipulaciones propias del cartel de la OPEP, de los derivados financieros sobre el petróleo y del alto costo económico y energético de extracción (EROI) afectan directamente al crecimiento económico[269]. Desde 1974 el consumo de petróleo descendió y nunca volvió a superar los ochenta gigajulios per cápita.

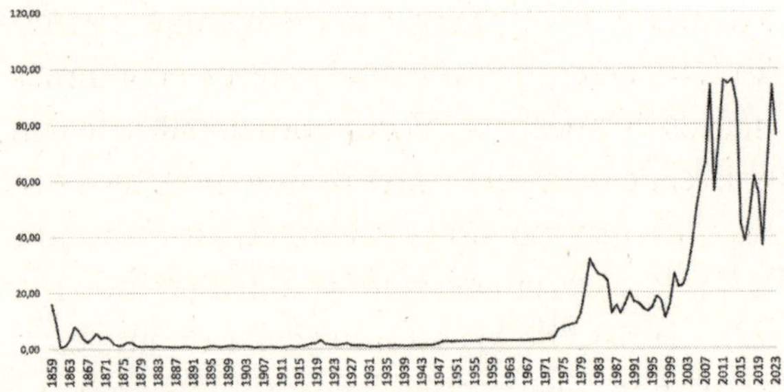

Gráfico 4.4. Precio de compra del barril de petróleo de EE. UU. El petróleo barato se acabó. (Fuente: EIA)

La Gran Depresión del año 1929 también fue por una causa energética. Si nos atenemos a los datos de producción de carbón en Reino Unido, el productor líder mundial en ese momento, vemos que en 1913 se llega a su pico e inicia un fuerte descenso. En EE. UU. el pico se alcanza en 1918 y se realiza una expansión monetaria que falsifica un crecimiento económico que acaba con la crisis del 29. El aumento de costes de extracción y el agotamiento de las minas tradicionales complican la situación que desencadena un periodo hiperinflacionario. Las convulsiones energéticas provocan una gran crisis económica y dos guerras, hasta que se sale de ese periodo con EE. UU. como líder y el petróleo como nueva fuente de energía.

> Las economías energéticamente independientes son Estados Unidos, Rusia, Arabia Saudí, Emiratos Árabes Unidos, Japón, Suecia, Suiza, Australia, Dinamarca e Irán. Para estos países, el umbral de seguridad energética es bastante alto; excede el valor previsto tanto a corto como a largo plazo. Esto confirma que los países energéticamente independientes son líderes del mercado y sus estrategias energéticas pueden influir en la situación energética general[270].

Ante la disponibilidad energética menguante, algunos autores se plantean el decrecimiento como política económica progresista. «¿Cuántos de nuestros valores tradicionales de consumidores con un nivel de vida del Primer Mundo podemos permitirnos conservar?»[271] En cambio, otros hablan de superabundancia. Los autores Tupy y Pooley han desarrollado una serie de interesantes cálculos sobre la base de los estudios del economista antimaltusiano Julian Simon. Las cálculos muestran un gran aumento de la productividad, utilizando la categoría precio-tiempo[272] (precio nominal monetario/ingreso nominal por hora), coincidente con el aumento de la población. Sin embargo, las series temporales son muy pequeñas. Precisamente, los cálculos muestran que, en todo lo que tiene que ver con la energía —como el petróleo y el carbón especialmente, pero también con el gas natural—, el TCCA-ARpc (tasa compuesta de crecimiento anual de la abundancia de recursos per cápita) es muy pequeño o incluso negativo: -0,5 % petróleo y gas natural 0,5 %; y en los últimos años y desde 1900, petróleo 0,57 % y carbón 0,95 %, los peores valores de la tabla comparado con el caucho, que tiene un 4,43 %[273]. Lo que quiere decir es que, precisamente, aunque en todo el resto de mercancías se han conseguido sorprendentes eficiencias, gracias a la superabundancia de mano de obra no ocurre lo mismo con la energía. Ni la innovación, ni la tecnología, ni la productividad cambian la situación de los recursos energéticos, cada vez menos rentables. Tampoco se pueden comparar productos como el maíz o el petróleo, pues este último no puede cultivarse. El problema sigue siendo la energía. Y también la causa. La población mundial pasó de 1000 millones a unos 2000 millones aproximadamente desde 1800 a 1927 por el carbón y, desde entonces hasta la actualidad, ha llegado hasta los 8000 millones en virtud de la abundancia del petróleo barato. No creo que los neomaltusianos tengan razón, nadie tiene derecho a eliminar una parte de la población mundial por los posibles problemas de recursos y, sin duda, tenemos que hacer un esfuerzo por gestionar mejor los excedentes energéticos, pero debemos de entender que la física es implacable, y asumir que somos una especie que se extinguirá y que no puede vivir ahorrando energía. Gestionándola mejor puede durar más, o comprar tiempo mientras intentamos descubrir cómo aprovecharnos de alguna nueva fuente de energía. En todo caso, el espíritu de cooperación del enfoque de superabundancia parece muy positivo y siempre puede ayudar a mejorar la situación. Tampoco hay que olvidar la ley de Liebig, que afirma que el crecimiento no depende del excedente total de los recursos disponibles, sino que la medida está en el excedente del recurso más escaso. El elemento más insignificante para la vida es crucial para esta.

El PIB está correlacionado con el consumo de energía, pero esto no lo explica todo. Especialmente interesante es el indicador llamado intensidad energética del PIB, es decir, la cantidad de energía que se necesita para producir 1000 USD de PIB. Con esto vemos como los países en vías de desarrollo, en comparación, consumen más energía en términos relativos que los avanzados. Por ejemplo, EE. UU. precisa 4,30 MJ por 1000 USD de PIB, calculado en dólares constantes de 2017[274].

España necesita 2,66 MJ, pero la República Democrática del Congo estaría en 13,43 MJ, Islandia en 12,88 MJ, China en 6,37 MJ, Rusia en 8,15 MJ o Zimbabue en 13,70 MJ. Además, estos ratios de energía/PIB son declinantes en el tiempo desde los años cincuenta en los países desarrollados, y en EE. UU. desde los años setenta con la primera crisis del petróleo. Algunos autores señalan que estos resultados indican:

> La reducción histórica de la relación energía/PIB está asociada a cambios en los tipos de energías utilizadas y los tipos de bienes y servicios consumidos y producidos. Los rendimientos decrecientes de las energías de alta calidad y del consumo continuo de bienes de sectores con uso intensivo de energía, como el manufacturero, implican que la capacidad de cambios en la composición de entradas y salidas para reducir la relación entre energía y PIB real es aún más limitada[275].

Hay que desarrollar la bioeconomía en relación a la economía monetaria, estableciendo nuevas contabilidades del dinero respaldadas en la energía[276]. Hay que asumir con humildad los principios de la física, porque ignorarlos solo nos hace más crueles y más agresivos, pero no soluciona los problemas. Y dentro de esas reglas del juego, que algunos pueden calificar de desfavorables, debemos mantener la paz y la prosperidad hasta el día final. Con dignidad. El problema no es el cambio climático, el problema es la energía limitada y la solución es nuestra inteligencia para gestionarla. De momento aún queda mucha energía, pero parece que de inteligencia no vamos sobrados. Por tanto, si decrecemos, lo debemos gestionar con inteligencia y eficiencia, para mantener unos estándares de prosperidad. Podemos prescindir de los artículos de lujo, pues esos solo tienen justificación para la aristocracia neofeudal, pero, por ejemplo, no debemos renunciar a la calefacción y al agua caliente, a almacenar los alimentos en frío y a canalizar nuestros desechos.

4.5. La tasa de deterioro de la prosperidad

Hemos visto como el fin del petróleo barato es una de las causas del descenso de la prosperidad y del aumento de la pobreza. También sabemos que es imposible reemplazar a los combustibles fósiles. La descarbonización o la transición energética son entelequias, y el decrecimiento, no como ideología, sino como problema, es una realidad con la que hay lidiar.

Como hemos visto, la economía es un sistema energético. Cuando existe un excedente, las sociedades pueden desarrollarse económicamente; de lo contrario, permanecen en la simbiosis tribal con la naturaleza, careciendo del mínimo confort. Las grandes civilizaciones se han creado sobre un excedente de energía. Antiguamente, la madera fue el principal almacén de energía. También el excedente de cultivos permitió el almacenamiento de comida, para utilizar ingentes cantidades de mano de obra, como fue el caso del antiguo Egipto. El acceso a una determinada fuente de energía abundante es lo que ha ido determinando la primacía de algunas naciones a lo largo de la historia. El carbón, por ejemplo, permitió al Reino Unido liderar la primera etapa del capitalismo, pero el petróleo norteamericano acabó decantando la balanza hacia Estados Unidos. Posteriormente, el acuerdo entre EE. UU. y Arabia Saudí disparó el crecimiento de la economía internacional, así como de la población mundial y del poder global del dólar. Sabemos que para acceder y poder utilizar la energía hay que utilizar también energía, lo que no se refleja adecuadamente en la economía ortodoxa. Ya hemos hablado del EROI, pero hay otra medida similar llamada ECOE (*energy cost of energy*)[277] que es el coste energético propiamente dicho, mientras el EROI es la medida inversa, el retorno de la inversión energética, es decir, cuánta energía obtenemos por energía utilizada en el proceso de captación energética.

Hay autores que distinguen hasta cuatro tipos diferentes[278] de EROI. Hay un EROI total, llamado societario, y también podemos distinguir uno por fuente de energía, incluso diferenciándolo por territorios. El petróleo en 1919 tenía un EROI de descubrimiento energético en EE. UU. de 1229,48 %, mientras en 2007 tan solo era de 5,02 %. A nivel de EROI de producción del petróleo se pasó del 15,79 % en 1919 a 10,65 % en 2007. Sin embargo, al usar cada vez mayores cantidades de energía directa e indirecta, la ganancia energética neta pasó de 2,70 EJ (exajulios) en 1919 a 37,99 EJ en 2007[279]. La energía es cada vez más cara, y cada vez hay que gastar más energía para conseguirla. A partir del año 1963, una vez conseguido un óptimo tecnológico, la ganancia resultó estable, mientras el gasto de energía ha ido ascendiendo y el EROI se ha ido reduciendo paulatinamente.

Tim Morgan, analista de inversión especializado en energía, tras escribir su libro *Life After Growth: How the global economy really works* ha desarrollado a través de su blog *Surplus Energy Economics* un sistema llamado SEEDS (*Surplus Energy Economics Data System*), que ofrece una perspectiva interesante de la relación inversamente proporcional entre el aumento de los costes de energía y la reducción de la prosperidad. A pesar de que no tiene una validez científica, pues el autor ha decidido no compartir ni sus fuentes de datos ni sus cálculos, la propuesta tiene mucho interés, aunque cabe aún esperar futuros desarrollos en la incipiente ciencia de la bioeconomía que mejoren las estimaciones que podemos hacer hoy en día. Morgan intenta separar la economía financiera de la real, para no caer en la propaganda estadística que falsea la realidad y, en eso, es todo un experto. Con todas las salvedades técnicas que podemos constatar, la intuición general de Morgan es que la prosperidad, calculada como el PIB per cápita, después de restarle todos los elementos generados por la expansión monetaria es una función del coste de energía. Y los hechos le acompañan.

Al resultado lo llama C-GDP (*clean*-GDP o PIB ajustado). Me parece una digna tentativa. Recordemos que el PIB se calcula normalmente como PIB = consumo + inversión + gasto público + (exportaciones - importaciones) y, aunque no es una medida precisa de la riqueza de un país, es la que se utiliza. El modelo SEEDS lo mejora, aunque echamos en falta variables complementarias como la densidad de energía, la pérdida de energía por almacenamiento o por transporte, los límites físicos, etcétera. Lo que está claro es que se intenta buscar un nuevo punto de equilibrio al equiparar la oferta y la demanda de energía, por más cara que esta resulte a nivel monetario o energético. Si un bien es más escaso ahora que antes, su precio real sube, o su coste en el caso de la energía, y eso nos hace más pobres, pero este es un hecho clave que la economía ortodoxa no refleja. El gran problema de los costes energéticos es su visión cortoplacista, porque si un recurso es limitado deberíamos tener en cuenta cómo mitigar su impacto en la economía. El producir con un EROI bajo lleva al deterioro futuro de la prosperidad, pero, ya que en el discurso oficial esta contabilidad energética no existe, al ciudadano le resulta imposible saber cuál es la verdadera causa de su bolsillo menguante. Los gobernantes aumentan la oferta monetaria para aliviar las crisis económicas y seguir creciendo de alguna manera, pero eso provoca inflación y pobreza. Sin embargo, la causa profunda del decrecimiento occidental es que, en pocas décadas, el petróleo ya no es lo que era. Cuesta mucho encontrarlo, cuesta más extraerlo, cada vez es de peor calidad, los beneficios económicos se reducen y las inversiones monetarias se cortan de cuajo porque son cada vez más elevadas. La gravedad de la crisis energética no se puede detectar en el corto plazo. Las variaciones de EROI son mínimas, pero en pocas décadas los cambios son considerables. El globalismo intenta gestionar la crisis energética en su favor. Y esto significa el agotamiento del capitalismo financiero actual o neofeudalismo. El globalismo tiene pendiente un ajuste o, mejor dicho, una masiva destrucción de activos ajenos para mantener el valor de los suyos.

Al analizar los EROI es necesario tener en cuenta dos umbrales. El inferior es el umbral de viabilidad que probablemente se sitúa en un EROI de aproximadamente 6 % (o un ECOE de alrededor del 14,2 %). El punto de referencia superior es el umbral de inversión que se sitúa alrededor del 14 %. Según Morgan, una vez que el costo de la energía alcanza el límite de 14 % o un ECOE de aproximadamente el 6,7 %, todo el excedente de energía restante se requiere para el consumo actual, por lo que la economía deja de ser capaz de invertir. Superar el umbral de inversión significa que, si bien una economía puede seguir funcionando, es incapaz de formar capital y no puede reemplazar los activos que se desperdician. Entre los ejemplos de economías cuyos EROI están ahora por debajo del umbral de inversión del 14 % se incluyen Estados Unidos (12,7 %), Francia (10,3 %), el Reino Unido (9,1 %) y Alemania (8,2 %). Esto significa aumento de precios y búsqueda de EROI mejores, pero no es una solución definitiva. Produce pobreza y saqueo.

La intuición de Morgan es fundamental. Ese EROI o ECOE es una dimensión oculta en la economía oficial. Por ejemplo, no es lo mismo un hipotético PIB de 100 lidiando con un ECOE del 5 % que del 10 %, porque al descontarlo a la misma cantidad monetaria tendríamos un PIB de 95 o 90, con lo cual la renta social disponible es menor de lo que se dice. Esto hace que la ECOE sea un factor clave de la prosperidad[280]. La economía mundial destaca por el aumento inexorable de la ECOE en los últimos años. Este proceso degenerativo necesariamente socava la prosperidad, porque erosiona la cantidad disponible de excedente energético per cápita. La prosperidad promedio mundial ya ha disminuido ligeramente, pero las estimaciones a futuro son muy incómodas. Es el mencionado acantilado del EROI. Si el dinero en el bolsillo aumenta después de los gastos esenciales, que son aquellos directamente afectados por la energía, quiere decir que hay prosperidad. Un cálculo similar a SEEDS se podría realizar de la siguiente manera:

– El PIB per cápita en España en 2022 fue de 29.674,54 EUR
– Los ingresos fiscales per cápita en el mismo año fueron 10.641 EUR
– La renta bruta disponible (RBD) sería 19.033,54 EUR
– La inflación en 2022 fue del 5,7 %
– Con lo que obtenemos una RBD ajustada a inflación de 17.948,63 EUR
– Adoptando las tablas del sistema SEEDS, en 2002 habría un ECOE del 9 %, con lo que obtendríamos una RBD ajustada (al ECOE) de 16.333,25 EUR.

Como la prosperidad está anclada al crecimiento de la economía real, se constata como la mejora de la RBD a través de los años. Para 2024 se prevé un ECOE del 9,6 %. De seguir igual, la RBD ajustada nos daría 16.225,56 EUR. Para 2030 se alcanzaría una ECOE del 12,2 %, lo que arrojaría una renta de 15.749,92 EUR. Aquí tenemos el deterioro de la prosperidad, que la expansión monetaria intenta disfrazar. Pero además hay que tener en cuenta que la deuda per cápita es de 31.277 EUR, aunque se paga solo un 2,4 % del PIB en intereses de deuda. ¿Qué pasaría sin esa capacidad de endeudarse? Pues la bancarrota técnica de la mayoría de los ciudadanos. Uno se puede endeudar para mejorar haciendo inversiones productivas, pero no para sobrevivir.

Los países con independencia energética, como Rusia o China, consiguen crecer. Los países con soberanía energética como India gestionan mejor sus recursos, pero los dependientes energéticamente y, además, cuyas políticas las dictan organismos extranjeros como en la Unión Europea, tienen serias dificultades. Según el SEEDS, la ECOE de los combustibles fósiles ha aumentado exponencialmente: del 2,6 % en 1990 al 4,1 % en 2000, al 6,7 % en 2010 y al 9,9 % en la actualidad. Dado que los combustibles fósiles siguen representando cuatro quintas partes del suministro de energía, la tendencia en el ECOE mundial en general ha seguido una trayectoria exponencial similar, alcanzando el 8 % en comparación con el 5,9 % en 2010 y el 3,9 % en 2000. Según Morgan, esto obligará a la economía a centrarse en bienes esenciales a largo plazo. Cree que, más que una desglobalización, lo que habrá es una simplificación de las cadenas de valor y un ajuste entre la economía real y la financiera.

En el ámbito científico, también algunos autores siguen la senda de Morgan.

> Vemos que la productividad del sector energético, parametrizada y medida mediante los indicadores de NER o GER, está directamente relacionada con la prosperidad del proceso de producción, medida como la fracción de la producción de un sector determinado que puede asignarse a productos discrecionales. A medida que el sector energético se vuelve menos productivo, consume más materiales, mano de obra y energía, y la producción de los demás sectores de la sociedad se dedica cada vez más a satisfacer la demanda interindustrial del sector energético[281].

Estos científicos, además, han comparado el EROI societario (de un país) con diversos índices como: uso de energía per cápita, LEI (*lambert energy index)*, HDI (*human development index*), porcentaje de niños con bajo peso, gastos de salud, índice de desigualdad de género, tasa de alfabetización y acceso a agua potable mejorada. Y la correlación entre energía accesible y barata, con estos índices de prosperidad tan diferentes, es sorprendentemente alta[282].

El profesor Charles H. S. Hall ha replicado de manera brillante los argumentos de los economistas en contra del declive del EROI sostenido por los bioeconomistas.

#	Argumento económico	Contrargumento bioeconómico
1	«La participación de la energía en los costos es solo del 5 % al 10 % del PIB, por lo que la contribución de la productividad energética al crecimiento es mucho menor que las contribuciones de la productividad laboral, la productividad del capital y la innovación».	«Sostengo que, en cambio, la participación de bajo costo de la energía es la razón de su importancia: la energía ha sido barata en relación con su importancia en la producción económica, que Kummel ha demostrado que es mayor que el capital o el trabajo. También se puede ver la importancia de la energía en el análisis de Hamilton10, quien descubrió que, siempre que los costos de la energía se acercan al 10 % del PIB, se produce una recesión».
2	«La energía es solo un insumo del costo de producción de energía. Todos los demás insumos también importan. Si el insumo de energía es alto (por lo que el EROI >1:1 pero muy bajo), pero los otros costos de insumo son mínimos, entonces no es un problema. Mientras los otros costos de insumo sean muy bajos, se puede hacer tanto como se desee».	«El precio y la eficacia del capital y el trabajo también están determinados en parte por la eficiencia de la economía energética. Si el EROI es muy bajo, entonces una porción mayor de toda la actividad económica, incluidos el capital y el trabajo, debe dedicarse al sector energético, lo que aumenta los costos de todo. Si bien es cierto que una disminución del EROI probablemente tiene un impacto relativamente pequeño cuando el EROI está por encima de 10 o 20:1 (es decir, lejos del precipicio energético), nuestros principales combustibles se han estado acercando o bajando de ese nivel recientemente».

3	«Lo que realmente importa no es el EROI, sino el costo».	«Eso puede ser cierto, pero King y Hall descubrieron que para el petróleo y el gas de EE. UU., los costos y el EROI son estadísticamente inversos. Sí, y a medida que el EROI continúe disminuyendo en el futuro, los costos de la energía aumentarán inevitablemente. Lambert y otros desarrollan argumentos y datos sobre por qué los EROI relativamente altos son importantes para brindar los servicios que necesitamos».
4	«Los precios del petróleo están bajos en este momento, lo que sugiere que el EROI no está cayendo a un nivel bajo, o que si está cayendo a un nivel bajo, entonces esto no está afectando el costo».	«Los precios del petróleo, corregidos por inflación, están a un precio históricamente moderado. Parte de la razón puede ser que el precio reciente alto y todavía moderado del petróleo puede haber frenado el crecimiento económico en los países de la OCDE, consistente con el modelo de Murphy y Hall. La oferta y la demanda también influyen en los precios, y la oferta ahora es relativamente alta en relación con la demanda, que ha sido estable. La mayor parte del pequeño aumento en la producción mundial de petróleo se debe a la tecnología de fracturación hidráulica en los Estados Unidos, donde los precios son bajos en parte porque las compañías petroleras no están obteniendo beneficios».

5	«Si la caída de la EROI no ha hecho mucha diferencia en los costos hasta ahora es porque no hay mucha diferencia entre 100:1 y 10:1. No se esperaría que esto hiciera mucha diferencia en los costos o produjera mucha diferencia en la inversión».	«De hecho, los cambios en la EROI tienen un impacto mucho mayor en valores bajos (<10:1) que en valores altos (el "acantilado energético" de Euan Mearn). Pero muchos de los principales suministros de energía del mundo están en o cerca de 10:1, y están disminuyendo rápidamente».
6	«Si el EROI disminuyera a un nivel lo suficientemente bajo como para hacer una diferencia en los costos, entonces esperaríamos que en ese punto la señal de precios conduzca a una mayor inversión, progreso tecnológico y a un aumento del EROI».	«Mayores inversiones en dinero generalmente significan mayor inversión en energía. Hay poca o ninguna evidencia de que las inversiones conduzcan a un EROI más alto para los combustibles convencionales; de hecho, el EROI de todos los principales combustibles fósiles que conocemos está disminuyendo a pesar de las considerables inversiones en tecnología».
7	«¡No hay un problema de escasez de combustibles fósiles. La evidencia es que hay enormes cantidades de recursos no convencionales, y apenas estamos rascando la superficie. Hay mucho más de lo que podemos utilizar si vamos a limitar el cambio climático de acuerdo con el objetivo de 2 °C».	«No hay duda de que quedan enormes recursos de combustibles fósiles de baja calidad. Pero aquí es donde el EROI se vuelve crítico: esencialmente todas las alternativas a gran escala tienen un EROI más bajo. Por ejemplo, las arenas bituminosas tienen un EROI de alrededor de 4:1 y los esquistos bituminosos de Colorado cerca de 1:1. Hasta ahora, los numerosos esfuerzos para explotarlos han fracasado o son económicamente marginales».

8	«La experiencia hasta ahora es que la señal de precio tiene un efecto muy fuerte en la apertura de nuevas tecnologías, nuevas reservas y sustitución; por lo que, incluso si los precios suben en el futuro, eso no es necesariamente algo malo».	«Exactamente: en un sentido ricardiano, los humanos utilizan primero los recursos de mayor calidad y alto EROI. Esto lo hemos hecho con los combustibles fósiles durante décadas y siglos. El EROI de todos los recursos energéticos convencionales (excepto el carbón estadounidense) ha estado disminuyendo a medida que el agotamiento ha sido más importante que las mejoras técnicas. Ya estamos agotando los mejores recursos petrolíferos obtenidos por fracturación hidráulica (por ejemplo, el condado de Montrose, Dakota del Norte) a pesar de que la producción y el EROI de nuestros tradicionales "elefantes", los grandes campos que aún suministran la mayor parte de nuestro petróleo, pero ya no se encuentran, disminuyen»[283].

Tabla 4.1.

Antes de llegar a problemas de escasez de energía reales, el EROI hará aumentar los precios hasta límites prohibitivos para la gran mayoría de los mortales, pero no para las élites. Otro factor a tener en cuenta es que el gran consumo energético está en los países en vías de desarrollo, por su falta de eficiencia energética y sus tasas de natalidad desbocadas, a pesar de ser muchos de ellos exportadores netos de energía. También las políticas de energías renovables que se realizan a base de subvenciones públicas que aumentan la deuda y los impuestos[284]. Morgan llega a plantearse incluso si la deuda está en gran parte impulsada por la energía, ya que constata una correlación entre el EROI o ECOE y la deuda soberana[285].

A estos problemas de excesiva velocidad de consumo energético, la tecnología no nos puede ayudar demasiado. Sabemos por la paradoja de Jevons que no se puede ahorrar energía; lo que no gasta uno, lo gasta el otro. Las ganancias de eficiencia energética de la energía tienden a aumentar su utilización. La única solución en el horizonte es descubrir nuevas fuentes de aprovechamiento de energía, como la nuclear de fusión, que dependen de la investigación en ciencia base y esto es algo que se está desatendiendo completamente. O que la minería espacial se convierta en real. Luego está el qué hacer con la situación, y esto es algo en lo que todos tenemos que estar involucrados. Si los recursos son limitados, algún día encontraremos el límite, tanto si decrecemos como si no, y hay que entender que irremediablemente la especie desaparecerá, pero debemos decidir cómo vivir con dignidad hasta entonces.

Se han propuesto mejores sistemas de cálculo que el del PIB[286] para reflejar la riqueza de un país. El más prometedor es el GPI[287] (*genuine progress indicator*), a pesar de que no ha conseguido estandarizarse. Si comparamos el PIB per cápita con el GPI per cápita, observamos que aunque el PIB formalmente crece, el GPI decrece desde 1975, aproximadamente al mismo tiempo que la huella ecológica global excedió la biocapacidad planetaria.

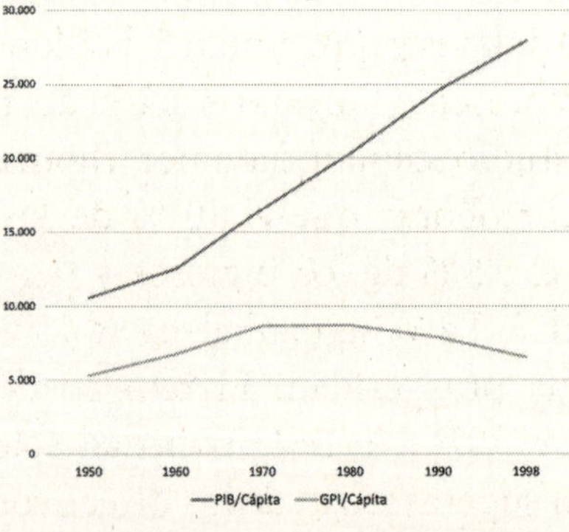

Gráfico 4.5. Evolución PIB per cápita y GPI per cápita. Decrecemos. (Fuente: Redefining Progress[288])

Con la pérdida de la prosperidad y de la paz encontramos el otro fenómeno vinculado, que es el del aumento espectacular de la riqueza entre los más ricos. Si miramos la valorización de los activos financieros y la renta del 1 % más rico del mundo, siguen las mismas fluctuaciones[289], con lo que vemos que está directamente correlacionado. En 2022, en EE. UU. había 22.710 millonarios; en segundo lugar, estaba China con 6231 y Francia tenía 2821[290]. Siguiendo este informe de UBS podemos ver la pirámide de la riqueza mundial, que nos muestra una fotografía impactante de la enorme desigualdad en la distribución de la misma. Unos sesenta millones de personas a nivel global, lo que representa el 1,1 % de la población, tienen más de un millón de dólares y en total acaparan 208,3 billones de dólares. Son el segmento que detenta mayor riqueza. Si hacemos un *zoom* sobre esa punta de la pirámide, podemos ver que en la parte superior hay 243.060 personas con más de cincuenta millones de dólares; 2.510.320 personas que tienen de diez a cincuenta millones de dólares; 5.087.930 personas que tienen de cinco a diez millones de dólares y 51.549.760 personas que atesoran de uno a cinco millones de dólares. En la parte inferior de la pirámide tenemos 2818 millones de personas que conforman el 52 % de la población mundial, que tienen menos de 10.000 dólares y que suman 5,3 billones de dólares de riqueza, lo que representa tan solo el 1,2 % del mundo.

Según otro estudio, capitaneado por Thomas Piketty, también podemos corroborar que el 10 % de los más ricos del mundo detenta el 52 % de los ingresos y tiene el 76 % de la riqueza mundial[291]. La desigualdad ha ido aumentando con el descenso de la prosperidad. El retorno del capital crece más rápido que el PIB. No es la sociedad solo del descenso, es también la del superascenso de los directivos y rentistas. La riqueza de las clases medias se ha ido transfiriendo a las clases altas en las últimas décadas. El encarecimiento de la energía está reduciendo el Estado social y el empobrecimiento en

Occidente es cada vez más duro. Hemos tenido un crecimiento desigual al que ha seguido un decrecimiento también desigual. Más pobreza. Pero no solo hay que entenderla como privación material, sino social, por eso se habla de exclusión, porque ser pobre no solo es no tener dinero, sino ser segregado y expulsado de varias de las instituciones de la sociedad, como la pareja, la familia, el trabajo, la sanidad, etcétera. Pensemos en la desgracia de un sintecho: no es que no tenga de nada, es que vive fuera de la sociedad. Eso es la pobreza profunda. Pero lo mismo pasa con la prosperidad, con nuestro sueño de clase media, donde claramente la materialidad está relacionada con el crecimiento económico y el consumo energético.

Keynes, en su célebre conferencia dada en Madrid en 1930, «Posibilidades económicas de nuestros nietos», decía que el problema económico lo resolveremos al «dedicar nuestras energías adicionales a propósitos no-económicos[292]». El profesor Tim Jackson llega a afirmar que la «prosperidad sin crecimiento no solo es posible, sino deseable[293]», abriendo la posibilidad de una época de poscrecimiento. Si fuera posible ese crecimiento cero universal, porque todo el mundo pudiera tener sus condiciones materiales mínimas, y su crecimiento fuera solo espiritual y social, seguiríamos consumiendo energía; pero la realidad funciona al revés, ya que la física nos dice que las estructuras disipativas consumen el máximo ratio de densidad de energía posible hasta que mueren, y siempre tendrá que haber partes de la economía y de la sociedad que crezcan. El proyecto de las élites es el decrecimiento generalizado para concentrar el poco crecimiento para ellos. Una desigualdad mundial mayor está por venir. Los tráficos de inmigración ilegal sirven para devaluar y homogeneizar el nivel social entre las clases medias y bajas, para que nadie dependa de la riqueza del país. La prosperidad de las sociedades reside en la educación y en la tecnología y en economías participativas en vez de extractivas[294]. ¿Cuál debería ser nuestro proyecto al respecto?

5. EL PUNTO DE INFLEXIÓN: LA AUTODETERMINACIÓN MONETARIA

5.1. La desarticulación de la soberanía

El globalismo necesita debilitar y manipular a los Estados nacionales para expandir su poder y crecer económicamente. Se cambian las legislaciones en el mundo y se implementan nuevas regulaciones que permitan operar de manera más favorable. El objetivo es privatizar los Estados lo máximo posible, para gestionar el poder político y extraer riqueza. Las organizaciones mundiales promulgan recomendaciones legislativas que luego los políticos se ven obligados a poner en marcha en sus países. Los organismos internacionales como la ONU o la OMS sancionan políticas con su aureola de neutralidad burocrática, para que se implementen en todo el mundo. El expresidente de Estados Unidos Donald Trump en 2020 decidió no seguir financiando a la OMS. Según afirmó a los medios:

> Si la OMS hubiera hecho su trabajo de enviar expertos médicos a China para calibrar la situación de forma objetiva en el terreno y criticar la falta de transparencia de China, el brote se podría haber contenido en el foco con muy pocas muertes[295].

Los 194 Estados miembros de la OMS realizan sus contribuciones obligatorias, pero además existen las aportaciones voluntarias estatales y privadas. Estados Unidos en 2019 fue el mayor contribuyente neto, con 553 millones de dólares; el segundo fue la Fundación Gates, con 367 millones de dólares, y el tercero la Alianza GAVI (la autodenominada «Alianza para las vacunas»), con 316 millones de dólares, también liderada por la Bill & Melinda Gates Foundation, ya que son su principal donante privado, con 1808 millones de dólares[296]. Sumadas ambas aportaciones superan al mayor contribuyente. Comparando estas instituciones, la OMS, que tiene un presupuesto de 5600 millones de dólares, está a merced de la poderosa y gigante Alianza GAVI, que cuenta con 21.598 millones de dólares para su operativa. Este es un pequeño ejemplo del funcionamiento de la influencia discreta en muchas instituciones internacionales globalistas.

En su primera fase, el globalismo se encargó de conseguir el poder económico global a través del totalitarismo monetario y de prácticas de colonialismo encubierto muy agresivas, pero en una segunda fase se está dedicando a conseguir el control social. Es imprescindible el control social para gestionar la transición a un nuevo modelo económico y para frenar los desafíos de los contendientes contra el imperio del dólar, como son los BRICS+.

Hasta ahora, el globalismo había aplastado cualquier desafío al dólar. En el año 2000, Saddam Hussein insistió en que el petróleo iraquí se cotizara en euros, una decisión política que mejoró los ingresos iraquíes gracias al alza del euro respecto al dólar. No fue un desafío monetariamente importante, pero EE. UU. no se lo podía permitir y decidió abatir el régimen del partido Baaz. Otro ejemplo fue Muammar al-Gadafi. Su última propuesta fue plantear un banco panafricano que unificara a todas las naciones del continente y las dotara de una moneda única, soportada por las reservas de oro de Libia: el dinar de oro. Al final, quería crear una comunidad económica africana similar a la Unión Europea. Incluso habló de tener satélites de comunicación africanos. Todos sabemos cómo acabó la historia. Gadafi fue asesinado en 2011. Las imágenes de televisión de Hillary Clinton riéndose en directo por su muerte aún resuenan en nuestra memoria, como si de una psicópata se tratara: «llegamos, vimos, él murió». Años más tarde, las filtraciones de los *e-mails* de la secretaria de Estado por WikiLeaks revelaron la intencionalidad de la OTAN de acabar con el presidente de Libia: «es hora de que Gadafi se vaya»[297]. El mismo Gadafi pronunció en 2009 un histórico discurso en la ONU, donde criticó fuertemente la arbitrariedad en los incumplimientos de sus normas y resoluciones. Se refirió a la violación permanente del derecho internacional por parte de las grandes potencias y fue premonitorio en varias cuestiones, como las vacunas o su propio futuro.

> El futuro de la humanidad está en juego. No podemos quedarnos en silencio. ¿Cómo podemos sentirnos seguros? ¿Cómo podemos ser complacientes? Este es el futuro del mundo y nosotros, que estamos en la Asamblea General de las Naciones Unidas, debemos asegurarnos de que este tipo de guerras no se repitan en el futuro.

La soberanía política del Estado nacional, hoy en día, es tan solo un relato convincente para los ciudadanos de la mayoría de los países dependientes, pero la soberanía económica no tiene patria. La soberanía nacional ha sido sustituida por la soberanía global del imperio del dólar que ejerce su poder a través del totalitarismo monetarista. Las élites del imperio han construido una compleja gobernanza internacional con instituciones de prestigio como la ONU o la UNESCO, que representan un ideal regulativo para la humanidad y que también se llenaron de funcionarios de primera línea comprometidos con sus ideales, pero que han sido intervenidas, infiltradas y manipuladas de la misma manera que los Estados nacionales. Detrás de esa estructura de poder formal, a todas luces ineficiente y arbitraria —pensemos en el Consejo de Seguridad de la ONU—, existe una infraestructura de poder subterránea, a veces secreta, a veces discreta, o simplemente desconocida, o difícil de rastrear que se dedica a imponer la agenda globalista. Los excedentes monetarios, cuyos receptores primarios son las entidades financieras y las grandes corporaciones, al final acaban donando una parte de sus beneficios a las fundaciones que implementan la agenda globalista en la sociedad y en la política, mediante sobresueldos a gobernantes y a políticos[298], con inyecciones de dinero para medios de comunicación y agencias de influencia. Se trabaja por agendas y por proyectos, lo cual desconcierta a los ciudadanos, porque ese poder es extremadamente rápido y dinámico, y busca la mejor alianza para cada caso y el discurso más conveniente. A veces hay proyectos contradictorios u opuestos, no siempre está claro cuál es la mejor estrategia para conseguir un fin determinado, pero nunca ponen en peligro a la presunta estabilidad monetaria. El globalismo no tiene principios, o muy pocos. Tiene agendas y se basa en resultados. Funcionan o no funcionan. Se optimiza o se abandona, y se construyen nuevas. Se abren y cierran iniciativas como si fueran empresas. Hay centenares funcionando al mismo tiempo dependiendo del país y del ámbito de actuación. Compiten entre sí para comprobar cuál funciona mejor. Muchos políticos ya han sido entrenados para imponer las agendas políticas no votadas que les transmiten estas organizaciones discretas. El globalismo tiene sus propios medios secretos transnacionales, a veces dentro de los mismos servicios nacionales. Digámoslo así, ¿cómo una sociedad secreta no va a tener servicios secretos? No es fácil entender cómo funciona el poder no represivo, esa microfísica del poder generadora de sociedades. Zygmunt Bauman lo define con claridad:

> Las tres patas del «trípode de soberanía» han sufrido roturas irreparables. La autosuficiencia militar, económica y cultural, incluso la sustentabilidad del Estado —de cualquiera de ellos— dejó de ser una perspectiva viable. A fin de conservar su poder de policía para imponer la ley y el orden, los Estados tuvieron que buscar alianzas y ceder porciones crecientes de soberanía. Y cuando por fin se desgarró el telón, apareció un escenario desconocido, poblado por personajes extravagantes[299].

No es que volver a un Estado nacional no sea una cosa deseable, el problema es que, si un solo país lucha por independizarse del imperio, siempre estará en inferioridad de condiciones. Deberían ser varios países al mismo tiempo, pero eso tampoco es fácil. Quizás la única alternativa sea otro globalismo, pero de diferente tipo. Asistimos a la decadencia del imperio globalista actual. El monetarismo se enfrenta a desafíos imposibles y es difícil saber cómo evolucionará, pero va a haber oportunidades de hacer cosas diferentes. Nadie lo ha explicado mejor que Bauman:

> Dentro de su área de soberanía, los Estados nacionales se convierten cada vez más en ejecutores y plenipotenciarios de fuerzas sobre las cuales no tienen la menor esperanza de ejercer algún control. En la filosa opinión de un analista político latinoamericano de izquierdas, gracias a la nueva «porosidad» de las economías presuntamente «nacionales», los mercados financieros globales, en virtud del carácter esquivo y extraterritorial del espacio en que operan, «imponen sus leyes y preceptos sobre el planeta. La "globalización" no es sino una extensión totalitaria de su lógica a todos los aspectos de la vida». Los Estados carecen de los recursos o el margen de maniobra para sopor-

tar la presión, por la mera razón de que «unos minutos bastan para que se derrumben empresas e incluso Estados»[300].

Las élites han infiltrado sus líderes con ingentes cantidades de dinero para la expropiación de todas las instituciones del Estado y de la gobernanza internacional, además de controlar a todas las corporaciones clave en el mundo. Esta incautación de la soberanía popular cada vez es más profunda y más descarada, y se consigue con líderes vendehúmos y narcisistas como fueron Stalin o Hitler en su momento que actúan como meros ejecutores sin escrúpulos. La democracia ha sido usurpada. Los ciudadanos deciden menos que nunca, cuando idealmente nunca ha habido más medios para interactuar con la sociedad. El ideal organizativo de los globalistas es la Unión Europea, donde se vota un Parlamento con escasa utilidad y una Comisión todopoderosa que gobierna a espaldas de los ciudadanos, trabajando codo con codo con los mayores grupos de presión, incluyendo entre estos no solo a sectores económicos, sino también a Gobiernos y alianzas militares. La estrategia globalista necesita la disolución de los poderes locales. La nación se está convirtiendo en la cárcel de los pobres. Las élites viajan intensamente por el mundo con sus *jets* privados, porque el poder es transnacional; sin embargo, convertirlo en un único gobierno mundial resulta utópico para el filósofo Daniel López Rodríguez[301]:

> La pluralidad de instituciones que pretenden dominar el mundo (y teniendo además en cuenta la *dialéctica de clases y de Estados*) muestra por sí misma la imposibilidad de un gobierno único mundial, es decir, la pluralidad de instituciones globalistas niega irónicamente el monismo de la propia ideología globalista. Siempre hay conflictos en el que se enfrentan económica, social, cultural y militarmente diversos poderes.

> No hay armonía mundial que posibilite un Gobierno mundial por la propia pluralidad de los poderes y de la propia realidad.

En cambio, Jacques Attali dijo en una entrevista a *La Nación* que un gobierno mundial se puede hacer en diez minutos y que se logrará antes de 2050:

> Hay una forma muy simple, que es fusionar el Consejo de Seguridad de la ONU con el G-8: que todos los miembros del Consejo de Seguridad estén en el G-8, y viceversa. Naturalmente será necesario agregar a América latina, que no está en ninguno de los dos. Y a África. En segundo lugar, habrá que someter al Fondo Monetario Internacional (FMI), el Banco Mundial y la Organización Mundial de Comercio (OMC), para darle al Consejo de Seguridad una nueva legitimidad. Tercero, cambiar los estatutos del Consejo de Seguridad, para que todos los países puedan participar en las decisiones. Esto se puede hacer en diez minutos. No es demasiado complicado. A partir de ese momento habría un gobierno mundial. Se lo podría llamar de otro modo, para no darle miedo a la gente, pero tendríamos una auténtica estructura de gobierno[302].

Nadie está pensando en la democracia. Lo que queda de la soberanía es la deuda soberana. La deuda global pública y privada rondaba los 305 billones de dólares en 2022.

PAÍS	S&P
Australia	AAA
Canadá	AAA
Dinamarca	AAA
Alemania	AAA
Liechtenstein	AAA

Luxemburgo	AAA
Países Bajos	AAA
Suiza	AAA
Noruega	AAA
Suecia	AAA
Unión Europea	AA
Singapur	AAA
Estados Unidos	AA+
Austria	AA+
Finlandia	AA+
Nueva Zelanda	AA+
Francia	AA-
Taiwán	AA+
Emiratos Árabes Unidos	AA
Hong Kong	AA+
Catar	AA
Bélgica	AA
Reino Unido	AA
Corea del Sur	AA
República Checa	AA-
Irlanda	AA
Eslovenia	AA-

Tabla 5.1. Deuda soberana - calificación crediticia, mejores países. (Fuente: S&P)

El globalismo aboga por una soberanía nacional limitada, pero ejerce el dominio de los países a través de la gobernanza global. Desde la conciencia de esta realidad, el soberanismo, como vuelta a la soberanía perdida, es tan solo un movimiento de resistencia, pero no una alternativa. Lo parece, pero el globalismo ha cambiado el mundo para siempre. La vuelta a la soberanía política y especialmente monetaria parece un buen plan. Grecia lo intentó. Salir del euro era una idea de recuperar el país después de que la connivencia entre políticos nacionales corruptos y bancos internacionales dejara el país en la ruina. Desde el año 2001, Grecia incurrió en ingentes déficits presupuestarios, incumpliendo reiteradamente el Pacto de Estabilidad y Crecimiento de la UE, que limita el déficit público y la emisión de deuda pública, hasta el 60 % del PIB. Los dirigentes griegos manipularon las estadísticas oficiales, para ocultar las cifras de déficit y deuda a la Comisión Europea, asesorados por Goldman Sachs, cuando Mario Draghi era entonces la máxima autoridad del banco de inversión en Europa. La crisis financiera que estalló en 2008 agravó su situación económica y la gran deuda que afloró disparó los intereses ante el riesgo de impago. La famosa prima de riesgo. A partir de 2010, Grecia fue rescatada mediante la troika (UE/FMI/BM) a cambio de un severo ajuste económico. Los argumentos de Syriza, el partido en el Gobierno de Alexis Tsipras y de su ministro de Finanzas Yanis Varoufakis, fueron que una auditoria de la deuda contraída demostró que buena parte de esta se remontaba a la época de los Coroneles, a las Olimpiadas de 1997 y al megafraude de Goldmand Sachs y que, por tanto, no era una deuda legítima. Estos argumentos nada extremistas no fueron contemplados por la troika. Desde luego, la alternativa podía haber sido la soberanía monetaria, un *grexit,* pero el poder globalista aplastó al país. Se forzó la dimisión de Varoufakis y se aceptó uno de los ajustes más duros que se hayan hecho en la Unión Europea. La vuelta al dracma podía ser una buena solución teórica, pero el poder financiero hubiera hundido a Grecia aún más. Nadie se puede enfrentar en solitario al totalitarismo monetario, pero está muy claro que no hay soberanía sin emisión de moneda. En la Antigüedad, el rey, el soberano, era el emisor de moneda, acuñaba los soberanos y en eso se veía que detentaba el poder. No hay gestión social posible, no hay ejercicio de libertad económica, sin la capacidad de emitir la propia moneda. Veremos en el próximo capítulo cómo conseguirlo.

La única alternativa no es la vuelta al pasado, como profesan los mayores opositores conservadores a la agenda globalista, con el intento de restablecer la soberanía monetaria nacional y de vuelta al patrón-oro, así como a los obsoletos Estados nacionales. El mundo es un ecosistema único que necesita soluciones locales, pero también globales, transnacionales. Se necesita una gobernanza social diferente, donde el concepto de Estado y de la política deben cambiar radicalmente, para hacer frente a los retos del presente. La negatividad actual del globalismo es una fase destructiva que tiene como única ventaja el haber creado los pilares de una gobernanza internacional. Hay que cambiarla y utilizarla para propósitos más dignos. Por ejemplo, la energía es precisamente un activo que debe gestionarse de manera global. Por eso, el soberanismo no puede ser una solución a largo plazo contra el globalismo. La especie humana entera se enfrenta a los mismos problemas y la falta de colaboración solo acelerará su desaparición. Los riesgos para la humanidad como especie deben tratarse de manera global. El posglobalismo debería aprovecharse de la infraestructura global existente, para resolver los problemas reales de la humanidad. Un soberanismo internacionalista parece la resistencia más poderosa al imperio, pero, al estar arraigado en una estructura de poder obsoleta, su capacidad de duración será breve. El contrapoder real está en una articulación entre el soberanismo digital y la autodeterminación monetaria.

Carbonell nos habla de planetarismo[303]. Nos gusta la palabra —aunque no lo que propone—, como sinónimo de posglobalismo, de un globalismo alternativo que promueva una cooperación internacional con una soberanía distribuida. El globalismo es el mal necesario para crear una sociedad globalizada posglobalista. El posglobalismo no anula el localismo económico, no borra los rasgos culturales o étnicos diferenciales de cada uno, ni la historia común, pero los grandes problemas de la humanidad solo se pueden resolver juntos. Las élites culturales y de la inteligencia científica y tecnológica son las únicas que tienen una conciencia universal no colonialista que puede dar un vuelco a la situación. Superar el dominio de las élites financieras es una condición necesaria para el posglobalismo. No se puede revertir la globalización.

5.2. Soberanía y emisión de moneda

El sistema económico actual neofeudalista es una dictadura financiera, pero no una dictadura política al uso, rígida, visible, autoritaria, sino que se trata de un totalitarismo invisible, difuso, flexible, pero muy efectivo, que puede convivir con una democracia formal gracias a un dominio cultural casi completo.

El globalismo ha enterrado en el olvido todas las ideas que atacan su núcleo monetarista. Algunos autores clásicos merecen ser rescatados. Ya Oswald Spengler hablaba de estos temas, cuando señalaba al dinero[304] como causa de la decadencia de Occidente: «la dictadura del dinero progresa y se acerca a un punto máximo natural, en la civilización fáustica como en cualquier otra»[305]. También incide en la subsunción de la producción al mundo financiero, lo que hace borrar cualquier medida del valor por cuenta de energía o trabajo, siendo el poder bancario el único referente: «la progresiva emancipación con respecto al concepto de magnitud»[306]. Con mayor claridad, aduce:

> El pensamiento en dinero produce dinero: este es el secreto de la economía mundial. Cuando un organizador de gran estilo escribe un millón en un papel, el millón existe, pues su personalidad como centro económico garantiza una correspondiente elevación de la

energía económica de su esfera. Esto y no otra cosa significa para nosotros la palabra crédito[307].

El poder financiero ejerce su totalitarismo con total determinación y con la ayuda de la democracia, y continúa:

> La dictadura del dinero progresa y se acerca a un punto máximo natural, en la civilización fáustica como en cualquier otra. Y ahora sucede algo que solo puede comprender quien haya penetrado en la esencia del dinero. Si este fuese algo tangible, su existencia sería eterna. Pero como es una forma del pensamiento, ha de extinguirse tan pronto como haya sido pensado hasta sus últimos confines el mundo económico, y ha de extinguirse por faltarle materia. Invadió la vida del campo y movilizó el suelo; ha transformado en negocio toda especie de oficio; invade hoy, victorioso, la industria para convertir en su presa y botín el trabajo productivo de empresarios, ingenieros y obreros. La máquina, con su séquito humano, la soberana del siglo, está en peligro de sucumbir a un poder más fuerte. Pero, llegado a este punto, el dinero se halla al término de sus éxitos, y comienza la última lucha, en que la civilización recibe su forma definitiva: la lucha entre el dinero y la sangre[308].

No estamos de acuerdo en el cesarismo y en que solo la sangre puede superar al dinero. Como Spengler dice: «Un poder solo puede ser derrocado por otro poder y no por un principio»[309]. Para nosotros, esa frase habría que interpretarla como que solo un sistema monetario puede sustituir a otro.

Otro clásico menos conocido es Frederick Soddy. A pesar de ser premio nobel por sus contribuciones sobre la radiación atómica y de poner las bases para una teoría económica basada en la energía, como hemos visto en Nicholas Georgescu-Roegen, se desconoce su teoría del dinero virtual. Soddy realiza una auténtica deconstrucción del concepto de dinero en su libro *The Role of Money. What It Should Be, Contrasted with What It Has Become* y *Wealth, Virtual Wealth and Debt. The Solution of the Economic Paradox,* de 1933. Soddy, como buen físico, ve enormes divergencias entre el funcionamiento de la naturaleza, lo que él considera como auténtica riqueza y lo que el sistema financiero considera como riqueza, que es lo que él denomina «riqueza virtual», creada por un dinero artificial sin contrapartidas reales, el dinero-deuda, al que llama «dinero virtual»: «Esta distinción física entre riqueza consumible y no consumible es en el fondo una distinción energética»[310]. La producción crea la riqueza real; en cambio, la deuda crea una riqueza irreal, virtual: «La industria y la agricultura, productoras de la riqueza positiva en virtud de la cual viven las comunidades, solo pueden expandirse endeudándose cada vez más con los bancos»[311]. En este sentido puede decir que es la naturaleza la que en realidad ha sido esclavizada: «La naturaleza ha sido esclavizada y los hombres pueden, de hecho, deben, ser libres»[312].

El capital es riqueza individual y deuda común. Así la funcionalidad absurda del dinero es ser deuda como riqueza virtual sin contrapartida, como valor negativo. Llega a definirla como riqueza negativa imaginaria, psicológica por oposición a lo físico:

> El dinero es una deuda que no se puede pagar porque no existe nada con qué pagarla, y el capital es una deuda que no se puede pagar porque en contrapartida existen cosas de uso social únicamente, que nunca más pueden convertirse en lo que los individuos necesitan y consumen[313] .

Igual que otros autores, define al sistema monetario como dictadura, como totalitarismo, llamándolo incluso «la verdadera dictadura universal»[314]: «Ese tipo de dictadura ya existe universalmente, de hecho, sea cual sea la pretensión, y la nación que primero reconozca la verdad no necesitará instaurar ningún otro dictador dentro de su ámbito ni temer agresiones o interferencias externas»[315]. Este sistema económico es inestable por naturaleza y una de sus tareas inevitables es la destrucción masiva de valor, ya que no cumple con las leyes de la termodinámica propias de la naturaleza. Soddy considera que la riqueza virtual no pertenece a los bancos, sino a la comunidad, y por tanto debe ser gestionada por el Estado a nivel nacional:

> Estabilizar su valor es absolutamente imposible sin destruir por completo las pretensiones en las que se ha basado el sistema bancario [316] (...) los bancos han creado una nueva moneda a través de personas dedicadas a la industria que contraen deudas con los bancos que no pueden pagarse excepto destruyendo esa moneda, porque no hay nada más con qué pagarla»[317].

Las crisis económicas cíclicas nada tienen que ver con la auténtica riqueza, sino con el acceso al crédito y con la destrucción del valor por parte de la banca internacional.

> El «crédito de la nación» no es meramente su poder de endeudarse con sus ciudadanos individuales para obtener dinero, sino su poder de endeudarse con sus ciudadanos individuales para obtener bienes y servicios reales, que el dinero mismo se origina[318].

Las soluciones que Soddy plantea al anómalo sistema monetario son la supresión del sistema de reserva fraccionaria, mediante el cual los bancos pueden crear dinero de la nada con respaldo mínimo y un apalancamiento enorme. Propone un ratio 1:1, con lo que deben almacenar el 100 % del dinero prestado. De la misma manera que en la naturaleza, en la producción de bienes nada puede ser creado de la nada, sino en base a unas materias primas. Tampoco aboga por el interés compuesto, que es la causa de la inflación y de la bancarrota de las empresas. La capacidad de crédito debe ser gestionada a nivel nacional por el Estado. En su terminología, la riqueza virtual debe ser restituida al Estado. De esta manera, con el gasto público y los impuestos, este puede corregir las tendencias inflacionarias y deflacionarias. Soddy no es partidario de la nacionalización de los bancos, pero sí de la nacionalización del dinero mismo. «El objetivo es detener la acuñación privada y nacionalizar el dinero en sí, no controlar la contabilidad legítima u otras instituciones financieras»[319]. Añade otras propuestas, como mantener constante un índice de precios, la libre fluctuación de tipos de cambio a nivel internacional y un comercio internacional desregulado. Sin embargo, como hemos visto, su contribución más importante es desmontar el esquema de la creación y destrucción de dinero.

> Los bancos crean y destruyen dinero arbitrariamente y sin entender las leyes que correlacionan su cantidad con el ingreso nacional. Se les ha permitido considerarse a sí mismos como los dueños de la riqueza virtual que la comunidad no posee, y prestarla y cobrar intereses sobre el préstamo como si realmente existiera y ellos la poseyeran. La riqueza así adquirida por el prestatario indigente no es entregada por los prestamistas, quienes reciben intereses sobre el préstamo, pero no renuncian a nada, sino que es entregada por toda la comunidad, que sufre en consecuencia la pérdida a través de una reducción general en el poder adquisitivo del dinero[320].

Para Soddy, esta virtualidad del dinero, ese dinero sin respaldo, acaba apropiándose del valor real de la economía. Con el dinero artificial o como lo llamamos actualmente, dinero-deuda o fiat, se compra de hecho la economía real, sus empresas clave, sustituyendo el capital industrial por el financiero, al tiempo que consigue apropiarse del valor generado por la sociedad mediante la inflación y de la capacidad del Estado de decidir dónde se utilizan las ganancias convertidas en impuestos.

Spengler y Soddy realizan agudos análisis que, a pesar de estar hechos hace muchos años, nos sorprenden por su extrema actualidad. Sin embargo, queremos dirigir nuestra atención hacia Hayek, que nos ilumina con la solución clave para nuestro tiempo. Hayek, padre del monetarismo y máximo oponente de Keynes en teoría de política económica, escribió en 1976 un libro crucial, aunque en su momento pasó sin pena ni gloria, llamado *Denationalisation of Money*. Hayek, desde su ultraliberalismo, propone la sustracción del monopolio de la emisión del dinero a los bancos centrales como la mejor solución para controlar la inflación. Extendiendo esta gran idea, lo que aquí proponemos es socializar y democratizar, además de liberalizar y privatizar, la creación del dinero. Poner en manos de la sociedad civil la creación de dinero a través de sus más variadas organizaciones. Hayek rompe con un axioma que se remonta al origen del dinero: la acuñación del dinero es una prerrogativa exclusiva de los soberanos para definir el dinero de curso legal de uso obligatorio. Extendiendo el concepto de competencia de monedas de Hayek, podemos hablar de monedas complementarias y alternativas.

Hayek parte de una concepción del dinero diferente a la de su tiempo como mero medio de cambio, representado por la moneda. Su concepción, basada en los grados de liquidez, es la que se ha ido imponiendo con el tiempo, al hablar de agregados monetarios[321]. Y añade apreciaciones muy interesantes sobre la función social que debe tener el dinero:

> El dinero no es una herramienta de política que pueda lograr resultados previsibles y concretos mediante el control de su cantidad, sino que debería ser parte del mecanismo de autodirección mediante el cual los individuos se ven constantemente inducidos a

> ajustar sus actividades a circunstancias sobre las que tienen información solo a través de las señales abstractas de los precios[322].

En este sentido, aunque Hayek es liberal hasta las últimas consecuencias, se opone radicalmente al monetarismo neoliberal de Friedman, basado en la consideración cuantitativa del dinero.

> Mi objeción fundamental a la idoneidad de la teoría cuantitativa pura del dinero es que, incluso con una sola moneda en circulación dentro de un territorio, no existe, estrictamente hablando, algo así como la cantidad de dinero, y que cualquier intento de delimitar ciertos grupos de medios de intercambio expresados en términos de una sola unidad como si fueran sustitutos homogéneos o perfectos es engañoso incluso para la situación habitual. Esta objeción adquiere una importancia decisiva, por supuesto, cuando contemplamos diferentes monedas concurrentes[323].

Hayek pronto llega a la conclusión en contra de la teoría cuantitativa del dinero —como la que defendió Friedman—, en la que las políticas monetarias derivadas de esta, y que utilizan la gestión cuantitativa de la oferta, son más bien la causa y no la solución de las crisis.

> Lo que deberíamos haber aprendido es que es mucho más probable que la política monetaria sea una causa que una cura para las depresiones, porque es mucho más fácil, cediendo al clamor por dinero barato, provocar esas desviaciones de la producción que hacen inevitable una reacción posterior, que ayudar a la economía a librarse de las consecuencias de un desarrollo excesivo en determinadas direcciones[324].

En consecuencia, para evitar los males de la hiperinflación debidos a la excesiva oferta monetaria, el proyecto liberal hayekiano se fundamenta en la abolición del monopolio de la emisión de moneda por los bancos centrales y el permiso para una libre emisión por entidades privadas en competencia autorregulada únicamente por el mercado. Hayek defiende «la abolición de cualquier tipo de control de cambio o regulación del movimiento de dinero entre estos países»[325]. Del mismo modo, «la abolición del monopolio gubernamental de la emisión de dinero debería implicar también la desaparición de los Bancos Centrales tal como los conocemos»[326] —tema de candente actualidad con Milei en Argentina— y, por tanto, «aboliendo el uso exclusivo dentro de cada territorio nacional de una moneda nacional única emitida por el Gobierno»[327]. Hayek insiste en que el monopolio público es innecesario y el problema es que es asumido como algo lógico y natural, cuando no debe serlo. Es una consecuencia de la ideología del Estado nacional: «No hay necesidad ni ventaja alguna en la prerrogativa gubernamental, hoy incuestionable y universalmente aceptada, de producir dinero»[328]. Y debe pasar a manos privadas capaces de crear divisas, que en muchos casos llama tókenes, al igual que en el mundo de las criptomonedas, con «una serie de instituciones en diversas partes del mundo que tienen libertad para emitir billetes»[329].

Finalmente, Hayek pretende impulsar un movimiento del libre comercio de las monedas. Un concepto muy interesante, tal como ocurre con las criptomonedas hoy en día.

> Lo que necesitamos ahora es un movimiento de dinero libre comparable al movimiento de libre comercio del siglo XIX, que demuestre no solo el daño causado por la inflación aguda, que podría justificadamente argumentarse que es evitable incluso con las instituciones actuales, sino también los efectos más profundos de producir períodos de estancamiento

que son de hecho inherentes a los actuales acuerdos monetarios[330].

Hayek, con su liberalismo radical y sus originales propuestas, representa el marco teórico más actual y decisivo, para oponerse al totalitarismo monetarista con una autodeterminación monetaria alternativa como principio de contrapoder real, para la creación de una soberanía digital. Hay que socializar, no solo liberalizar como indica la solución hayekiana; es decir, no solo poner en manos privadas la emisión de monedas, sino también ponerlas bajo gestión de la sociedad civil y de organizaciones colaborativas.

La deuda global pública y privada (empresas y particulares) ha alcanzado los 305 billones de dólares. La deuda de los Gobiernos centrales está financiada con diversos instrumentos como préstamos del FMI, del BIS, de bancos privados, bonos del tesoro de otros países, fondos financieros y derivados. Es una enorme masa monetaria sin control que compromete el futuro de diversas generaciones y el control político y empresarial. Por eso, la alternativa es tomar el control con un monetarismo alternativo.

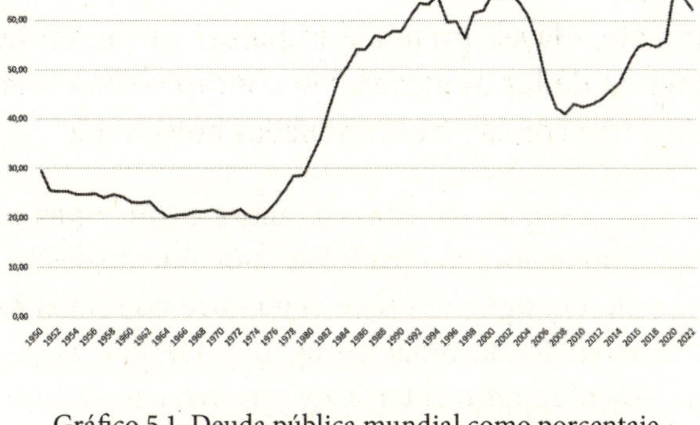

Gráfico 5.1. Deuda pública mundial como porcentaje del PIB. Un tsunami. (Fuente: FMI)

En consonancia con la visión monetaria de Hayek, y sin que muchos lo hayan leído, la realidad es que han existido un sinfín de iniciativas de las llamadas monedas complementarias o alternativas durante la historia, y especialmente en las últimas décadas. Empezando por los llamados *greenbacks* de Lincoln, recibos basados en horas-hombre, en vez de oro pedido en préstamo, que circulaban como moneda. Kennedy fue el último presidente en emitir *greenbacks* como billetes de libre circulación, no emitidos por la FED y respaldados por la plata. Curiosamente, los dos presidentes que se opusieron al poder monetario tuvieron el mismo fin. Otra moneda fue la *ithaca hour* de Paul Glover, donde una hora es igual a diez dólares de salario promedio para esa área geográfica; el *time dollar* de Edgar Cahn, el *friendly flavors,* o bancos alternativos como Grameen para microcréditos de Muhammad Yunus y un sinfín de ejemplos. Hay monedas secundarias legales en al menos treinta y cinco países y existen más de 5000 programas de intercambio a nivel mundial. Una demostración empírica de la validez de este tipo de moneda fue realizada por el profesor de economía Giacinto Auriti en el pueblecito de Guardiagrele en Italia. Él mismo imprimió sus propios billetes libres de deuda llamados *simec*, intercambiando dos liras por un *simec*. Cada comerciante local había duplicado el dinero disponible en poco tiempo. Se reactivó la economía local doblando la oferta monetaria con esta iniciativa tan simple, mientras que los que no aceptaron su moneda cayeron en el estancamiento. Este tipo de monedas complementarias suelen surgir a nivel local en comunidades pequeñas, ayuntamientos o regiones. Se les llama *people's money* (dinero municipal o dinero del pueblo). El primer Gobierno regional en emitir moneda fue Massachusetts en 1691. Estas alternativas emergen principalmente en las grandes crisis, como ocurrió durante la Gran Depresión. Entonces, cientos de comunidades emitieron su propia moneda. Existen muchos ejemplos de moneda alternativa local, de los que quizás el Banco Palmas en Brasil o el WIR en Suiza sean los más paradigmáticos. La dualidad de monedas, una nacional y otra local, ha sido bastante frecuente históricamente desde la Edad Media. También existen versiones electrónicas de monedas alternativas como el LETS de Linton o la criptomoneda por excelencia: el bitcoin de Satoshi Nakamoto.

El totalitarismo monetario se fundamenta en el monopolio de los bancos centrales para crear dinero deuda y en la capacidad crediticia de la banca comercial. Las divisas son intercambiadas en mercados como mercancías por unos cuantos operadores financieros globales que dominan el mundo, pero esos bancos están teniendo un importante desafío en las monedas complementarias, que han ido creando áreas de autonomía monetaria frente a la dictadura monetaria. Se han constituido miles de monedas complementarias o alternativas[331] que conviven a nivel local con las de uso legal, permitiendo mantener el valor y la capacidad de inversión a nivel de ciertas comunidades. Esta autodeterminación monetaria es la democracia efectiva a nivel monetario, una soberanía real desterritorializada, porque la producción del dinero está en manos de la sociedad civil, con una soberanía monetaria transparente y distribuida. Entre esas monedas, el bitcoin es un punto de inflexión. Es la primera criptomoneda que consigue una enorme liquidez, con una comunidad extensa, sin necesitar ninguna autoridad monetaria central. Pero, hoy en día, ya hay miles de criptomonedas y estamos solo ante el inicio de este fenómeno que cambiará nuestra sociedad para siempre. El bitcoin no tiene página web, ni oficina, ni inversores iniciales, ni equipo de gestión, ni desarrolladores en plantilla y nadie lo controla. No es magia, es la libertad.

La única alternativa a este totalitarismo financiero es la autodeterminación monetaria a través de un monetarismo social, propiciado por el uso de tecnologías basadas en *blockchain,* como veremos a continuación. Estas pueden valorizar las interacciones sociales de una manera creativa, segura, eficiente y autorregulada. Veremos en el futuro tanto grandes conflictos como también cierta cooperación entre monedas digitales nacionales, corporativas y sociales. La autodeterminación monetaria es una fuerza social imparable que se constituirá a través del monetarismo distribuido, inteligente y digital.

5.3. La revolución *blockchain* y la tokenización

El 16 de marzo de 2013, Chipre sufrió un «corralito» provocado por la crisis financiera. Nadie pudo retirar fondos de los depósitos bancarios hasta el 21 de marzo. Poco más tarde, se pudo con fuertes restricciones hasta el día 26, fecha en la que se concretaron los términos del rescate con la Unión Europea. No fueron demasiados días, comparado con los que sufrieron otras economías como la argentina, pero era un primer precedente en la UE y, aunque pasó en un país pequeño, el pánico cundió en toda Europa. Fue un aviso para navegantes. Fuera de Chipre se relanzó la fuga de capitales hacia los refugios financieros habituales como el oro, los bancos alemanes y los bancos *offshore*, pero uno nuevo, casi desconocido hasta el momento, tuvo una relevancia clave: el bitcoin.

Chipre había sido alcanzado por el miedo de los mercados financieros. El PIB se había reducido drásticamente, el paro había aumentado de manera preocupante y la prima de riesgo había escalado hasta posiciones insostenibles. La crisis europea de la deuda soberana arrasaba el pequeño país y todo el mundo miraba aterrado, preguntándose quién sería el siguiente, probablemente los llamados PIGS, mientras los chipriotas y los extranjeros con depósitos en el país buscaban refugios seguros para su dinero. Chipre es un país especial. Al ser un pequeño paraíso fiscal, muy utilizado por las fortunas rusas, podemos decir que es un país monetariamente inteligente. Y ocurrió algo nuevo que nunca había tenido lugar en el pasado. Los chipriotas y las grandes fortunas residentes en Chipre se lanzaron a comprar bitcoines. A pesar de las múltiples dificultades técnicas que un usuario inexperto debía sortear en aquellos tiempos para comprar esta criptomoneda, lo hicieron. Y lo hicieron masivamente. Se le llamó el «efecto Chipre».

La desesperación convirtió ese recurso, hasta entonces utilizado por una extensa comunidad de frikis, en un valor refugio digital similar al oro. De pronto, el bitcoin pasó de valer 13,39 USD el 1 de enero a 46 USD el 16 de marzo, justo antes de que la crisis chipriota saltase a los medios. En apenas unos días, el precio del bitcoin alcanzaba el 8 de abril un pico de 213,72 USD. Ese pico chipriota, visto desde hoy, es casi plano en la serie histórica del bitcoin. Al escribir estas líneas veo en la pantalla de CoinMarketCap su valor actual: 65.035,83 EUR.

El bitcoin es una moneda digital. No ha sido la primera, pero sí ha sido la que ha ido más lejos. Y lo ha hecho en virtud de un poderoso protocolo llamado *blockchain* que articula todas sus transacciones y que permite la transferencia de valor con una confianza total asegurada matemáticamente. Hoy en día, el bitcoin es la criptomoneda con mayor capitalización en el mercado, con más de un billón de dólares y con más de 1000 millones de inversión de capital riesgo en empresas emergentes al mes, con ochenta y cuatro millones de usuarios con monederos para criptomonedas. Representa aproximadamente el 50 % del valor de todas las criptomonedas existentes.

Los medios financieros tardaron en entender el potencial. Hasta que empezamos a leer declaraciones como las de Goldman Sachs: «La *blockchain* puede cambiar... pues todo»[332]. Los bancos se han unido en el consorcio R3, organización dedicada al desarrollo de tecnología *blockchain* para el mundo financiero. Son miembros Barclays, BMO Financial Group, Credit Suisse, Commonwealth Bank of Australia, HSBC, Natixis, Royal Bank of Scotland, TD Bank, UBS, UniCredit y Wells Fargo.

La *blockchain* y su protocolo central *proof of work* tienen aun mayor importancia que el protocolo TCP/IP sobre el que se basa Internet. Es un hito en la historia de la humanidad tan importante como la invención de la rueda. La *blockchain* incluye la solución a uno de los problemas matemáticos de la informática distribuida llamado el problema de los generales bizantinos. Este crucial problema (pensemos que todos los sistemas militares son sistemas distribuidos, para que si cae una región específica el resto pueda seguir funcionado con todos los datos) fue resuelto por Leslie Lamport, Robert Shostak y Marshall Pease, en un artículo de 1982 financiado por la NASA, por el Comando de Sistemas de Defensa de Misiles Balísticos y por la Oficina de Investigación del Ejército de los Estados Unidos:

> Esta situación puede expresarse de manera abstracta en términos de un grupo de generales del ejército bizantino acampados con sus tropas alrededor de una ciudad enemiga. Comunicándose solo por mensajero, los generales deben acordar un plan de batalla común. Sin embargo, uno o más de ellos pueden ser traidores que intentarán confundir a los demás. El problema es encontrar un algoritmo para garantizar que los generales leales lleguen a un acuerdo.

Los autores afirman que con «mensajes escritos infalsificables, el problema es solucionable para cualquier número de generales y posibles traidores[333]».

La solución es un algoritmo tolerante a fallos o, dicho en otras palabras, es un mecanismo matemático para interactuar de manera segura entre entidades que no son confiables, sin la intervención de una autoridad neutral que haga de intermediaria. El problema de los generales bizantinos es idéntico al que se tiene cuando se realiza un intercambio de dinero digital sin una autoridad bancaria central. *Hashcash*, un intento de moneda virtual previo al bitcoin, planteó en su documento oficial escrito por Adam Back una implementación del protocolo *proof of work* (prueba de trabajo), basado en la solución matemática al problema de los generales bizantinos[334] a partir de las investigaciones de Markus Jakobsson. Una función de costo de la CPU es utilizada por *Hashcash*, para calcular un número único que puede usarse como prueba de trabajo. Sin embargo, hubo que esperar al bitcoin para tener la primera solución práctica a este problema. En el documento fundacional del bitcoin, escrito por el desconocido Satoshi Nakamoto[335], se propone crear una red distribuida de ordenadores iguales (*peer to peer* o P2P) que almacenen las transacciones monetarias. Las transacciones se deben firmar digitalmente y registrar con una marca de tiempo, formando una cadena de bloques continua, que funciona como una prueba de trabajo que no se puede alterar. La *blockchain* actúa como un libro de contabilidad universal, único, inalterable, a prueba de los que quieren cocinar las cuentas, con su debe/haber inmutable, ya que el dinero está en un billetero o en otro, pero no se puede falsificar ni hackear ni modificar. A veces se le llama contabilidad de triple entrada, donde se registra, en el equivalente a un libro mayor, el emisor, el receptor y el envío de dinero, cada uno con un número único. La red de ordenadores de la *blockchain* conserva todas las transacciones históricas en el orden en que fueron procesadas y todas han sido validadas por la red de ordenadores como auténticas, sin la necesidad de utilizar una autoridad central corruptible. La única manera de detener la *blockchain* y el bitcoin es apagar Internet en todo el mundo para siempre.

No es de extrañar que uno de los divulgadores más apasionados del bitcoin sea el tecnólogo griego Andreas Antonopoulos[336]. Grecia sufrió una debacle económica tras la crisis de deuda. Conscientes de haber sido robados y traicionados por sus gobernantes, por los banqueros, por la Unión

Europea y por las instituciones financieras internacionales, muchos griegos abrazaron el bitcoin para conservar sus ahorros. Todos los ciudadanos de países afectados por la inflación, como Argentina, atesoran bitcoin. Pero el bitcoin es mucho más que una moneda digital, un medio de pago o un valor refugio: es un medio de intercambio de valor remunerado, distribuido, descentralizado, confiable, porque está preparado para operar con agentes no confiables y es totalmente seguro. Toda esta tecnología acaba de empezar, está en su infancia. Pocos años después de la primera transacción del bitcoin nos encontramos ya hoy con enormes desarrollos tecnológicos y conceptuales, con algoritmos de consenso alternativos como *proof of stake*; diferentes tecnologías de *blockchain* como Tangle, basada en Directed Acyclic Graphs utilizada por IOTA; diferentes tipos de *blockchain* como Ethereum o Cardano; o *blockchains* privadas (*permissioned*), como las basadas en tecnología Corda del consorcio financiero R3. Hoy en día, hay miles de criptomonedas, que cotizan (compra-venta) en diversos *exchanges* centralizados (organizaciones de intercambio de moneda fiat a cripto y viceversa), como Coinbase o Binance; y en algunos descentralizados, como 1Inch o Uniswap, que actúan como un mercado bursátil, pero sin la CNMV de turno. Y es que la *blockchain* va a cambiar completamente las reglas del juego de nuestra civilización y va a multiplicar nuestra capacidad de innovación hasta límites insospechados. Va a tener un impacto disruptivo en la economía, en la política y en la sociedad, ya que se pueden organizar nuevas formas de intercambio de valor autorreguladas, incluso automatizadas, sin límites y en cualquier ámbito, incluso a nivel internacional, sin instituciones centrales como un banco central. La *blockchain* es la gobernanza distribuida y no sabe ni de territorios físicos ni de sectores económicos. Todo es posible. Por eso, las élites han ido pasando por diversas fases hasta hoy, donde han adoptado una aceptación beligerante. Por una parte, intentando tener el mayor control posible a través de la creación de derivados sobre el bitcoin y, por otra, con el contrataque de las monedas digitales nacionales llamadas CBDC, que son la mayor agresión totalitaria de la historia contra los ciudadanos.

La humanidad se encuentra en una gran disyuntiva: totalitarismo monetario contra autodeterminación monetaria. Utilizar una criptomoneda te convierte en un banco, ¿para qué necesitas entonces poner el dinero en una institución que solo te garantiza una cantidad limitada de tus depósitos? Ese es el conflicto, la soberanía monetaria. ¿Quién es el dueño del dinero, de mi dinero? La propiedad del dinero debe ser de los individuos libres. Tan grande es el desafío planteado por *blockchain*. Nunca se ha tratado de un mero hito tecnológico, es un cambio de paradigma en la historia de la humanidad, por eso, a muchas personas les cuesta entender este cambio tan profundo, pero no a la generación Zeta y, en general, a aquellos que quieren conservar su libertad y su identidad en este mundo cruel lleno de mentiras. Recomiendo, al menos, ver los vídeos de Antonopoulos disponibles en YouTube para darse cuenta de la revolución que significa el bitcoin y la *blockchain*. La prestigiosa revista *Forbes Magazine* declaró muerto al bitcoin en junio de 2011. Y otros muchos con posterioridad[337]. Sin embargo, hoy aún goza de excelente salud.

La mayor amenaza del totalitarismo monetario-financiero la constituyen los derivados financieros. En el origen surgieron como mercados secundarios a la bolsa para comerciar sobre futuros, es decir, para suscribir contratos sobre un bien a un precio futuro, para cubrirse ante las fluctuaciones indeseadas de los precios venideros y así reducir la volatilidad del negocio. Típicamente se ha hecho en alimentación con el trigo o con materias primas como el cobre. Ha sido una manera de reducir el riesgo, de cubrirse para prevenir posibles pérdidas. Son contratos privados entre dos o más partes, donde se acuerda un precio sobre un activo subyacente, es decir, que ninguna de las partes necesita poseer. Es una apuesta pura y dura. En el mercado bursátil, yo puedo comprar una acción que representa un trozo de propiedad de la empresa a un precio determinado y venderlo cuando quiera, sujeto a una regulación, porque soy el propietario. En cambio, los contratos de derivados se cotizan tanto en mercados bursátiles, los menos, y en OTC (*over the counter*), mercado extrabursátil, en empresas privadas llamadas *exchanges,* que actúan como cámaras de compensación. Con la desregulación financiera, la innovación en derivados ha llegado a límites insospechados, con productos claramente especulativos. El mercado de derivados es un gran casino mundial donde las mayores fuerzas financieras intentan manipular los precios en su beneficio y apuestan incluso en contra de empresas, industrias o países. La crisis financiera de 2008 ocurrió, entre otras razones, cuando explotó la burbuja inmobiliaria. La causa fueron unos derivados financieros llamados CDO (*collateralized debt obligation*) que compraban los bancos y que se fueron deteriorando en su calidad al aceptar hipotecas basura. La crisis de impago inmobiliaria llevó a la quiebra a varios bancos que, como siempre, fueron rescatados con los impuestos de los ciudadanos. Otro maravilloso producto de la ingeniería financiera de los derivados, el CDS (*credit default swap*), un seguro de impago por la deuda soberana, fue protagonista en 2009 de las consecuencias de la crisis financiera. No solo los agentes financieros temían que la deuda soberana de los países del sur de Europa —los despreciativamente llamados PIGS (Portugal, Italia, Grecia y España en inglés[338])— fuera impagable, sino que estuvieron activamente comprando CDS de esos países o, lo que es lo mismo, apostando especulativamente por la bancarrota de estos países conocida como *default* y, por tanto, empujándolos al abismo. Desde la prensa y organizaciones financieras se impulsó con extraordinaria fuerza la desconfianza en estos países, para poder cobrar los seguros de impago. Estos son dos buenos ejemplos de cómo una buena idea, como es el reducir el riesgo futuro, se ha convertido en instrumento de poder totalitario en contra de los ciudadanos. También hemos visto como la compañía de inversiones Gotham Funds, antes de publicar un informe demoledor sobre la cotizada española Grifols, con la intención de provocar la bajada del valor de sus acciones, compró derivados de acciones de la empresa catalana a través de su fondo de cobertura (*hedge fund*) GIP (General Industrial Partners), poniéndose en corto, lo que quiere decir, apostando a que el valor de las acciones de Grifols caería. Gotham tuvo veinte millones de euros de beneficio en un día, tras provocar pérdidas de 2250 millones de euros en la capitalización bursátil de Grifols[339].

Este es un buen ejemplo de cómo funcionan los derivados; no solo son instrumentos especulativos, sino que se han convertido en auténticas armas de destrucción financiera. Además, todas estas operaciones se hacen con un gran apalancamiento. Esto quiere decir que se realizan a crédito, es decir, con poco capital propio, aunque sea asumiendo un gran riesgo, con lo cual es fácil mover grandes sumas de dinero sin tener ese dinero. En el caso de Gotham-GPI se tomaron prestadas acciones de Grifols que representaban el 0,57 % del capital a un coste de unos cincuenta millones de euros. Se pusieron en venta en el mercado de derivados y, cuando las acciones de la empresa española se desplomaron más de un 40 % por su propio ataque, esas acciones se redujeron a 30,5 millones de euros. Para acometer este crimen legal, algún tenedor de acciones de Grifols debió cubrir la apuesta de GIP de que estas iban a bajar de precio, pensando que esto no iba a pasar nunca. La ganancia de GIP fue sobre la diferencia de los dos precios, unos veinte millones de euros aproximadamente. Con una operación del mismo tipo, George Soros se hizo famoso por ir contra la libra en 1992 y conseguir su devaluación, hasta ganar 1000 millones de dólares. Lo hizo con un gran apalancamiento de veinte a uno. Para conseguir prestados 1000 millones de dólares solo tuvo que garantizar cincuenta millones de dólares en efectivo: 50 x 20 = 1000. Tenemos que entender que un apalancamiento tan favorable, que no está a disposición de la gente de a pie, se convierte en un poder inmenso capaz de destruir a alguien. Aunque también hay que reconocer que es una apuesta de riesgo, porque si te va mal te puede costar los 1000 millones.

Pero esto no deja de ser anecdótico, los derivados se han convertido en un arma de destrucción masiva. Detrás de los *exchanges* hay unos pocos bancos en el mundo que gestionan estas apuestas. Casi todo está cotizado en dólares y en euros. El mayor centro del mundo de actividad de compraventa de derivados es el Reino Unido; la City de Londres, al menos, duplica la actividad de Estados Unidos en este sentido, lo que la convierte en la gran plaza financiera mundial del dólar. Aquí, China y Rusia son insignificantes, aunque Leo Melamed fuera asesor del Gobierno chino. Los derivados financieros más utilizados son los IRS (*interest rate swap*), contratos de permuta sobre tipos de interés. Los derivados OTC, a nivel global, constituían 714,3 billones de dólares en junio de 2023, de los cuales 573,7 billones de dólares eran en IRS[340]. Los grandes tenedores de derivados actúan en colusión con los bancos centrales, organizaciones financieras internacionales, agencias de *rating*, grandes corporaciones y Gobiernos, para que sus predicciones de mercado les sean favorables. El negocio no es mitigar el riesgo, sino crearlo. Se inyecta dinero, sube la inflación, se suben los tipos de interés, pero antes alguien se ha cubierto con derivados a crédito de la expansión monetaria, para hacer de esta pobreza mundial un negocio y seguir manipulando a los ciudadanos, para que crean que sufren una crisis que en realidad ha sido provocada. El mercado global de derivados es un gran mecanismo de absorción de riqueza presente y futura de la sociedad hacia la plutocracia; por eso, las criptomonedas son el auténtico contrapoder a este totalitarismo monetario. La única esperanza para construir algo diferente. Aunque algún día el bitcoin pueda ser manipulado por los derivados como el ETF, la tecnología *blockchain* permite hacer cualquier cosa inimaginable para evitarlo.

El bitcoin es una criptomoneda deflacionaria porque tiene un número limitado de unidades, pero hay criptomonedas diferentes como el USDT, lo que se llama una *stablecoin* (moneda estable), porque tiene una paridad con el dólar norteamericano (1 USDT=1 USD), lo que permite intercambiar cualquier criptomoneda a dólares evitando las fluctuaciones propias de estas, que afectan al precio de conversión. Pensar que la *blockchain* solo sirve para crear criptomonedas es un grave error. Las posibilidades de construir tókenes (fichas, literalmente) y ecosistemas de valor, basados en instrumentos parecidos a las criptomonedas, y con ello evolucionar hacia una tokenización de la economía, son infinitas. Todo depende de la iniciativa social, empresarial y política. Y ese es el contrapoder real del globalismo. Y las élites lo saben. Pero entendamos mejor de que trata la tokenización de activos.

Primero de todo, hay que entender que se puede tokenizar cualquier cosa, tanto activos digitales (una aplicación de *software*) como físicos (una casa). Y hay de dos tipos, los *security tokens*, vinculados a valores financieros, con una intención lucrativa, y los *utility tokens,* cuyo valor intrínseco vendrá determinado por la oferta y la demanda del activo subyacente que representan. Luego también se clasifican en fungibles, como algo que termina al usarse y puede ser intercambiable, por ejemplo, unas entradas de cine, lo que corresponde al estándar definido por Ethereum más utilizado, el ECR-20; y los no fungibles, conocidos como NFT, que corresponden al estándar ECR-721[341], que no pueden dividirse ni cambiarse entre sí, ya que no poseen el mismo valor, como, por ejemplo, las obras de arte. La tokenización es la digitalización del valor de uso de un bien, para convertirlo en valor de cambio al transformarlo en un token. El token tiene algunas características típicas de las acciones en bolsa de una empresa, como una titularidad fraccionada de la propiedad, pero en este caso la compraventa no necesita ningún mercado regulado, aunque en algunos países sí, como en España, y, en cualquier caso, todo está garantizado por la *blockchain*. Los tókenes funcionan con un *software* especial que se llama *smart contracts* (contratos inteligentes), que permiten automatizar todo el funcionamiento de pagos y cobros sin intervención humana. Boston Consulting Group ha realizado un informe[342] donde estima que, para 2030, la tokenización de activos puede llegar a los dieciséis billones de dólares, el equivalente del 10 % del PIB mundial.

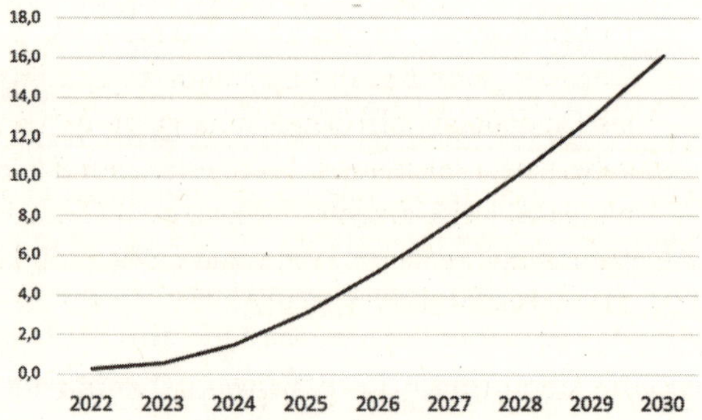

Gráfico 5.2. Estimación global de activos no líquidos en billones de dólares. (Fuente: BCG)

Hay aplicaciones de tokenización en cualquier ámbito imaginable: mundo logístico (clearchain.app); voto electrónico (followmyvote.com); energía (fair-coin.org); para asociar a pequeños agricultores (agriledger.com); formación (crypto.tutellus.com/token-tut); para el intercambio de obras de arte (investax.io); para proyectos humanitarios (givetrack.org), etcétera. Uno de los proyectos más originales, aunque interrumpido, es Bitnation, un protocolo para crear naciones virtuales. Lo utiliza parcialmente el Gobierno de Estonia para las concesiones de la e-residencia (e-resident.gov.ee). Bitnation es la primera nación voluntaria descentralizada sin fronteras o DBVN (por sus siglas en inglés), una jurisdicción digital que tiene su propia constitución virtual, en cuyo artículo 6 leemos: «Todo ciudadano es soberano y tiene derecho a la autodeterminación y a la libertad de elegir cualquier forma de expresión o modo de ser humano o poshumano y con quién asociarse y cooperar[343]». En su documento oficial versión 2.0 se definen los servicios:

> La visión de Bitnation es un mercado libre global para los servicios de gobernanza. Un mundo post-Estado-Nación de Naciones Voluntarias, Ciudades-Estado y Comunidades Autónomas que compiten por los Ciudadanos ofreciendo una gama de servicios de gobernanza opcionales. En nuestro mundo, la soberanía pasa decisivamente del Estado al Ciudadano, y la humanidad recupera la libertad de elección al acceder a los servicios de gobernanza[344].

El proyecto tiene una gran complejidad y mucho trabajo detrás y, por supuesto, una gran dosis de idealismo, pero por aquí se empieza, intentando que el mundo sea un lugar mejor. Al menos, Bitnation nos da la medida de la enorme potencialidad de este marco conceptual de la cadena de bloques, aplicado a comunidades que se quieren autoorganizar en sus interacciones.

Veamos también un ejemplo comercial, uno de los más extendidos: la tokenización de la formación. Uno de los pioneros en esta aplicación es la empresa española Tutellus de formación *online*. Para definir un token hay que realizar una propuesta de *tokenomics*, es decir, definir el ecosistema de valor que estructurará la oferta y el funcionamiento del token y de todos los agentes relacionados. Algo parecido al libreto de una salida a bolsa. En el caso de Tutellus tenemos el token TUT que funciona en la red Polygon y tiene diversos agentes en su ecosistema. Según el documento oficial[345] tenemos:

1) Estudiantes que pagan por aprender y ganan tókenes en función de dos factores: el dinero que pagaron y el grado de interacción y contribución en la plataforma.

2) Docentes que ganan dinero vendiendo cursos y pueden contratar diferentes servicios en tókenes.

3) TUT Marca Blanca: terceros que pueden implementar sus propios tókenes basados en la liquidez de TUT, como universidades o cualquier tipo de empresa dispuestas a tokenizar su sistema de incentivos;

4) *Startups*: proyectos nacidos alrededor de Tutellus que necesitan recaudar fondos, para lo que existe una lanzadora de proyectos.

5) Proveedores de liquidez: accionistas que refuerzan el protocolo añadiendo liquidez en un fondo común.

Hay una efervescencia de proyectos empresariales y sociales descomunal. También hay mucha mortalidad, como suele suceder en los salvajes inicios, pues, al final, el éxito depende sobre todo de la aceptación de la comunidad a la que va dirigida el token. La comunidad de uso es soberana, y si los incentivos de valor de cambio son insuficientes o la gobernanza del token no es convincente y participativa, el proyecto fracasará, sin que ninguna intervención gubernamental o financiera pueda hacer nada al respecto. La tokenización de la economía permite la democratización de la propiedad y de la inversión, al fragmentar los activos en pequeñas unidades asequibles para cualquiera. Ello, además, incrementa la liquidez de los mercados, evitando recurrir a la deuda crediticia con los bancos.

5.4. El derecho a la identidad autosoberana

El individuo en nuestra sociedad global está viendo cercenada su libertad. Todo son regulaciones y restricciones, prohibiciones y cancelaciones. En nuestros tiempos digitales, la invasión panóptica de la esfera personal ha llegado a límites absurdos. La privacidad se ha convertido en el último baluarte de los derechos humanos y de la libertad individual. El poder tiene un conocimiento absoluto del comportamiento social a través de una recolección de datos indiscriminada, no siempre consentida, a través de todas las aplicaciones que utilizamos, así como las cámaras de vigilancia que hay en casi todas las calles. Nuestros datos se analizan y los algoritmos son capaces de predecir nuestro comportamiento e incluso incentivarnos para cambiarlo, cuando el resultado anticipado no gusta al poder. En el centro de toda esta situación desproporcionada está el concepto de identidad individual. Identificar a las personas con rasgos biométricos y tener un perfil psicológico detallado ya no es solo para criminales, es para todos los ciudadanos inocentes. Sin embargo, lo que no muchos están siendo capaces de ver es la relación tan estrecha entre la identidad y el dinero en nuestra sociedad avanzada. El totalitarismo monetario esclaviza a los ciudadanos del imperio a través del dinero, pero el dinero en efectivo anonimiza a los individuos y esto disminuye el control al poder. Por eso llevamos mucho tiempo escuchando la canción de que esto va a cambiar en los próximos años. La «jaula del efectivo» la llaman algunos; o lo que es lo mismo, un corralito permanente. Limitar los pagos en efectivo al mínimo, así como la cantidad en metálico que se puede retirar de un cajero, es el principio de un control monetario personalizado. Como siempre, los globalistas utilizan sus dos técnicas favoritas, el *shock* para provocar cambios rápidos y profundos, o el gradualismo, para conseguirlos sin que se note.

Todo esto siempre adobado con persistentes narrativas de que lo hacen por nuestro bien. Los que piensan solo en la comodidad del dinero electrónico creen que eso es el progreso y que ha pasado ya la hora de ensuciarse las manos con bacterias desconocidas que se pasean por los billetes y las monedas. Cada vez más se reduce la cantidad de efectivo con la que se pueden realizar pagos. Si uno trabaja habitualmente con bancos, se habrá dado cuenta de cómo ha cambiado la operativa del dinero. Si hacemos una transferencia de dinero al extranjero del doble del SMI, es muy probable que el banco le llame inmediatamente al teléfono pidiéndole explicaciones y justificaciones de la transacción, como si fuera su jefe preguntando por sus gastos. Si recibe pagos de otros países, es posible que ese dinero sea bloqueado temporalmente por la entidad, hasta que pueda justificar la transacción con contratos pertinentes. Todo ello le recuerda a uno que el dinero es propiedad de los bancos centrales. No hay nada parecido a «mi» dinero. No existe. Tan solo tenemos derecho sobre el dinero cuando está en nuestra cuenta bancaria, pero cuando sale o entra, en el tránsito de un banco a otro, ya no nos pertenece y el banco comercial, como representante de la autoridad del banco central, puede hacer lo que quiera. Tenemos un derecho de uso sobre el dinero, tipificado no solo por restricciones fiscales o de prevención de capitales, sino por cualquier arbitrariedad de la política de los bancos o de los Gobiernos de turno, aunque no haya una regulación al respecto. La poca libertad monetaria que nos queda está a punto de desaparecer con las CBDC y su capacidad de imponer un sistema de crédito social. Si esto acaba ocurriendo, entonces tendremos el totalitarismo monetario absoluto.

La realidad es que estamos asociando la identidad al dinero de manera peligrosa y difícil de revertir. David Birch escribió un libro premonitorio[346] al respecto, considerando que el dinero es la nueva identidad. Debido a los cambios tecnológicos, Birch sostiene que, además de nuestra identidad personal o psicológica, tenemos una identidad social cuanta más relevancia pública tenemos y, finalmente, una identidad legal, con la que todos como ciudadanos estamos registrados. Ahora habría que añadir un nuevo tipo de identidad, la digital, con atributos digitalizados que, con el tiempo, van a ser indistinguibles del dinero. Cuando tengamos las CBDC llegará un momento que desde el punto de vista del consumidor no existirá el dinero. Los nuevos nativos monetarios que hayan nacido con estas monedas digitales no tendrán el concepto de dinero en su marco mental, porque será su propia identidad. Como refleja el dicho, «con la cara pagas»; pues con una comprobación biométrica acabaremos pagando. Vales lo que eres: eres tu propia moneda de cambio. Los intercambios de valor serán entre atributos de nuestra identidad digital; por ejemplo, la premisa «dado que te alimentas correctamente, puedes tener un seguro de enfermedad» va a sustituir a las suscripciones habituales a un seguro médico. Y en esa fusión del dinero y de la identidad, lo que se pierde por el camino es la libertad. La libertad no puede existir sin autonomía. En una sociedad donde el Gobierno tiene una información completa de nosotros, ante la total supresión de la privacidad, la libertad deja de existir. Existen ya muchos movimientos de activistas proefectivo, pero eso es una actitud de resistencia que tiene los días contados. La única solución es la autodeterminación monetaria, producir nuestra moneda o nuestros instrumentos de intercambio de valor, esos tókenes, como hemos visto. Puede haber tókenes anónimos o con identificación del propietario y rastreables, todo dependerá de nuestros objetivos, pero lo que no puede ser bueno es imponer un solo sistema monopolístico de dinero digital.

Un monedero virtual o, lo que es lo mismo, un dispositivo de memoria con nuestros datos y el dinero digital va a ser un estándar para todos los Estados. Ya hay varias iniciativas para la identificación digital pensadas para todos los habitantes del mundo. Sin duda, la más importante es la MOSIP del polifacético Bill Gates, cuyo logo circular recuerda mucho al de la Agenda 2030. El MOSIP es un sistema de código abierto, desarrollado en Bangalore por un consorcio de fundaciones como la Bill & Melinda Gates Foundation o la Tata Trust, agencias estatales militares como la NORAD (Mando Norteamericano de Defensa Aeroespacial) —lo cual nos llama poderosamente la atención— y universidades como Oregon State Univesity, para que los Gobiernos implementen su sistema de identidad digital. Utiliza estándares para la implementación segura de dispositivos biométricos como la SBI, definido por MOSIP y IEEE P3167. De momento, hay más de cien millones de ciudadanos registrados con este sistema. Se ha empezado por el tercer mundo, donde existen muchas personas no censadas ni registradas. El argumento es que, si una persona no puede probar quién es, entonces no puede beneficiarse de todas las ventajas que el Estado y la sociedad le ofrecen. Sin embargo, no está siendo fácil convencer a los ciudadanos en algunos países.

El proyecto de identificación digital de Kenia, conocido como Maisha Namba, se debía implementar con MOSIP, asignando un número de identificación personal único a cada ciudadano. El país se ha estado preparando para el lanzamiento del sistema; sin embargo, a principios de octubre de 2023, las autoridades kenianas pospusieron su lanzamiento debido a lo que llamaron «circunstancias desfavorables». El proyecto fue recibido con fuerte escepticismo en algunas partes del país. Los residentes de Garissa se quejaron de que no tenían la infraestructura necesaria. Otros protestaron, porque la cultura nómada de algunas tribus les dificultaría el uso del sistema de identificación digital, y solicitaron al Gobierno que reconsiderase el lanzamiento. Grupos de activistas proderechos humanos también expresaron su preocupación. El anterior sistema de identificación, Huduma Namba, fue declarado inconstitucional por el Tribunal Superior del país en octubre de 2021, por entrar en conflicto con su ley de protección de datos.

La Unión Europea está desarrollando su propio protocolo para una identidad digital llamado eIDAS, tanto para ciudadanos como para pymes. Este servirá para pagar impuestos, para abrir una cuenta bancaria, para la movilidad de los estudiantes europeos, para los comercios, y será expedido por los Estados miembros. Es una solución centralizada en cada estado que les permitirá interoperar con el mismo estándar. Almacenará en una red comunitaria los datos personales de los ciudadanos y los datos legales, incluyendo los fiscales. Las organizaciones que trabajen con este estándar tendrán que cumplir unos requisitos para formar parte de las listas de confianza. Este DNI europeo digital se impondrá con facilidad, porque será necesario tanto para votar como para pagar impuestos. Y esto es solo el principio para que los Gobiernos puedan conocer el comportamiento detallado de los ciudadanos. Al final, este DNI acabará unido al monedero digital para operar en euros digitales. Sobre esta base no solo se puede construir un sistema de crédito social, sino que se puede hacer que los ahorros caduquen o sean requisados por los Gobiernos en momentos excepcionales como un estado de alarma. Es el sueño de la microfísica del poder. El control absoluto del individuo y el condicionamiento completo de sus hábitos. Como si fuéramos un robot. Los esclavos tuvieron más libertad. El dinero será nuestra identidad apropiada por el poder.

También el G20, en colaboración con WorldBank y varios organismos internacionales como el GPFI (Global Partnership for Financial Inclusion), lleva desde el 2018[347] estudiando la identidad digital con mucha profundidad, en aras de promover una identidad global particular y empresarial que especialmente sirva para sellar todas las transacciones financieras mundiales. La consultora Deloitte ha realizado una encuesta al respecto[348], y los resultados indican que existe un beneplácito en el mundo empresarial para saber todo de nosotros.

Área de impacto más positivo de la identidad digital global	%
Transacciones financieras globales	29%
Privacidad de datos/propiedad de datos	27%
Identificación del consumidor para transacciones financieras	14%
Salud/Identificación del paciente	9%
Cumplimiento regulatorio	7%
Viajes internacionales	7%
Aplicación de la ley	5%
Cumplimiento de terceras partes	2%
NS/NC	1%

Tabla 5.2. Encuesta sobre la identidad digital global. Todos quieren identificar las transacciones financieras. (Fuente: Deloitte)

Estamos viendo que, antes del enfrentamiento entre monedas digitales oficiales y alternativas, existe la batalla por la identidad. Hay un movimiento que se opone a la monopolización de la identidad digital tipo MOSIP, auspiciada por los Estados y que promueve la llamada identidad autosoberana (*self sovereign identity* o SSI). La SSI permite a las personas tener el control absoluto sobre su identidad y sus datos personales, sobre su privacidad, sin necesidad de que el garante sea un Estado o una regulación como GDPR. Gracias a esta tecnología, los individuos pueden asociar a su persona todo tipo de credenciales verificables, como el DNI, el permiso de conducir, el pasaporte, la cuenta bancaria, etcétera. Los datos permanecen almacenados de forma descentralizada en una *blockchain*, de manera privada y segura, y así las personas pueden decidir siempre qué compartir con terceros y hasta cuándo. Por ejemplo, puedes compartir datos personales y tu número de teléfono con una aseguradora durante seis meses, pero no el *e-mail*. Existen algunas iniciativas como la aplicación Didit

(didit.me) o Dock (dock.io), basadas en diversos estándares como el establecido por W3C (World Wide Web Consortium, el que regula el estándar de los sitios web) o el Decentralized Identifiers (DIDs) v1.0[349].

La SSI, gracias a la descentralización tecnológica, consigue mantener todo el poder y la responsabilidad de la cesión de datos en el individuo. Un estudio reciente, llevado a cabo por ForgeRock[350], revela que las violaciones de las credenciales de los individuos han aumentado un 233 % en los Estados Unidos y representan el principal vector de ataque; el segundo sería el *ransomware*, el secuestro digital de datos a cambio de una cantidad de dinero. Los organismos gubernamentales, normalmente poco preparados para hacer frente a estos ataques, son el blanco principal de los criminales. Hospitales y centros educativos son los preferidos debido a los grandes volúmenes de datos personales que almacenan sin las debidas medidas de seguridad. El Hospital Clínic de Barcelona fue víctima de un ataque de *ransomware* en 2023. El ciberataque obligó a desprogramar 150 cirugías no urgentes, unas 3000 visitas a consultas externas y entre 400 y 500 extracciones. Hasta 4,5 TB de datos personales extremadamente sensibles de pacientes del Hospital Clínic fueron expuestos en la *dark web*. Pensemos que saber que se padecen ciertas enfermedades graves puede ser motivo de denegación de una hipoteca o de un seguro médico. El ciudadano no es consciente de la gravedad de estos ataques y la gran amenaza que suponen para su vida. Entre los expertos, la confianza en las instituciones gubernamentales para asegurar los datos está en declive, por eso la SSI permite no dejar a terceros o a organismos centrales esa responsabilidad tan delicada. La identidad soberana es el último baluarte de la privacidad y de los derechos humanos. Algo tan íntimo de lo que es una persona como la huella de carbono solo puede ser gestionada por una SSI; de lo contrario, nos abrimos a una tiranía biológica. Obviamente, la SSI requiere una cierta cultura digital para asumir el reto, pero pensemos que no solo nuestra libertad está en juego, sino también la propia identidad, aquello que somos. Sin identidad no somos nadie.

5.5. El monetarismo social contra la tiranía monetaria

Debemos evitar las relaciones afectivas con el dinero: tanto la avaricia o la ostentación propia de los ricos como el desprecio moralista de los izquierdistas. Hay que desterrar definitivamente uno de los mitos pseudomorales de la subcultura populista que considera al dinero como maligno o despreciable. El dinero en sí mismo es bueno. Sin complejos. Una cosa es ser un monje asceta y prodigar el voto de pobreza, lo que es muy loable, y otra despreciar el dinero o desmerecerlo. El dinero entre sus diversas funciones permite transmitir el valor creado en la producción de mercancías. El valor trabajo es tiempo. Y el tiempo no es malo ni sobra. Si yo compro una silla, estoy pagando una parte del tiempo de las personas que la han hecho y de otras personas que han hecho las herramientas y las máquinas para que se pueda hacer. Mejor diríamos que el dinero no es bueno ni malo, sino que materializa el valor; es decir, la creatividad, el trabajo, la energía y la tecnología, que constituyen parte de la esencia humana y permite formas de comunicación como el comercio, que han existido en muchas épocas y culturas diferentes, en cualquier caso, anteriores al capitalismo.

La lucha contra la desigualdad no solo radica en el acceso a la tecnología y al crédito o en el acceso a la propiedad de las empresas, sino también en la democratización del dinero. No es posible democratizar al acceso a la propiedad de los medios de producción de mercancías y servicios sin primero socializar los medios de producción del dinero. Que los que producen el valor sean los que crean el dinero es lo que llamamos autodeterminación monetaria. Es necesaria una democratización de la creación del dinero a través de un soberanismo monetario alternativo. Esta funcionalidad renovada de la creación del dinero debe estar en manos de la sociedad. Un monetarismo social debe consistir en la capacidad de producción del dinero. En definitiva, este monetarismo colaborativo, como veremos de aquí en adelante, democratizaría la tecnología de la creación de dinero. Estamos hablando de fundar instituciones colegiadas y comunidades que pudieran crear dinero (bonos o moneda) digital, no solo para pagos, sino para desarrollar diversas iniciativas de inversión social y préstamos privados, con comisiones de servicio, pero sin intereses. Los bancos centrales deberían perder el privilegio exclusivo de emitir moneda y los Gobiernos como el de EE. UU. nunca deberían pedir prestado el dinero a la banca privada (la FED son doce bancos privados), y menos pagar intereses compuestos. Como hemos visto, esta es la idea de Hayek, que desde su liberalismo le lleva a proponer la sustracción del monopolio de la emisión del dinero a los bancos centrales[351] como la mejor solución para controlar la inflación. Lo que aquí proponemos es socializar, además de liberalizar la solución hayekiana. Dependiendo del ecosistema de valor, poner en manos privadas o en la sociedad civil la emisión de monedas. Hayek añadió al libro al que nos hemos referido anteriormente, *Denationalisation of Money*, una ampliación en su tercera edición de 1990 con el subtítulo *The Argument Refined. An Analysis of the Theory and Practice of Concurrent Currencies*, donde examina ejemplos concretos de monedas complementarias. Solo le faltó conocer el bitcoin, que sigue el giro copernicano de Hayek[352], desafiando el axioma que se remonta al origen del dinero: la acuñación del dinero es una prerrogativa exclusiva de los soberanos.

Si la soberanía de una democracia reside en última instancia en el pueblo, este es el que debe emitir moneda. Soberanía popular monetaria. Esta nueva capacidad alternativa de crear dinero puede crear espacios sociales autodeterminados de manera descentralizada. Estas iniciativas pueden ser geográficas o sectoriales, de entidades públicas o privadas. Totalitarismo monetario y autonomía monetaria convivirán y lucharán entre sí durante mucho tiempo. Antes del mundo digital ya existían monedas complementarias y alternativas. Ahora, con la *blockchain,* esto ha pasado a un nivel superior y a un antagonismo feroz entre el imperio del dólar y la autodeterminación monetaria libre basada en criptomonedas. El totalitarismo globalista nacido con el *shock* de Nixon se está agotando y está siendo contestado por sus oponentes como los BRICS+ y por el mundo de las criptomonedas. El ajuste necesario es descomunal. Sistémico. El británico Institute of Economic Affairs (IEA), que es uno de los más influyentes *think tanks*, ha publicado un reciente estudio llamado *New Private Monies. A Bit-Part Player?*[353], en el que llega a unas interesantes conclusiones sobre el bitcoin. La primera de todas es que consideran que, por su naturaleza P2P (*peer to peer*, de igual a igual), las criptomonedas son un fenómeno económico-social imparable. Del informe se deduce que la única manera de combatirlo —más que regularlo o prohibirlo— es convirtiéndolo en activo de especulación para los fondos tradicionales con intención de manipular su precio, que es lo que se pretende con el ETF (*exchange traded funds*) del bitcoin, que ha sido autorizado por la SEC a once grandes fondos de inversión (BlackRock, Valkyrie, Grayscale, Bitwise, Hashdex, ARK 21Shares, Invesco Galaxy, Fidelity, Franklin Templeton, VanEck y WisdomTree). Se trata de un movimiento para influir en el precio del bitcoin por parte de las élites financieras. Es una contraofensiva del totalitarismo monetario al desafío de las criptomonedas. Anteriormente, asistimos a dos escándalos de los más importantes *exchanges crypto* (casas de cambio fiat-cripto), el de FTX y el de Binance, los dos, básicamente, por lavado de dinero y que han tenido consecuencias penales para sus directivos e importantes indemnizaciones económicas. Estas iniciativas de la Fiscalía de Estados Unidos han generado una oleada de pánico financiero entre muchos de los clientes, que han acabado retirando sus fondos. Sin duda, estas maniobras están orientadas a generar desconfianza e inseguridad respecto a las criptomonedas, frente a la seguridad y presumible confianza del futuro dólar digital. Ron Paul, un senador americano que propugna la abolición de la FED, ha afirmado que el bitcoin podría llegar a destruir al dólar. En todo caso, el bitcoin es un desafío y no será el último. Es lógico que muchas de estas prácticas descentralizadas, que se ven como una amenaza, se quieran integrar como negocio en el *establishment*, pero, sin duda, existirá siempre un reducto de contrapoder no asimilable.

El totalitarismo intenta contrarrestar el impulso revolucionario de la *blockchain*, al mismo tiempo que intenta cambiar el sistema monetario para tener mayor control sobre el dinero de los ciudadanos a través de las CBDC. Solo hay tres proyectos lanzados de moneda digital centralizada: el Sand Dollar de Bahamas, que fue el primero del mundo; el Jam-Dex de Jamaica y el eNaira de Nigeria. Hay 135 proyectos de CBDC en marcha, de los cuales treinta y cinco están en fase piloto; treinta y uno en desarrollo; cuarenta y cinco en fase de investigación; diecisiete inactivos y dos cancelados[354]. Todos estos proyectos afectan a más del 80 % de los bancos centrales en el mundo, y el 90 % están gestionados por el BIS, que lleva estudiando el tema desde 2018 a través de su división BIS Innovation Hub[355].

Esta es una historia africana que merece ser contada. Por su volumen, más de 200 millones de habitantes en Nigeria, el eNaira es el proyecto más importante de CBDC hasta hoy. Ha sido realizado sobre la plataforma *blockchain* Hyperledger Fabric. El 25 de octubre de 2022, un año después del referéndum sobre la implantación del eNaira en Nigeria, en el que el 99,5 % de los ciudadanos votó en contra, el entonces presidente Muhammadu Buhari, desoyendo a la población, puso en marcha el proyecto de CBDC. Unos días antes, el 20 de octubre, las ventas de bitcoin empezaron su escalada desde veinte millones de NGN hasta llegar a su pico de 110 millones NGN el 15 de marzo de 2024. En diciembre de 2022, el Gobierno lanzó un ataque contra el dinero en efectivo. El gobernador del Banco Central de Nigeria (CBN) anunció que, para principios de 2023, Nigeria pasaría completamente del efectivo físico al eNaira. Se forzó un corralito por el que solo se podían sacar cuarenta y cinco dólares por día en los cajeros automáticos. Los ciudadanos deberían cambiar su dinero en efectivo por el digital a través del CBN. A pesar de que el CBN había asegurado que el efectivo físico no se eliminaría hasta que la CBDC estuviera plenamente operativa, el 10 de febrero de 2023 el 80 % de los 7200 millones de dólares de los ciudadanos acabaron unilateralmente, por orden del Gobierno, en los monederos digitales del eNaira, desapareciendo el efectivo por completo. La mitad de la nación, la gente más pobre que no tenía cuentas bancarias, se quedó con billetes viejos sin valor y, a partir de ese mismo día, no pudieron pagar nada. Las consecuencias fueron devastadoras. No podían comprar comida. El 16 de febrero de 2023 estallaron violentos disturbios con numerosas víctimas. Anteriormente a la conversión forzosa, la operativa de eNaira funcionaba correctamente, pero se limitaba a la clase media, unos treinta y cinco millones. El nuevo presidente, Bola Ahmed Tinubu, el 29 de mayo de 2023 restableció la validez de la antigua moneda naira junto con los nuevos naira, que nunca llegaron al 10 % y que se hicieron para paliar la falta de efectivo, y el eNaira como moneda complementaria. Los 7500 millones de efectivo convertidos a moneda digital desaparecieron del corrupto sistema nigeriano en transferencias hacia bancos de inversión norteamericanos como Goldman Sachs. Como conclusión a este sainete, se hizo culpable al exgobernador del CBN, Godwin Emefiele, y el 10 de junio de 2023 fue detenido. Nigeria es uno de los países con más propietarios de criptomonedas del mundo, con 33,4 millones de personas que representan el 19,4 %, frente a los veintisiete millones (8,3 %) de Estados Unidos. El antagonismo monetario entre criptomonedas y criptofiat (CBDC) está claro.

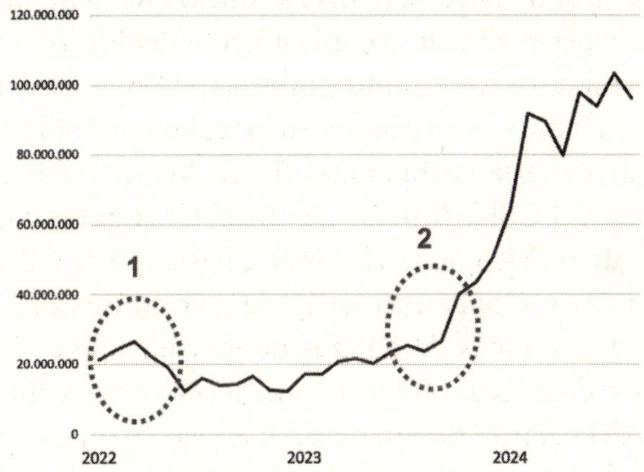

Gráfico 5.3. Las dos compras masivas de bitcoin en Nigeria. Antes del lanzamiento de eNaira (1) y después del restablecimiento del naira (2). Entre medio, la escasez monetaria impide las compras masivas. (Fuente: elaboración propia con datos de Investing.com)

Es evidente que la imposición autoritaria ha sido una de las causas del fracaso del eNaira, pero la clave, en nuestra opinión, son las malas decisiones monetarias. Se ha tratado el proyecto como una mera implantación tecnológica y esto no ha servido para solucionar los graves problemas monetarios de Nigeria, como la alta inflación, la falta de tipos de cambio fijos o la enorme deuda, ya que el FMI estimó que solo los intereses de esta representan el 82 % de los ingresos del Gobierno federal. Las CBDC son un proyecto globalista del BIS, para implantar un nuevo sistema financiero mundial que permita el control total del dinero. Estas monedas digitales son programables, con lo cual pueden evolucionar mucho más allá de las promesas iniciales de facilitar los pagos electrónicos hacia el crédito social y la consecuente pérdida de la privacidad financiera y de la libertad económica. Además, el FSB está estudiando cómo regular los criptoactivos a nivel mundial.

Lo que hemos visto con el eNaira es una CBDC minorista, pero también hay proyectos de CBDC mayorista. La DCMA (Digital Currency Monetary Authority) anunció el lanzamiento oficial de una CBDC descentralizada, basada en el estándar Crypto 2.0[356] para bancos centrales, que cumple con las recomendaciones en política de criptoactivos del FMI. Se llama unidad monetaria universal (UMU). En cualquier caso, el único contendiente al totalitarismo monetario actual es The Unit, una divisa para pagos institucionales, impulsada por los BRICS+ y liderada por China, basada en una cesta de monedas y parcialmente respaldada por reservas de oro.

La batalla está servida. Dinero fiat digital contra criptos. Totalitarismo monetario contra autodeterminación monetaria, capaz de crear un monetarismo social libre. El reto es impulsar la democratización de la creación del dinero frente a la continuidad de una economía insostenible y opresora. Y hemos visto que *blockchain* es capaz de crear proyectos monetarios de dinero digital y proyectos tokenizados de comunidades de valor de uso. La tokenización permite una cierta desmonetización de la economía real y facilita la contabilidad bioeconómica. Como dice el evangelizador del bitcoin Andreas Antonopoulos, «es un sistema transnacional abierto, sin fronteras de acceso a pagos financieros y confiable que permite la innovación sin permiso, con alta resistencia a la censura, a la coerción y a la manipulación geopolítica»[357]. No es nada despreciable la capacidad innovadora de la comunidad *bitcoin-blockchain*: hay una gran proliferación de protocolos mejorados y nuevas propuestas de técnicas, empresariales y sociales, que surgen cada día para solucionar problemas decisivos. Somos optimistas.

6. EL FUTURO POSGLOBALISTA: LOS DILEMAS

6.1. Los dilemas de la civilización

A lo largo del libro, hemos realizado un largo viaje. Hemos visto las consecuencias palpables del globalismo en nuestras vidas con el deterioro de la prosperidad, de los valores, de la libertad y de la educación. Hemos entendido cómo funciona el globalismo y cómo somete a toda la economía y los Estados nacionales a través de la globalización. El poder utiliza dos herramientas: el totalitarismo monetario apoyado por el militarismo; y la microfísica del poder, que desarrolla mentalidades subyugadas a través de ideologías extremas como el cambio climático, la Agenda 2030 o la cultura *woke*. Este imperio financiero global se ejerce a través del dólar y beneficia solo a una élite rentista que quiere planificar a su favor el desarrollo mundial. También hemos podido comprobar que, detrás de tanta charlatanería y de ideas imposibles, la economía no escapa a las leyes de la física, con lo que el dinero representa una deuda energética para las generaciones futuras. También sabemos que las políticas energéticas actuales no funcionan y que la economía decrece de manera no uniforme. La estrategia de las élites es asegurarse el control y el uso de la energía en ese descenso. Sabemos que todas las estructuras disipativas del universo funcionan consumiendo energía, que nosotros somos una de ellas y que nos adaptamos mediante nuestra inteligencia natural, que procesa información (neguentropía) para conseguir soluciones más complejas.

Aunque sabemos cómo funcionan las cosas, nos es difícil predecir el futuro. Y es aquí donde surgen una serie de dilemas:

- ¿Es el fin de nuestra civilización de los combustibles fósiles o es el fin de la humanidad?
- ¿Tendremos un decrecimiento no uniforme hasta un nuevo equilibrio energético o llegaremos hasta el colapso definitivo?
- ¿Estamos ante el fin próximo de la energía útil hasta el descubrimiento de nuevas formas de energía o nos encontramos en el camino a la extinción?
- ¿Nos encontramos ante el fin de la democracia o podemos esperar una regeneración?

Son preguntas sin una respuesta clara, pero sí que hemos aventurado estrategias de solución para estos dilemas que se abren en este nuevo espacio del posglobalismo.

a) La economía debe evolucionar o debe ser sustituida por una bioeconomía, capaz de analizar los problemas de la humanidad de manera científica, tomando como base la energía y la entropía.

b) La política bioeconómica (política económica termodinámica) debe ser global y debe estar basada en la bioeconomía, pero las soluciones deben partir de la sociedad y deben ser votadas dentro de las opciones marcadas por la ciencia.

c) Se debe llegar a un consenso de nivel de prosperidad mínimo, para poderlo conservar incluso durante el decrecimiento.

d) El totalitarismo monetarista solo puede ser superado por la autodeterminación monetaria de la sociedad basada en las criptomonedas, en la tokenización y en tecnologías como la *blockchain*. A largo plazo, esto debería conducir a la abolición de los bancos centrales y de los organismos de estabilidad financiera.

e) Los derivados financieros y la actividad crediticia de los bancos deben ser hiperregulados (algunos prohibidos), mientras las iniciativas de cadena de bloques evolucionan como alternativa.

f) La SSI debería ser una prolongación de los derechos humanos que todos los países tendrían que implementar.

g) La posdemocracia debería redemocratizarse en una democracia digital directa y distribuida basada en *blockchain*.

h) Debería ponerse en marcha un proceso de prohibición y desmantelamiento de armas nucleares estratégicas.

i) Nuevas organizaciones internacionales digitales, transparentes y seguras deberían sustituir a las actuales.

Además de reformar la gestión del poder, de la energía y del dinero, también hemos entendido que la humanidad debe evolucionar hacia una mayor complejidad social, hacia un nuevo tipo de civilización que sea capaz de aprovechar más energía del planeta, o incluso de fuera, para salvarse. Tenemos que ser conscientes de nuestras limitaciones físicas, aunque seamos la estructura disipativa más evolucionada de la evolución cósmica —que sepamos, y esperamos que el Voyager 1 pronto nos desmienta—. Esto solo lo conseguiremos con dos mecanismos: una mayor conciencia, ya no global, sino cósmica —como veremos en el último epígrafe—, y más ciencia, no solo tecnología. Con una nueva ciencia base orientada a buscar soluciones energéticas y conciencia cósmica para la gestión de los problemas de la humanidad, puede constituirse un nuevo sujeto político-social capaz de abrir la esperanza para nuestros hijos.

Este sujeto social es la clase *informacional* que realiza el trabajo intelectual del mundo digital (emprendedores, técnicos, científicos, ingenieros, titulados en general, gestores en general), la que aporta más valor añadido a la economía y que está más subyugada por el capital financiero. Ante un escenario de macroclases improductivas debido a la inteligencia artificial, la clase informacional, tal como si fuera una nueva burguesía, en alianza con estas macroclases desfavorecidas, puede derrocar a esa nueva monarquía absolutista del globalismo rentista-financista que se apoya en la inteligencia artificial si ejerce su propia autovalorización con inteligencia.

Para este nuevo sujeto, la inteligencia natural propia de los seres humanos es más importante que nunca. Hemos visto como el poder intenta que no se enseñe ni se aprenda pensamiento crítico, porque este es el que empuja a la acción del contrapoder. Sabemos como se imponen constantemente narrativas que alejan a los ciudadanos de la verdad. Contemplamos como la manipulación de las noticias y las estadísticas pervierte la realidad haciéndola soportable. Conocemos las ideologías que los poderosos incentivan para dividirnos y debilitarnos. Es hora de hacer algo al respecto. Habría que conseguir un pensamiento crítico colectivo y cooperativo capaz de oponerse a los discursos triunfalistas perjudiciales. No se pueden contrarrestar a los *think tanks* sin anti-*think tanks*, bien organizados y dotados económicamente.

El contrapoder vendrá de la práctica de una inteligencia colectiva. En ciencia se practica habitualmente y se considera un método eficaz para la resolución de problemas por grupos distribuidos y coordinados digitalmente[358]. La colaboración de varias inteligencias humanas da buenos resultados cuando se trata de movilizar habilidades para abordar un problema común. Según estudios realizados, lo más importante para el éxito de la inteligencia colectiva son los procedimientos utilizados en los grupos y sus habilidades, más que su tamaño o composición[359]. En el caso que nos ocupa, más que de una inteligencia colectiva deberíamos hablar de una contrainteligencia colectiva, pues debe desarticular los discursos de los *thinks tanks* y proponer alternativas que puedan ser implementadas. Redes de individuos con un mismo propósito deberían colaborar, haciendo estudios críticos que tuvieran una inmediata utilidad práctica, para ir así avanzando en las soluciones de la época posglobalista. Hay razones para el optimismo.

6.2. La crisis del globalismo

La globalización económica se adapta a la nueva coyuntura. En algunos aspectos se desglobaliza por necesidad, cuando algunas cadenas de valor ya no son sostenibles a nivel mundial —la OMC lo llama reglobalización—, y en otras, en todo lo digital y financiero, se hiperglobaliza. El resultado es que la financiarización concentra cada vez más activos en menos tenedores. Mientras, continúa imparable la desnacionalización de los Estados y la desvalorización de las sociedades. Siempre se habla de los ganadores y de los perdedores de la globalización. Son siempre los mismos. Las élites ganan, los ciudadanos pierden. No sin cierta ironía, las élites que son las dueñas de las instituciones financieras del monetarismo y de las empresas de energía, especialmente de los combustibles fósiles, son las que promueven la ideología del cambio climático o el capitalismo social, pero cada vez tienen menos crédito.

Los Estados nación surgieron a partir de la Paz de Westfalia en 1648. Es, de alguna manera, el orden mundial moderno. Los Estados nacionales son una construcción política, y el concepto moderno de nación, una ideología que ha funcionado hasta ahora. Las discontinuidades históricas deben ser resaltadas por encima de las genealogías legitimadoras. Italia, durante mucho tiempo, estuvo constituida por pequeñas pero poderosas repúblicas independientes, hasta ser sometidas por diversas monarquías europeas. Luego, en tiempos de las revoluciones liberales, los italianos hicieron sus guerras de independencia, hasta que en 1871 se fundó el Reino de Italia. Camillo Benso, conde de Cavour, fue el político clave detrás de esta unificación italiana, y son famosas sus palabras «hemos hecho Italia, ahora hemos de hacer a los italianos», pronunciadas en la primera sesión del Parlamento. Después de la unificación territorial viene la construcción de los sujetos. Italia, con más de veinte lenguas, alberga una fragmentación lingüística mayor que la española y, sin embargo, tiene mayor cohesión territorial. Todo lo que se construye se puede deconstruir. Y eso es lo que está ocurriendo ahora con las naciones europeas. Franceses contra Francia, españoles contra España, norteamericanos contra los Estados Unidos. Ahora se promueven nuevas identidades colectivas, fragmentarias, diseñadas por ingenieros sociales o importadas de otras culturas, para que destruyan la nación, el Estado y la familia.

Durante los siglos XVII, XVIII y XIX se constituyen los bancos centrales de los más importantes Estados nación. Desde que hay bancos centrales hay política monetaria. El primer banco central fue el de Inglaterra en 1649 —justo un año después de la Paz de Westfalia—, antes de la Revolución Industrial, cuando el capitalismo existía en muy pequeña escala a pesar de la gran actividad mercantil, especialmente dedicada al desarrollo masivo de procesos artesanales como los telares. El capital financiero nació antes que el capital industrial. Los préstamos y la deuda permitieron la expansión y el crecimiento del capital industrial, pero el capital financiero, con su truco de la reserva fraccionaria, ha ido apropiándose de todo y se ha ido independizando de los Estados nacionales de donde surgió.

El mundo capitalista, cada vez más interdependiente e internacionalizado, necesita coordinar las políticas monetarias, y esta necesidad se ve después de la Primera Guerra Mundial, pero sobre todo al acabar esta. Los representantes de los bancos centrales de las potencias mundiales del momento —Montagu Norman, gobernador del Banco de Inglaterra; Emile Moreau, director de la Banca de Francia; Hjalmar Schacht, presidente del Banco del Reich (Alemania) y Benjamin Strong[360], gerente del Banco de la Reserva Federal de EE. UU.— se reunieron en muchas ocasiones, buscando acuerdos para detener la hiperinflación y recuperar la economía, pero sin demasiado éxito. Como hemos visto, este proceso acaba con la fundación del BIS en 1929, el mismo año de la Gran Depresión. Esta ocurrió en buena parte por el monetarismo restrictivo. Las autoridades promovieron posteriormente un expansionismo monetario, para conseguir volver a la senda del crecimiento económico. Este es otro punto de inflexión, donde se empieza a orquestar el futuro nuevo orden mundial. Otro precedente es el documento de los *Catorce Puntos* del presidente Woodrow Wilson, haciendo un llamamiento después de la Primera Guerra Mundial para la creación de la Sociedad de las Naciones, precursora de la ONU.

Al finalizar la Segunda Guerra Mundial, el globalismo funda todos los organismos internacionales y, especialmente a través de los acuerdos de Bretton Woods, pone fin a la época del proteccionismo económico. Keynes abogó por una solución teórica coherente como era la creación de un órgano internacional de compensación, la International Clearing Union (ICU), que emitiría una moneda internacional, el bancor, vinculada a una cesta de divisas fuertes y canjeable en moneda local por medio de un cambio fijo. Sin embargo, el globalismo ya había definido su plan y sus organismos monetarios, especialmente el BIS, y también había escogido al dólar como moneda de referencia. A pesar de todo, Keynes apoyó al BIS en contra de los que pidieron su disolución. Bretton Woods establecía un aparente orden monetario negociado entre Estados independientes, pero marcaba la primacía del dólar y, por tanto, la dependencia de las demás divisas a este. Se estableció un sistema de patrón-oro, en el que se requería que los países miembros garantizaran la convertibilidad de sus monedas en dólares dentro del 1 % de las tasas de paridad fijas, con el dólar convertible a lingotes de oro para los bancos centrales extranjeros. Con esos instrumentos y con su visión globalista, la élite financiera pudo iniciar la globalización. Es el nuevo orden mundial. Friedman y su nueva teoría cuantitativa del dinero ofrecieron a los Gobiernos y a los bancos centrales las herramientas de política monetaria que servirían para la completa financiarización de los mercados.

El *shock* de Nixon de 1971 es un golpe de Estado de ámbito internacional de Estados Unidos, como representante del dólar, al resto de países del orbe. Allí surge el imperio del dólar y el totalitarismo monetario. Las demás divisas y naciones están formalmente sometidas al poder americano. En 1989, con la caída de la URSS, el globalismo profundiza su dominio mundial hasta la crisis de 2008, que marca el inicio del agotamiento del sistema monetarista y las dificultades de las organizaciones mundiales para crear un Gobierno mundial. A la concentración financiera y económica le ha seguido una concentración del poder político, al menos en las funciones esenciales, en un estado mundial centralizado en la sombra, gracias a la elección y desarrollo de sus dirigentes, encargados de imponer las agendas globales definidas por los super *think tanks* y apoyadas por los organismos de gobernanza global. Esta etapa del globalismo está dando signos de mal funcionamiento monetario y político. Actualmente seguimos con un expansionismo monetario exacerbado, pero cada vez con menos resultados. La pandemia de 2020 ha servido para retrasar la crisis de deuda, así como la guerra de Ucrania, pero una gran destrucción de activos se avecina.

En cualquier caso, hay que destacar que estos cambios que manifiestan la evolución del globalismo han sido empujados por crisis energéticas. El pico del carbón en Reino Unido hace que el centro del poder mundial se traslade a Estados Unidos, gracias a la abundancia de petróleo nacional primero y, después, por sus acuerdos con Arabia Saudí. Ahora que los costes energéticos se han incrementado notablemente, las políticas monetarias no funcionan como en el pasado. La energía sola no produce nada. Lo que transforma la naturaleza es el trabajo humano, que es el que le trasmite un valor. El referente del dinero es siempre el valor, y el valor es el producto del trabajo humano que transforma materias primas mediante energía e información. Esta es la razón de por qué el último referente del dinero es la energía, cosa que olvida completamente el monetarismo.

> El dinero es el lenguaje, no la sustancia de la economía real. En última instancia, la economía es, y siempre ha sido, una ecuación del excedente de energía. Como tal, se rige por las leyes físicas de la termodinámica, y no por las leyes del mercado creadas por el hombre[361].

La crisis del globalismo tiene sus ideólogos radicales, como Klaus Schwab y su WEF, que apuestan por el gran reseteo. Solucionar la crisis globalista con la llamada cuarta revolución industrial, o lo que es lo mismo, convertir el neofeudalismo en tecnocrático. En el terreno político, se aspira a crear una dictadura global tecnológica que en cada área geográfica se adaptaría a su particular sabor. Democrático, socialdemócrata o tiránico de socialismo de mercado. Con un monetarismo absoluto, basado en las divisas digitales y en la identidad digital centralizada. Y mediante una contabilidad mundial y fiscal basada en el dióxido de carbono.

El premio nobel de economía Joseph Stiglitz es uno de los economistas clave del *establishment* mundial, colaborador de la Administración Clinton y presidente de la Comisión de Expertos sobre Reformas del Sistema Monetario y Financiero Internacional. Stiglitz representa al ideólogo moderado y reformista del globalismo en su intento de proponer soluciones a la crisis. Es la cara amable del globalismo, del monetarismo menos agresivo. En sus libros de divulgación reconoce abiertamente, desde muy pronto, los graves desequilibrios económicos y políticos que crea el globalismo, y propone reformas para acallar a los antiglobalistas más críticos. Se convierte en adalid de un capitalismo progresista que quiere reformar el sistema monetario, para conseguir democratizar la globalización y compartir la prosperidad. Su último esfuerzo desesperado ha sido el libro de 2006 *Making Globalization Work* (hagamos que funcione la globalización), que en español se titula *Cómo hacer que funcione la globalización,* más comercial, pero con otro significado). El título en inglés es más desesperado, porque la percepción social de la globalización es negativa. De hecho, el informe anual de la UNDP (United Nations Development Program) de 2007 lleva casi el mismo título que el libro de Stiglitz, *Making Globalization Work for All*[362]. No es que la globalización no funcione, lo hace y muy bien, pero solo para unos pocos, y estos no se pueden permitir que algo tan evidente se vea. Por eso, una parte de las élites ve con preocupación lo que Stiglitz llama la «era del descontento». Los argumentos racionales y los datos sobre la destrucción de la prosperidad son apabullantes. Buen conocedor de los abusos del sistema monetario mundial, Stiglitz propone un nuevo sistema de reserva del dólar, así como la reforma de instituciones como el FMI o el BM y medidas para solucionar el déficit democrático de los países. De ahí vienen los lemas «globalización justa» o «globalización para la gente». Esta es su participación en la batalla cultural: promesas racionales para la izquierda, para contrarrestar la crítica social.

> Para gran parte del mundo, la globalización tal como se ha gestionado parece un pacto con el diablo. Unas cuantas personas en el país se vuelven más ricas; las estadísticas del PIB, por lo que valen, parecen mejores, pero los modos de vida y los valores básicos

> están amenazados. Para algunas partes del mundo, las ganancias son aún más tenues y los costos más palpables. Una integración más estrecha en la economía global ha traído consigo mayor volatilidad e inseguridad, y más desigualdad. Incluso ha amenazado valores fundamentales. No tiene por qué ser así. Podemos hacer que la globalización funcione, no solo para los ricos y poderosos, sino para todas las personas, incluidas las de los países más pobres. La tarea será larga y ardua[363].

Sin embargo, este tipo de discurso ya ha caído en el olvido por su falta de eficacia, y ya hemos visto que la manera de acallar al descontento no es proponer nuevos imposibles, sino producir nuevos discursos urgentes y egocéntricos. La ideología del cambio climático y las identidades de género pasan por delante de las reivindicaciones económicas y socavan el contrapoder social. El dióxido de carbono es el gas de la vida, no de la muerte. Sin embargo, no hay debate sobre la situación energética, sobre las mejores políticas, sobre cómo afecta al sistema financiero y económico. La crisis del totalitarismo monetario exige una resolución, un cambio de fase. Diversas facciones intentan postularse en esta situación, para gestionar el proceso de oportunidad en su favor. Veamos cuáles son.

6.3. Las opciones posglobalistas

El globalismo ha implementado la agenda globalista mediante la globalización. El totalitarismo monetario ha jugado en todos lo bandos y ha promovido el conflicto social. Financió tanto la Revolución rusa como el fascismo y el nazismo, pero también el desarrollo de los Estados Unidos. Más allá de las etiquetas, el globalismo necesita un estado corporativista y planificado en lo esencial, con apariencia de democracia. El objetivo es un mercado mundial monopolista y colonialista, un estado mundial sin democracia, una moneda única sin contrapartida, un control social absoluto. Para ello coloca a sus peones en todos los puestos de influencia y elimina a sus enemigos, al tiempo que provoca eventos críticos que puedan cambiar el comportamiento colectivo de los pueblos. Sin embargo, no es fácil jugar a este juego y los globalistas han perdido muchas partidas contra la sociedad; han cometido muchos errores y su planificación es muchas veces una ilusión, pues hay fuerzas mayores que la humana que nadie controla. Así aparece el posglobalismo, como ese espacio de oportunidad para la construcción de una sociedad diferente ante la crisis presente de la globalización y del globalismo. El totalitarismo monetario no está funcionando con eficacia, lo que requiere un cambio drástico en la sociedad para seguir con el dominio mundial. Algunas tendencias visibles son:

- Control ciudadano y empresarial a través de la identidad digital.
- Imposición de las divisas digitales (CBDC).
- Introducción del crédito social.
- Promoción de la ideología del cambio climático.
- Patrocinio de las identidades de género e ideología *woke*.
- Aceptación de un multiculturalismo destructivo para crear conflictos en Occidente.
- Fomento de las políticas de reducción de la población.
- Censura y control de medios de comunicación.

Pero, además de esto, existen peligrosos movimientos geopolíticos entre los diversos bloques que pueden desembocar en una guerra mundial. En cualquier caso, esta crisis del globalismo muestra claras vulnerabilidades del sistema:

- Las expansiones monetarias no consiguen empujar el crecimiento económico.

- La identidad autosoberana va ganando adeptos.
- El mundo de la tokenización va creciendo en todos los ámbitos.
- La ideología del cambio climático empieza a ponerse en duda.
- La descarbonización empieza a ser abandonada por empresas y Gobiernos.
- Los ciudadanos cada vez son más conscientes del colonialismo digital, del abuso de la privacidad y de la manipulación de sus hábitos.
- La inmigración ilegal cada vez está más contestada.
- El descrédito de la democracia y del Estado de derecho es una realidad.
- La información alternativa ya no es minoritaria.

El globalismo está perdiendo la batalla cultural y la económica en los márgenes del sistema, por eso se radicaliza en sus intenciones de control social y de conflicto intrasocietario e internacional. Podemos ver el dilema de la sociedad contemporánea entre varias tendencias y escenarios que compiten por el liderazgo mundial.

1) *La resistencia americana, el ultraglobalismo*

El ultraglobalismo atlantista solo puede pervivir a base de *shocks* y confrontaciones bélicas contra sus enemigos o contra los que se opongan a sus planes de expansión. Tiene muy bien definido su esquema de poder y sus ideologías, y es suficientemente táctico para adaptarse rápidamente a las situaciones y crear oportunidades. Su expansión está planificada desde hace décadas, pero ahora su instrumento principal, las políticas monetarias expansivas, está dejando de funcionar ante un endeudamiento público y privado colosal, con lo que se avecina una destrucción masiva de valor vía *shock* financiero o guerra global. El globalismo es un riesgo ontológico. La misma supervivencia de la humanidad está en peligro de extinción debido a su dinámica agresiva. Pero no olvidemos que los dueños del mundo no solo apuestan por la locomotora americana. Este es solo uno de los escenarios. Hay que entender que el globalismo es un entorno competitivo. Los amos del mundo juegan con diferentes opciones. En todo caso, la agresividad del totalitarismo del dólar y su enfoque belicista hacen que se esté pensando, por primera vez en la historia, en escenarios de conflicto con armas tácticas nucleares que vulneran claramente la norma de la distinción (*rule of distinction*) —, a saber, la imposibilidad de distinguir entre objetivos militares y civiles—. y, por consiguiente, el derecho internacional[364]. El estratega de la geopolítica por excelencia Zbigniew Brzezinski llegó a la conclusión de que, en el caso de que el liderazgo estadounidense empiece a declinar, «es improbable que algún Estado individual pueda ostentar la actual preeminencia global estadounidense»[365], y propuso que Estados Unidos siguiera con su dominio por un tiempo, pero que posteriormente iniciara una cooperación con algunos socios euroasiáticos. Parece que, ya sin Kissinger, nadie lo escucha.

2) *El globalismo alternativo de los BRICS+*

El desafío directo al globalismo viene de parte de los BRICS+ (Brasil, Rusia, India, China, Sudáfrica, a los que se han ido añadiendo Egipto, Irán, EAU, Arabia Saudí y Etiopía). Es un globalismo alternativo, liderado por China y apoyado por Rusia, pero actualmente con la inestimable ayuda de Arabia Saudí. El globalismo alternativo no es antiglobalista, es globalista, pero de otra manera, más enfocado en lo económico que en lo monetario y lo militar. Los BRICS+ no luchan para sustituir a Estados Unidos, sino para independizarse. Las élites juegan con ambas estrategias. Los BRICS+ son potencias con independencia energética, con grandes recursos naturales, tierras raras. China y Rusia son grandes potencias militares con mucha influencia internacional en territorios como África. China es la segunda economía del mundo y una potencia en tecnologías punteras como la inteligencia artificial. También es importante tener en cuenta que China ha sido el mayor acreedor extranjero de la deuda americana durante más de una década, pero por diversas razones empezó a vender sus bonos y actualmente (2024) es el segundo tenedor a nivel mundial, con el 9,94 %. Japón es el primero, con el 14,37 %. Curiosamente, aquí encontramos a los paraísos fiscales y bancarios más importantes. Luxemburgo es el cuarto acreedor y las Islas Caimán el sexto. El hecho de que China se esté desvinculando del dólar como moneda de reserva y haya estado comprando reservas de oro no solo significa que esté luchando contra el liderazgo del dólar, sino que también evidencia que las élites están trasladando parte de su riqueza al proyecto alternativo. Aun así, EE. UU. sigue siendo el mayor tenedor de oro del mundo, a gran distancia del resto con 8133 toneladas, y China es solo el sexto. Rusia y los países emergentes lideran últimamente las compras de oro. China puede ser la nueva cara del globalismo. En todo caso, el multipolarismo es una ficción. Si cae Estados Unidos, el liderazgo será de China, aunque no puede prescindir de Rusia, porque es una potencia militar. En cualquier caso, no nos engañemos, es una cuestión de estilo. Los chinos prefieren la guerra híbrida, no son tan agresivos como los americanos, por eso el multipolarismo será formal y puede darse un dominio chino. Es un colonialismo discreto donde el ganador, en vez de llevárselo todo como los americanos, te deja unas migajas.

3) *Multiglobalismo*

Podría darse el caso de que EE. UU. no acabara de hundirse y, a pesar de descender a ser la segunda potencia mundial, tuviera suficiente fuerza para mantener una hegemonía sobre territorios como Europa, Hispanoamérica y norte de África. Esto dependerá de la lucha entre las diversas facciones del imperio, entre palomas y halcones. En ese caso, aunque China liderara el globalismo con el apoyo de los BRICS+, con apoyos en África y Asia, los dos bloques formarían un duopolio y se repartirían roles y territorios.

4) *El antiglobalismo soberanista internacional*

Este es el frente ideológico-político más importante a nivel internacional y el mejor organizado entre grupos que no conforman la élite. Generalmente son partidos de la nueva derecha o derecha alternativa, y alguno incluso de extrema izquierda. Steve Bannon ha sido uno de los líderes que ha trabajado en la sombra para organizar esta internacional llamada The Movement. Al ser un movimiento político aspirante a gobernar en los Estados nacionales, es una opción a largo plazo. En el mejor de los casos, podría gobernar en varios países clave, para poder hacer cambios de calado que le permitieran articular un sistema mundial alternativo. Los globalistas se defienden con uñas y dientes, como ha sido el caso de las legislativas francesas de 2024 con un Nuevo Frente Popular en contra del partido de Le Pen. Es un movimiento de resistencia, pero hay que entender que, por mucha batalla cultural que se dé, el globalismo no tiene apego a las ideologías que promueve, no hay nada esencial en ello, es solo táctico. Si en vez de hablar de calentamiento global hay que hablar de enfriamiento global, no habrá problema. Sin embargo, esta opción soberanista adolece de una propuesta alternativa al sistema monetario mundial actual, a pesar de las buenas propuestas de Donald Trump, que se ha manifestado partidario de usar el bitcoin como moneda de reserva y contrario al dólar digital. Pero si no se desarrolla una alternativa monetaria, al llegar al poder será fagocitada por el totalitarismo monetario.

5) *El contraglobalismo islamista*

El contraglobalismo islamista es más una promesa que una realidad. Algunos países musulmanes forman parte de los BRICS+, pero en un momento dado podrían construir su propia alternativa. En cualquier caso, hay que reconocer que por el momento adolecen de una falta de integración estratégica entre los países con mayoría musulmana, especialmente sunita. A pesar de la supremacía ideológica del salafismo y sus variantes, no hay que descartar que sea un proyecto que con los años vaya ganando masa crítica, aunque haya una falta de poder monetario y militar. Los estudios de prospectiva indican que los musulmanes conformarán la mayor religión del mundo hacia la mitad del siglo, y cabe esperar que empiecen a tener un proyecto propio de *umma* que se pueda convertir en un polo de oposición globalista importante.

6) *El subglobalismo europeo*

Europa es la gran perdedora de la geopolítica internacional. El proyecto de la Unión Europea ha manifestado las bases débiles sobre las que se ha construido, a pesar de ser el modelo de ideal de gobierno para los globalistas. Con una política exterior imposible, una economía hipotecada por regulaciones absurdas y una deuda gigante, así como una cesión de lo militar a la OTAN, evidencia una sumisión al proyecto geopolítico de Estados Unidos difícil de revertir. Si los Estados nacionales han sido intervenidos y desprovistos de soberanía, y las democracias se han deteriorado hasta límites impensables, la Unión Europea ha conseguido multiplicar esto por varios órdenes de magnitud. El atlantismo controla la estrategia y la ejecución de la Comisión Europea a través de la OTAN y la Agenda 2030. A Europa solo le queda el papel subalterno en la división del trabajo geopolítico norteamericano. Es muy improbable que Europa consiga ser independiente, y no digamos ya orbitar en el área de los BRICS+. Si EE. UU. se desmorona como potencia mundial, lo hará llevándose por delante a Europa.

7) Otros posglobalismos

Los escenarios posglobalistas básicamente son el resultado de la lucha entre dos bloques a corto plazo, pero existen otras opciones minoritarias que se desarrollan en el terreno más ideológico que geopolítico, como el *ecoglobalismo* o el *desglobalismo,* que pueden tener algo que decir en el futuro. El aumento de la conciencia ecologista entre los jóvenes es un hecho, y es difícil que, a pesar de todas las deconstrucciones posibles de la ideología del cambio climático y sus aristas, vaya a detenerse. Por lo cual, tanto a nivel ideológico como práctico, los futuros líderes del globalismo tendrán que tener muy en cuenta el ecoglobalismo como estrategia de articulación de las generaciones jóvenes. Pensemos que la gran mayoría de pirámides poblacionales en treinta o cincuenta años van a dar casi un 50 % de menores de treinta años.

También podemos identificar una tendencia contraria a la globalización partidaria de la localización económica e ideológicamente más tradicionalista que las ideologías impulsadas por el globalismo. Esta es otra opción que se ve reforzada por la desglobalización de algunos aspectos económicos y ante la imposibilidad de mantener ciertas cadenas de valor y de logística internacionales. Las interrupciones constantes de ciertas cadenas de suministro obligan a la localización de los productos. El transporte aéreo y marítimo se ha desplomado en los últimos años[366]. En España, según los datos del último trimestre de 2023 del Ministerio de Transportes, se constata una reducción del 19,3 % en las toneladas-kilómetros producidas, en comparación con el mismo periodo del año anterior.

Estamos convencidos de que un *hispaglobalismo* en un mundo multipolar es posible, pero por ahora es bastante improbable que tenga lugar. Aún nos falta mucho para recuperar el espíritu de hermandad que existió hace siglos entre España y los pueblos de América.

La última opción sería el *criptoglobalismo* que la veremos con más detenimiento en el siguiente epígrafe.

6.4. El criptoglobalismo

En último lugar, queremos tratar la propuesta de futuro del *criptoglobalismo* que hemos definido a lo largo de este libro. Esta también es una alternativa a largo plazo, pero tiene el acierto de que la criptopolítica y la tokenización del mundo apuntan precisamente a la línea de flotación del monetarismo totalitario y constituyen la única manera de preservar la libertad individual en un mundo digitalizado. No tenemos la idea de definir ni un ideario ni un programa político, tan solo indicar las tendencias que pueden representar un auténtica alternativa liberadora del totalitarismo monetario actual. Esta se podría articular alrededor de tres puntos que representan al triángulo de poder, energía y economía.

1) *Por una autodeterminación monetaria*

Por una parte, las criptomonedas futuras emitidas por empresas u organizaciones sociales nos podrán ofrecer alternativas dinerarias a las monedas fiat y a las CBDC que nos liberen del yugo del control social absoluto y del empobrecimiento constante vía impuestos, inflación y deuda. La tokenización de activos y los ecosistemas de valor, basados en tecnología *blockchain*, permiten un intercambio de valor más justo y con mayor liquidez. Ese movimiento de tokenización social y económica es extremadamente flexible y puede responder fácilmente a las necesidades sociales y a las interacciones necesarias para los intercambios financieros, económicos, políticos, sociales y culturales. No descartemos que el bitcoin como moneda deflacionaria vaya a convertirse en divisa de reserva mundial.

2) *Por una nueva bioeconomía*

La contabilidad de CO_2 no tiene el menor sentido, pero los excedentes de energía y recursos naturales clave deben ser valorados y contabilizados según sus limitaciones energéticas. De la misma manera, el tema de la generación, el almacenamiento y la gestión de residuos también debe ser adecuadamente registrado en términos energéticos y calcular sus costes económicos. Por lo tanto, debe desarrollarse una nueva manera de valorar los activos, de calcular los precios de producción y de los productos de consumo. Una nueva teoría del valor energía-información debe desarrollarse, transformando el trabajo en energía e información, aunque teniendo en cuenta las aportaciones de la teoría del valor subjetivo. Sin duda, aquí también la *blockchain* puede ayudar a conseguir esas eficiencias energéticas de la superabundancia[367]. Debe tenerse en cuenta el legado monetario y de excedente energético y de residuos que se deja a las generaciones venideras. Esta es una de las claves, la economía intergeneracional. Las decisiones sobre la energía deben ser democráticas porque es patrimonio de todos. Como conclusión hay que invertir sobre todo en ciencia base más que en tecnología para encontrar nuevas maneras de aprovechamiento de la energía del sistema solar y poder así dar un salto cualitativo en la civilización humana. Es una tarea urgente.

3) *Por una refundación digital de la democracia*

Ante el déficit de democracia, una nueva democracia digital descentralizada es posible con una tecnología *blockchain* que evite el fraude electoral de las empresas de gestión de voto electrónico. Pero, más allá de la capacidad de voto electrónico segura, lo que permite es la consulta y la participación profunda y mas frecuente de los ciudadanos. Y aquí, dependiendo de la fuerza de los líderes y de las organizaciones sociales, se pueden articular muchas políticas que profundicen en la democracia. El Parlamento podría ser sustituido por los mismos ciudadanos, pues la tecnología puede evitar la profesionalización y la representación de los ciudadanos por parte de parlamentarios inútiles y corrompidos que disfrutan de incomprensibles privilegios. Podría haber partidos y líderes de opinión que conformasen ese parlamento virtual, para los ciudadanos que quieran ceder su voto, pudiéndolo revocar en cualquier momento. En todo caso, el Gobierno no podría ejecutar acciones que no estuvieran presupuestadas o planificadas y, para hacerlo, necesitaría el permiso de los ciudadanos. También se podría añadir alguna aleatoriedad griega para el nombramiento de los ministros. Incluso sería posible definir un perfil y sortearlo entre los ciudadanos que lo cumplieran.

El déficit de democracia no se encuentra en la tecnología o en el proceso de voto, sino en la estructura política. Hace ya unos cuantos años, escribí junto con mi amigo Jorge Sánchez un artículo que ha resultado ser premonitorio[368], donde constatábamos los aspectos clave de la crisis del Estado social: a) crisis fiscal del Estado que hace insostenible el Estado social; b) crisis de representación política; c) crisis de legitimación del Estado. Lo que añadimos con nuestro análisis es un cuarto aspecto provocado por las TIC: d) una crisis comunicativa. Esta afecta al sistema político, en el sentido de que los ciudadanos sufren problemas que hay que resolver en días, mientras las consultas son cada ciertos años. Este desfase comunicativo exige poner las TIC al servicio de la mejora de la interacción comunicativa política entre la gobernanza y los ciudadanos. En el artículo señalábamos que la dinámica de superación del desfase comunicativo demandada por las tensiones ciudadanas llevaría al Estado a ser: a) Estado red, descentralizado política y territorialmente, que integra centros de información no políticos (y esto hoy, con *blockchain,* es más que posible); b) Estado participativo, además de democrático y representativo, capaz de consultar a los ciudadanos interactivamente en todo momento; c) Estado transparente, además de basado en la legalidad y en la legitimidad, donde todo se sabe y es auditable.

Sin embargo, frente a esta tendencia democratizadora, las resistencias del poder, como notablemente ha sido con el globalismo, podrían llevar al Estado a ser: a) centralizado económicamente; b) a trivializar la participación —y aquí la tecnología solo serviría para reforzar la comunicación unidireccional—; c) opaco.

Como ejemplo teórico de democracia electrónica señalábamos la interesante propuesta del sociólogo japonés Yoneji Masuda, quien postuló una democratización social a través de las TIC que llamó «computopía». El hecho de que muchas propuestas de democratización digital no hayan prosperado se debe a la imposibilidad de la superación técnica del sistema político. Esto quiere decir que la tecnología ha estado al servicio del poder, y que cambiando la tecnología no se puede cambiar al poder. El poder solo se cambia políticamente. Ni los políticos harán ninguna reforma espontáneamente ni el sistema cambiará sin el impulso de una ciudadanía organizada. Esto es algo que los científicos y los tecnólogos no entienden. Repetimos errores del pasado, mientras todo sigue igual de mal. El criptoglobalismo representa esa oportunidad de experimentar nuevos sistemas alternativos que funcionen en vez de cambiar el actual. «Donde hay poder hay resistencia»[369]. Seamos la resistencia. Por nuestros niños.

6.5. El destino de la humanidad

En el inmenso universo, nuestro hogar se sitúa en Laniakea, un supercúmulo de galaxias donde se ubica nuestra casa, la Vía Láctea, rodeada por nuestras 100.000 galaxias vecinas. Una sola estrella rige los designios de nuestro planeta Tierra: la vida, el clima y la energía. Todos somos hijos de Dios o del universo. Desde las galaxias al ser humano. Todos somos estructuras disipativas.

El concepto de *ser-en-el-mundo* de Heidegger[370] define la existencia humana universal, pero lo hace desde la sociedad internacional del siglo XX, sintiendo que nadie puede estar ya solo. Nuestra existencia depende del mundo. McLuhan sigue a la conciencia heideggeriana, con su concepto de aldea global e incluso digital: «La nueva galaxia eléctrica de acontecimientos ha entrado ya profundamente en la galaxia Gutenberg. Incluso sin colisión, tal coexistencia de tecnologías y consciencias causa trauma y tensión en toda persona viva»[371]. James Lovelock propuso la idea de la nave espacial planeta Tierra en su libro *Gaia: A New Look at Life on Earth*. Esta transporta a unos habitantes estúpidamente enfrentados entre sí, sin poder resolver los ingentes problemas que les acechan. Cuando el hombre hizo la primera foto del planeta Tierra desde el espacio, todo cambió para siempre. Dejamos de estar en el mundo para sentirnos parte del cosmos. El científico y divulgador Carl Sagan habló de la Tierra como «un punto pálido azul». Este tipo de espíritu trasciende la idea de globalidad por algo aún más universal. Es lo que llamamos conciencia cósmica más allá del globalismo: el *ser-en-el-cosmos*. Esa es la conciencia a la que nos abre el posglobalismo.

Ya no solo somos conscientes de que nuestra existencia personal y como especie depende de lo que ocurre en el mundo global, sino que muchos fenómenos del planeta Tierra, especialmente aquellos que trascienden la vida de una generación, dependen de cosas que ocurren en el espacio exterior. Y recíprocamente, más de lo que imaginamos, nosotros podemos influir en el cosmos. Hemos vivido de espaldas a la inmensidad del cosmos creyéndonos poderosos y superiores a todo lo conocido, pero no somos nadie. Y somos tan pretenciosos que olvidamos que la entropía rige nuestras vidas. Somos tremendamente vulnerables. Fenómenos como la escasez de energía, el despilfarro de los recursos naturales, los asteroides asesinos o las explosiones de supernovas pueden acabar con nosotros con facilidad. Ante la perspectiva del colapso energético y civilizador, ninguna solución será posible sin una conciencia cósmica. No podemos trascender la geopolítica y el conflicto permanente sin una conciencia cósmica. No hay salvación en un mundo escindido.

El Sol ha dado tan solo veinte vueltas alrededor de nuestra galaxia durante los casi 14.000 millones de años de vida conocida del cosmos. Son muy pocas vueltas para marearse. Pensamos que somos una excepcionalidad, los más inteligentes de nuestra habitación galáctica. Sin embargo, tenemos la certeza de que el planeta Tierra se extinguirá antes de que muera esa pequeña estrella llamada Sol, dentro de 4000 millones de años, si no ocurre nada peor en los próximos siglos. Después de Hiroshima y Nagasaki, la humanidad está algo más unida porque le vimos las orejas al lobo. El imperio tiene el monopolio de la vida en la Tierra. Todos nos vemos afectados por el resultado de los conflictos. Jugamos a la ruleta rusa o americana con la fuerza nuclear que hace existir a las estrellas. Tenemos 12.121 misiles nucleares[372]. El concepto de destrucción mutua asegurada (MAD, de *mutual assured destruction*) fue el que frenó el desastre de la autoextinción durante la Guerra Fría. Lo peligroso es que hoy en día, después de muchas simulaciones realizadas, algunas predicen que, aunque pudieran morir unos 5000 millones de personas directa e indirectamente en varios años, ya que las armas están concentradas en el hemisferio norte, habría zonas como Nueva Zelanda o la Patagonia que no se verían afectadas por el invierno nuclear. Especialmente, si no se utilizan todos los misiles. Es completamente demencial que se estén manejando escenarios de *stop loss* donde, si tú me tiras diez ojivas nucleares y yo otras diez, hacemos las paces en los búnkeres de Nueva Zelanda.

La NASA, a pesar de ser una de las instituciones del globalismo, se ha convertido en una promotora de la conciencia cósmica igual que el cosmismo ruso. En el Plan Estratégico de 2004 se hablaba de tres misiones capitales: 1) entender y proteger nuestro planeta natal; 2) explorar el universo y buscar vida;

3) inspirar a la próxima generación de exploradores. Estas son el tipo de misiones que unen a los humanos. Si los problemas en la Tierra nos dividen, los del cosmos nos unen. La cosmología, en tanto que visión de los humanos de la evolución de universo, debe pasar del análisis a la acción. Debemos decidir como parte del universo cómo vamos a desarrollarnos. La cosmología debe convertirse en un tema político de primer orden: la lucha por el establecimiento de la conciencia cósmica y el desarrollo de una sociedad acorde con la ciencia. A esto lo llamaremos cosmología política. Si el *ser-en-el-mundo* era la conciencia de la finitud humana individual, *el ser-en-el-cosmos* es la conciencia de la finitud de la especie. Esta humildad cósmica debería unirnos definitivamente en un proceso de inteligencia cooperativa.

El científico ruso Kardashev definió en un famoso artículo[373] una sencilla escala para medir las civilizaciones en términos de consumo energético. Y, por supuesto, como dicta la física, a más desarrollo y complejidad, mayor consumo. Donde la función K es el valor de la civilización cuantificado en MW, es decir, el poder de utilizar energía en megavatios. Kardashev las dividió en tres tipos:

> Tipo I: Civilización capaz de utilizar la energía de un único planeta, con un consumo energético de 4×1012 W. Serían civilizaciones que usarían la energía de fusión nuclear. Nuestra civilización no habría alcanzado aún este nivel.

> Tipo II: Civilización capaz de utilizar la energía de toda una única estrella. Utilizando el Sol como referencia, el consumo podría ser 4×1026 W. Serían aquellas civilizaciones que utilizaran megaestructuras como la hipotética esfera de Dyson.

> Tipo III: Civilización capaz de utilizar la energía de una galaxia, cuyo consumo podría ser 4×1037 W. Capaz de

utilizar las mismas técnicas que las del tipo II, pero para más de una estrella, y otras más difíciles de concebir, como la utilización de agujeros negros.

Unos científicos se han atrevido a calcular cuándo la civilización humana podría convertirse en una civilización de tipo I: calculan que entre los años 2333 y 2404[374]. Otros investigadores, utilizando algoritmos de inteligencia artificial (*machine learning models*), lo cifran a la vuelta de la esquina, en 2060[375], algo difícil de creer. Recientemente, otro equipo ha propuesto extender la escala de Kardashev hasta una nueva civilización de tipo IV, que sería aquella capaz de aprovechar toda la energía del universo observable[376], con 10 W^{46}. ¿Qué significado puede tener que exista una civilización capaz de aprovechar toda la energía del universo? ¿Sería Dios o el universo? En todo caso, lo que está claro es que el consumo de energía es sinónimo de civilización y evolución. Lo contrario es enfermedad y muerte, por lo que la complejidad aumenta con la información (la neguentropía) y es la inteligencia quien procesa la información. El universo evoluciona procesando la información. Hay una inteligencia cósmica de la que todas las estructuras formamos parte.

Somos, pues, una civilización atrasada, vulgar, con grandes peligros para su extinción o autoextinción. Lo único que nos puede salvar de los riesgos existenciales a los que nos enfrentamos es la conciencia cósmica y la cosmología política, que son parte del pensamiento del posglobalismo. La cosmología política es la política de la inteligencia humana que se siente parte de la inteligencia cósmica. De seguir como hasta ahora, uno solo puede ser pesimista. A pesar de la propaganda, no parece que nunca podamos abandonar el planeta Tierra, en el caso de que lo destruyamos. La especie humana perecerá en su hogar. Habrá sido una tenue chispa en la oscura historia del universo. Ninguna guerra más podrá ser llorada. Ante el silencio absoluto y la oscuridad completa, habremos perdido a nuestro juego y nada de lo que hemos hecho tendrá sentido. Nuestra huella habrá sido borrada. Nada en el universo recordará la vida que hubo. ¿Tanta insensatez para qué?

Sin embargo, no tiene por qué ser así. Hay que organizarse a escala planetaria y aprovechar mejor los recursos y la riqueza, para tener paz y prosperidad. Hay que fundar esa cosmología política que nos permita transitar al objetivo de distribuir los recursos planetarios de manera equitativa y racional. Una cosmología política, militante, organizada, capaz de cualquier cosa, más allá del ridículo carnaval internacional, capaz de trascender las injusticias humanas, así como gestionar la escasez energética y conseguir la simbiosis con la biosfera. Sería un auténtico principio ético de la estética trascendental. La cosmología política es la base de la alteridad de un ser alternativo. Un ser uno mismo religado a los otros en una cooperación inteligente. Es conseguir ser una especie autoconsciente de su evolución. Hay que construir una gobernanza global y democrática, con ayuda de las nuevas tecnologías digitales del consenso y del valor, para resolver los problemas comunes desde la perspectiva cósmica, pero no con transhumanismos.

Fukuyama se equivocó. La historia no terminó con la caída del muro de Berlín. Él mismo lo ha reconocido. Sin embargo, por raro que suene, debemos llegar al fin de la historia, antes de que la historia acabe con nosotros. Es un digno ideal. Necesitamos llegar a un tiempo donde la historia ya sea otra cosa, donde el recuerdo de la humanidad en conflicto sea como el de los primeros homininos, donde la cosmología política haya ganado, y un salto a una inteligencia superior nos permita vivir en armonía entre humanos con nuevas fuentes de energía. Ciencia y conciencia. Ese debería ser nuestro legado a los niños de la Tierra.

NOTAS

Todas las traducciones de citas del libro son propias.

1. Adams, J. T. (1931). *The Epic of America.* Blue Ribbon Books. (Epilogue).
2. Adams, J. T. (1931). (Preface).
3. Chetty, R., Grusky, D., Hell, M., Hendren, N., Manduca, R. y Narang, J. (2017). The fading American dream: Trends in absolute income mobility since 1940. *Science*, 6336. (p. 356).
4. McKinsey Global Institute (2017). *Poorer than their parents? Flat or falling incomes in advanced economies.* (p. 1).
5. Nachtwey, O. (2017). *La sociedad del descenso.* Paidós.
6. *El estado de la pobreza. Primer avance de resultados* (2024). EAPN-ES. https://www.eapn.eu/
7. *Trabajar para ser pobres: La situación de las personas empleadas que viven bajo el umbral de la pobreza.* (2023). EAPN-ES. (p. 17).
8. *Encuesta Anual de Estructura Salarial. Año 2021* (2023). INE. (p. 2).
9. *World Bank PIP (Poverty and Inequality Platform).* https://pip.worldbank.org/home. Datos de 1990-2022 a PPP 2017.
10. Huntington, S. P. (2001). *El choque de civilizaciones y la reconfiguración del orden mundial.* Paidós. (cap. 4).
11. Spengler, O. (1966). *La decadencia de Occidente. Tomo 2.* Espasa-Calpe. (cap. 19).
12. Spengler, O. (1966). (Nota 267).
13. Huntington, S. P. (2001). (cap. 3).
14. Hackett, C., Connor, P., Stonawski, M., Skirbekk, V., Potančoková, M. y Abel, G. (2015). *The future of world religions: Population growth projections, 2010-2050.* Pew Research Center.

15. https://www.cia.gov/the-world-factbook/field/total-fertility-rate/country-comparison/
16. https://www.worldvaluessurvey.org/WVSContents.jsp
17. Inglehart, R., Welzel, C. (2005). *Modernization, Cultural Change, and Democracy.* Cambridge University Press. (pp. 46-47).
18. Ver un artículo sobre el informe desclasificado de la CIA donde se le considera antimarxista: https://www.infobae.com/america/mundo/2020/09/26/cuando-la-cia-elogiaba-al-filosofo-michel-foucault-por-considerarlo-funcional-al-sistema/
19. También Braunstein, en su libro *La religión Woke*, denuncia la lectura que considera neomarxistas a los pensadores posestructuralistas franceses, incluso no está de acuerdo en considerarlos relativistas.
20. Ni siquiera fue un defensor de la pedofilia como se dice. En la famosa carta a *Le Monde* en 1977, él y otros intelectuales, ante los tres años de prisión preventiva de varios acusados —cuya relación con un joven, la instrucción demostró que había sido con consentimiento y sin violencia alguna—, indicaron la contradicción de que en Francia un joven de trece años se le considera capaz de juicio para ser condenado por ciertos delitos, pero, sin embargo, hasta los quince no tiene capacidad de consentimiento sexual.
21. Foucault, M. (1984). *Historia de la sexualidad 1: La voluntad de saber.* Siglo XXI Editores. (pp. 112-125).
22. Estulin, D. (2011). *El Instituto Tavistock.* Ediciones B. (p. 13).
23. https://www.amnesty.org/es/latest/news/2019/07/the-great-hack-facebook-cambridge-analytica/
24. Foucault, M. (1979). *Microfísica del poder.* Ediciones La Piqueta. (p. 140).
25. https://rsf.org/es/clasificaci%C3%B3n-mundial-de-la-libertad-de-prensa-2023-los-peligros-de-la-industria-del-enga%C3%B1o?year=2023&data_type=general
26. https://freedomhouse.org/report/freedom-world/2024/mounting-damage-flawed-elections-and-armed-conflict
27. Foucault, M. (1979). (p. 144).

28. Ver el epígrafe 2.4 del libro de Belok, T. (2021) *Trump contra el Globalismo.* KDP.

29. Marx, K. (1977). *Líneas fundamentales de la crítica de la economía política (Grundrisse).* Primera mitad. Crítica. (p. 84).

30. Marx, K. (1978). *Líneas fundamentales de la crítica de la economía política (Grundrisse).* Segunda mitad. Crítica. (p. 90).

31. Con el test de Watson-Glaser III comercializado por el grupo Pearson.

32. https://unesdoc.unesco.org/ark:/48223/pf0000233137

33. *Education 2030: Incheon Declaration and Framework for Action for the Implementation of Sustainable Development Goal 4: Ensure Inclusive and Equitable Quality Education and Promote Lifelong Learning Opportunities for All.* https://unesdoc.unesco.org/ark:/48223/pf0000245656_spa.locale=es (p. 26).

34. *Education 2030…* (p. 41).

35. *Education 2030…* (p. 43).

36. Consultar información de estadísticas y seguimiento de los ODS en https://en.unesco.org/gem-report/sdg-goal-4. Y comprobar como en 2016 se habla de pensamiento crítico (http://gem-report-2016.unesco.org/en/chapter/target-4-4-skills-for-work/). Sin embargo, ya en 2017 ha desaparecido toda referencia al pensamiento crítico (http://gem-report-2017.unesco.org/en/chapter/target-4-4-skills-for-work-2/).

37 https://gem-report-2020.unesco.org/

38. *The Future of Jobs Report* (2018). World Economic Forum. (p. 12).

39. *The Future of Jobs Report* (2020). World Economic Forum. (p. 36).

40. *The Future of Jobs Report* (2023). World Economic Forum. (p. 38).

41. OECD (2023). PISA 2022 Results (Volume I): *The State of Learning and Equity in Education.* PISA. OECD Publishing.

42. https://data.worldbank.org/indicator/SE.XPD.TOTL.GD.ZS?view=chart Datos extraidos de UNESCO Institute for Statistics (UIS).

43. Schleicher, A. (2023). *PISA 2022 Insights and Interpretations.* OECD Publishing. (p. 37).

44. Auken, I. (2016). Welcome to 2030. I own nothing, have no privacy, and life has never been better. WEF. https://web.archive.org/web/20161125135500/https://www.weforum.org/agenda/2016/11/shopping-i-can-t-really-remember-what-that-is

45. Klein, N. (2012). *La doctrina del shock*. Booket.

46. Nordangård, J. (2024). *Rockefeller: Controlling the Game*. Skyhorse.

47. Sutton, A. (1974, 1976). *La trilogía de Wall Street*. Omnia Veritas, donde se explican las relaciones de la banca norteamericana con los bolcheviques y los nazis.

48. Coleman, J. (2022). *La jerarquía de los conspiradores. Historia del comité de los 300*. Omnia Veritas. (pp. 228-236).

49. Para más información, el excelente libro de López, D. (2022). *Historia del globalismo: Una filosofía de la historia del Nuevo Orden Mundial*. Sekotia.

50. Para entender los efectos del globalismo en Europa, Buxadé J. (2024). *Globalismo: Las élites contra el pueblo*. Biblioteca Homo Legens.

51. Dahl, R. A. (1992). *La democracia y sus críticos*. Paidós.

52. Crouch, C. (2000). *Coping with Post-Democracy*. Fabian Ideas 598.

53. Crouch, C. (2004). *Posdemocracia*. Santillana.

54. Crouch, C. (2013). *Five minutes with Colin Crouch*. London School of Economics.

55. Bauman, Z. (2003). *La globalización. Consecuencias humanas*. FCE. (p. 92).

56. Crozier, M., Huntington, S. P. y Watanuki, J. (1975). *The Crisis Of Democracy. Report on the Governability of Democracies to the Trilateral Commission*, New York University Press. (pp. 162-168).

57. World Economic Forum. (2020). *Manifesto*. Davos.

58. Varoufakis, Y. (2023). *Tecno-feudalismo. El sigiloso sucesor del capitalismo*. Ediciones Deusto. (p. 128).

59. Hilferding, R. (1963). *El capital financiero*. Tecnos. (pp. 253-254).

60. Rothbard, M. N. (2006). *An Austrian Perspective on the History of Economic Thought*. Ludwing Von Mises Institute. (p. 420).

61. Garmendia Wilson, C. F. (2012). Historia de la pérdida de valor del dólar y cronología del oro desde el inicio de la civilización. *Revista de Economía y Derecho* (vol. 9, núm. 34, p. 58).

62. Hernández Vigueras, J. (2016). *El casino que nos gobierna: Trampas y juegos financieros a lo claro.* Clave Intelectual. (Ubicación 341).

63. Navarro, V. y Torres, J. (2014). *Los amos del mundo: Las armas del terrorismo financiero, cap.: El poder del dinero y de la banca.* Booket.

64. Marx, K. (1985) *Manuscritos. Economía y filosofía.* Alianza Editorial. (p. 179).

65. Marx, K. (1985). (p. 180).

66. Algunos divulgadores del bitcoin como Antonopoulos han visto esto con gran agudeza. Puede verse su conferencia en *Money as System-of-Control* https://www.youtube.com/watch?v=FyK4P7ZdOK8

67. Keynes, J. M. (2013) *Las consecuencias económicas de la paz.* Austral.

68. Hayek, A. F. (1996). *La desnacionalización del dinero.* Folio. (p. 31).

69. Término utilizado por Negri y autores postobreristas. También habla de capitalismo cognitivo, ya que la producción de dinero se realiza por medio del conocimiento.

70. Lebor, A. (2013). *El superbanco. La historia oculta del grupo de tecnócratas que gobierna el mundo.* Ediciones Urano.

71. Lebor, A. (2013). (Introducción).

72. Lebor, A. (2013). (Introducción).

73. Statutes of the Bank for International Settlements (of 20 January 1930; text as amended on 7 November 2016). Artículo 55.

74. Quigley, C. (1966). *Tragedy and Hope: A History of the World in Our Time.* (1st ed.). Macmillan Publishing Company. (p. 324).

75. Rockefeller, D. (2003). *Memoirs.* Random House. Reprint edition. (p. 406).

76. https://www.fsb.org/

77. https://www.bis.org/

78. https://www.imf.org/en/Home

79. https://www.worldbank.org/ext/en/home

80. https://www.oecd.org/en.html

81. https://commission.europa.eu/index_en

82. https://www.ecb.europa.eu/home/html/index.en.html

83. https://www.bankingsupervision.europa.eu/home/html/index.en.html

84. https://www.bis.org/bcbs/index.htm

85 https://www.bis.org/cpmi/about.htm

86. https://www.bis.org/cgfs/index.htm

87. https://www.iaisweb.org/

88. https://www.ifrs.org/groups/international-accounting-standards-board/

89. https://www.iosco.org/

90. Negroponte, N. (1995). *El mundo digital.* Ediciones B. (p. 18).

91. Heinrich, T. (June 2002) Cold War Armory: Military Contracting in Silicon Valley. *Enterprise & Society* (vol. 3, núm. 2. pp. 247-284). Cambridge University Press..

92 https://www.iqt.org/portfolio/

93. https://www.ecb.europa.eu/press/economic-bulletin/articles/2021/html/ecb.ebart202008_03~da0f5f792a.en.html

94. https://www.edgemiddleeast.com/business/dco-2030-digital-economy-to-contribute-30-of-global-gdp-and-create-30-million-jobs-by-2030

95. Varoufakis, Y. (2023). (p. 166).

96. https://www.bbc.com/mundo/noticias-65046788

97. Empresas chinas como Hikvision y Dahua tienen el 40 % de las cámaras de vigilancia de todo el planeta.

98. https://www.fairtrials.org/articles/news/foi-reveals-over-12000-people-profiled-by-flawed-durham-police-predictive-ai-tool/

99. https://www.newtral.es/conflictos-armados-2022-numero-de-muertes/20230707/

100. https://www.newtral.es/conflictos-armados-2022-numero-de-muertes/20230707/

101. https://ourworldindata.org/grapher/deaths-in-wars-project-mars?time=1946..latest

102. https://elordenmundial.com/mapas-y-graficos/los-paises-mas-guerras-desde-el-siglo-xx/

103. Schwab, K. y Malleret, T. (2022). World Economic Forum. (p. 157).

104. Hardt, M. y Negri, A. (2004). *Multitud: Guerra y democracia en la era del Imperio*. Debate. (pp. 23-24).

105. Soros, G. (1998). *La crisis del capitalismo global: La sociedad abierta en peligro*. (pp. 104-105).

106. Soros, G. (1998). (pp. 104-105).

107. Hardt, M. y Negri, A. (2000). *Imperio*. Paidós. (p. 14).

108. Hardt, M. y Negri, A. (2000). (p. 14).

109. Hardt, M. y Negri, A. (2000). (p. 16).

110. Si alguien quiere conocer los detalles de cómo se consigue, es de obligada lectura de John Perkins *Confessions of an Economic Hit Man*. También se puede ver el vídeo sobre la globalización https://youtu.be/TFC18pFvo1g?si=RvKM_fZWaBB2hU8V

111. Kissinger, H. (1996). *Diplomacia*. Ediciones B.

112. https://www.newsweek.com/taliban-didnt-win-afghanistan-defense-contractors-did-opinion-1621111

113. https://x.com/nntaleb/status/1429088581918789645

114. Citado en https://www.newsweek.com/afghanistan-war-largely-wealth-transfer-military-contractors-says-black-swan-author-1621772

115. Michael T. K. (2014). Twenty-first century energy wars: how oil and gas are fuelling global conflicts energy. *Post EU*. (pp. 3-5)

116. Hajiyev, N., Smolag, K., Abbasov, A. y Prasolov, V. (2020). Energy War Strategies: The 21st Century Experience. *Energies*, *13*(21). https://doi.org/10.3390/en13215797.

117. Banna, H., Alam, A., Chen, X. H. y Alam, A. W. (2023). Energy security and economic stability: The role of inflation and war. *Energy Economics*, *126*. https://doi.org/10.1016/j.eneco.2023.106949

118. War and Energy. Smil, Vaclav. Encyclopedia of Energy, Elsevier. (p. 370)

119. https://www.ft.com/content/e4593f96-d937-11e8-ab8e-6be0dcf18713

120. De Castro, J. A. (2019). *Soros, rompiendo España*. Homo Legens; De Castro, J. A. (2021). *No sólo es Soros: La amenaza del globalismo totalitario en tiempos del Coronavirus*. Homo Legens; Astiz, C. (2020). *El Proyecto Soros: Y la alianza entre la izquierda y el gran capital*. Libros Libres.

121. Soros, G. (1998). (p. 84).

122. Soros, G. (1998). (p. 96).

123. Soros, G. (1998). (p. 96).

124. Soros, G. (1998). (pp. 104-105).

125. Soros, G. (1998). (p. 109).

126. Soros, G. (1998). (pp. 114-115).

127. Soros, G. (1998). (p. XXVIII).

128. Soros, G. (1998). (pp. 226-227).

129. Soros, G. (1998). (p. 227).

130. Soros, G. (1998). (p. 239).

131. *The Top 10 foundations funding development*. (2023). Devex.

132. https://www.influencewatch.org/non-profit/open-society-foundations/#donors-to-osf

133. Braunstein, J-F. (2024). *La religión Woke. Anatomía del movimiento identitario que está poniendo en jaque a Occidente*. La esfera de los libros. (Ubicación 1122).

134. Sus teorías se encuentran en el manual Money, J. y Ehrhardt, A. A. (1972). *Man & Woman, Boy & Girl. Differentiation and Dimorphism of Gender Identity from Conception to Maturity*. John Hopkins University Press.

135. Braunstein, J-F. (2024). (Ubicación 2260).

136. Lahtinen, O. (2024). Construction and validation of a scale for assessing critical social justice attitudes. *Scandinavian Journal of Psychology, 65*(4). (p. 703). https://doi.org/10.1111/sjop.13018.

137. McGann, James G. (2021). *2020 Global Go To Think Tank Index Report*. TTCSP Global Go To Think Tank Index Reports. (p. 18).

138. No hay datos fiables al respecto. Según un estudio de Ipsos que ha realizado en treinta países favorables para analizar la situación actual del colectivo LGTBQ+ en el mundo. Sin embargo, teniendo en cuenta que al menos en sesenta y siete países las relaciones homosexuales están prohibidas, los datos reales serían inferiores al 1 %. https://www.ipsos.com/es-es/pride-month-2023-9-of-adults-identify-as-lgbt

139. Agustín de Hipona. *De Civitate Dei.* (lib. XI, cap. XXVI).

140. https://www.industrydocuments.ucsf.edu/tobacco

141. *A multi-dimensional approach to disinformation. Report of the independent High level Group on fake news and online disinformation.*

142. Nordangård, J. (2024). (p. 91).

143. Un simulador en línea se puede utilizar https://insightmaker.com/insight/2pCL5ePy8wWgr4SN8BQ4DD/The-World3-Model-Classic-World-Simulation

144. https://report.ipcc.ch/ar6/wg1/IPCC_AR6_WGI_FullReport.pdf. (p. 170).

145. Ver mi libro, Busom, R. (2021). *Aprende a pensar como un gurú.* LID editorial. (pp. 198-203).

146. Monckton of Brenchley, C., Soon, W. W. H., Legates, D. R. y Briggs, W. M. (2015). Keeping it simple: the value of an irreducibly simple climate model. En *Science Bulletin* (vol. 60, issue 15). https://doi.org/10.1007/s11434-015-0856-2

147. Por ejemplo, Idso, C. D., Carter R. M. y Singer S. F. 2013. (Eds.). Climate Change Reconsidered II: Physical Science. Chicago, IL: The Heartland Institute.

148. https://www.forbes.com/sites/realspin/2014/03/31/the-ipccs-latest-report-deliberately-excludes-and-misrepresents-important-climate-science/?sh=741b61b7428e

149. Koonin, S. E. (2023). *El Clima: no toda la culpa es nuestra: Lo que dice la ciencia, lo que no dice y por qué importa.* La esfera de los libros. (p. 234).

150. Koonin, S. E. (2023). (p. 190).

151. Koonin, S. E. (2023). (p. 140).

152. Dartnell, L. (2019). *Orígenes: Cómo la historia de la Tierra determina la historia de la humanidad.* Debate, versión Kindle. (Ubicación 287).

153. Dartnell, L. (2019). (Ubicación 605).

154. Caillon, N., Severinghaus, J. P., Jouzel, J., Barnola, J. M., Kang, J. y Lipenkov, V. Y. (2003). Timing of atmospheric CO2 and antarctic temperature changes across termination III. *Science*, *299*(5613) https://doi.org/10.1126/science.1078758

155. Shaviv, N. J. y Veizer, J. (2003). Celestial driver of Phanerozoic climate? *GSA Today*, *13*(7). https://doi.org/10.1130/1052-5173(2003).013<0004:CDOPC>2.0.CO;2

156. Taibo, C. (2021). *Decrecimiento. Una propuesta razonada.* Alianza Editorial. (p. 71).

157. Taibo, C. (2021). (p. 71).

158. Fitzpatrick, N., Parrique, T. y Cosme, I. (2022). Exploring degrowth policy proposals: A systematic mapping with thematic synthesis. In *Journal of Cleaner Production* (vol. 365). https://doi.org/10.1016/j.jclepro.2022.132764

159. Turiel, E. (2020). *Petrocalipsis: Crisis energética global y cómo (no) la vamos a solucionar.* Alfabeto. (pp. 149-155).

160. Turiel, E. (2022). *Sin energía: Pequeña guía para el Gran Descenso.* Alfabeto. (p. 59).

161. Turiel, E. (2020). (p. 155).

162. Harich, W. (1978). *¿Comunismo sin crecimiento? Babeuf y el Club de Roma.* Editorial Materiales. (p. 136).

163. Callegari B., Stoknes P. E. *People and Planet: 21st century sustainable population scenarios and possible living standards within planetary boundaries. Earth4All.* March 2023. Version 1.0. (p. 28).

164. https://www.bbc.com/mundo/noticias/2013/01/130118_respuestas_curiosas_19enero_ch

165. https://www.iif.com/Products/Global-Debt-Monitor

166. https://www.imf.org/external/datamapper/NGDP_RPCH@WEO/OEMDC/ADVEC/WEOWORLD

167. Por si alguien quiere saber cómo es un colapso, puede leer Orlov, D. (2021). *The Five Stages of Collapse: Survivors' Toolkit*. New Society Publishers.

168. Tainter, J. A. (1988). *The collapse of complex societies*. Cambridge University Press. Ver también Tainter, J. A. (2006). Social complexity and sustainability, *Ecological complexity*. 3. (pp. 91-103).

169. Tainter, J. A. (2006). (p. 100).

170. Tainter, J. A. (2006). (p. 108).

171. Meadows, D. H., Meadows, D. L., Randers, J. y Behrens III, W. W. (1972). *The Limits To Growth. A Report for The Club Of Rome's Project on the Predicament of Mankind*. Universe Books. Fifth Printing. (p. 145).

172. Un buen resumen en el *post* del blog Bardi, U. (2011). *Entropy, Peak Oil, and Stoic Philosophy*. https://www.financialsense.com/contributors/ugo-bardi/2011/07/21/entropy-peak-oil-and-stoic-philosophy y https://www.financialsense.com/contributors/ugo-bardi/2011/07/22/entropy-peak-oil-and-stoic-philosophy-part-2

173. Ver el libro Bardi, U. (2017). *The Seneca Effect: Why Growth is Slow but Collapse is Rapid*. Springer.

174. Séneca. *Epístola XCI a Lucilio*.

175. Diamond, J. (2012). *Colapso*. Debolsillo. (p. 678).

176. Donella H. y otros (1972). (p. 88).

177. Entre las muchas publicaciones que tratan del tema, ver los datos actualizados del *Informe Planeta Vivo 2014*. WWF. (p. 10 y ss).

178. Sin duda, la mayor autoridad española en la materia es Enrique Turiel con su blog *The Oil Crash*. https://crashoil.blogspot.com/

179. Hirsch, R. L. (2008). Mitigation of maximum world oil production: Shortage scenarios. *Energy Policy*, *36*(2). https://doi.org/10.1016/j.enpol.2007.11.009

180. Hall, C. A. S., Balogh, S. y Murphy, D. J. R. (2009). What is the minimum EROI that a sustainable society must have? *Energies*, *2*(1). https://doi.org/10.3390/en20100025

181. Abbott, M. (2023). Mobile Modular Hydrogen Power Generation a Zero Carbon Energy System. *International Journal of Global Sustainability*, *7*(1). https://doi.org/10.5296/ijgs.v7i1.21120. Traducción propia al español.

182. Bhattacharjee, N. V., Schumacher, A. E., Aali, A., Abate, Y. H., Abbasgholizadeh, R., Abbasian, M., Abbasi-Kangevari, M., Abbastabar, H., Abd ElHafeez, S., Abd-Elsalam, S., Abdollahi, M., Abdollahifar, M. A., Abdoun, M., Abdullahi, A., Abebe, M., Abebe, S. S., Abiodun, O., Abolhassani, H., Abolmaali, M., Vollset, S. E. et al. (2024). Global fertility in 204 countries and territories, 1950-2021, with forecasts to 2100: a comprehensive demographic analysis for the Global Burden of Disease Study 2021. *The Lancet.* https://doi.org/10.1016/S0140-6736(24)00550-6

183. Koonin, S. E. (2023). (p. 81).

184. De la Rica, J. A. (2022). *La revolución del CO2. Una farsa para un impuesto.* Homo Legens. (p. 63).

185. https://www.eea.europa.eu/data-and-maps/daviz/environmental-tax-revenue-by-eu#tab-chart_1

186. Schwab, K. y Malleret, T. (2022). *World Economic Forum.* (p. 69).

187. https://datosmacro.expansion.com/energia-y-medio-ambiente/emisiones-co2

188. Koonin, S. E. (2023). (p. 284).

189. https://www.forbes.com/sites/danielaraya/2019/10/08/the-green-new-deal-jeremy-rifkin-and-the-coming-collapse/

190. Rifkin, J. (2019). *El Green New Deal Global: Porqué la civilización de los combustibles fósiles colapsará en torno a 2028 y el audaz plan económico para salvar la vida en la Tierra.* Paidós. (p. 19).

191. Rifkin, J. (2019). (p. 19).

192. Rifkin, J. (2019). (pp. 78-79).

193. Rifkin, J. (2019). (p. 93).

194. Rifkin, J. (2019). (p. 28).

195. Rifkin, J. (2019). (p. 266).

196. https://www.inclusivecapitalism.com/team/lynn-forester-de-rothschild/

197. Rifkin, J. (pp. 216-285).

198. Rosenow, J. y Eyre, N. (2016). A post mortem of the Green Deal: Austerity, energy efficiency, and failure in British energy policy.

Energy Research and Social Science, 21. https://doi.org/10.1016/j.erss.2016.07.005

Artículos de prensa: https://jacobin.com/2021/05/green-new-deal-climate-change https://energypost.eu/uk-green-deal-failed-needs-replacement/ https://www.theguardian.com/commentisfree/2020/feb/07/eu-green-deal-greenwash-ursula-von-der-leyen-climate

199. Recientes estudios del MIT lo elevarían hasta un 35 % tan solo.

200. Hall, C. A. S., Lambert, J. G. y Balogh, S. B. (2014). EROI of different fuels and the implications for society. *Energy Policy, 64.* https://doi.org/10.1016/j.enpol.2013.05.049

201. Ver el *site* de Itskov 2045.com.

202. Kurzweil, R. (2006). *The Singularity Is Near: When Humans Transcend Biology.* Penguin.

203. Definidas por Isaac Asimov:

    1) *Un robot no hará daño a un ser humano o, por inacción, permitir que un ser humano sufra daño.*

    2) *Un robot debe obedecer las órdenes dadas por los seres humanos, excepto si estas órdenes entrasen en conflicto con la 1.ª* Ley.

    3) *Un robot debe proteger su propia existencia en la medida en que esta protección no entre en conflicto con la 1.ª* o la 2.ª Ley.

204. Punset, E. (2008). *Por qué somos como somos, «El precio del sexo es la renuncia a la inmortalidad».* Santillana. (cap. XXXIII, p. 130).

205. En referencia a las tesis en su libro Gardner, J. (2008) *El Universo Inteligente. Una auténtica revolución: la inteligencia propia del cosmos.* Ed. Robinbook.

206. https://www.rbf.org/about/about-us/conservation-and-environment

207. Diéguez, A. (2017). *Transhumanismo. La búsqueda tecnológica del mejoramiento humano.* Herder. (p. 187).

208. https://ethic.es/2017/11/transhumanismo-antonio-dieguez/

209. Is Google Making Us Stupid? What the Internet is doing to our brains By Nicholas Carr https://www.theatlantic.com/magazine/archive/2008/07/is-google-making-us-stupid/306868/

210. Bostrom, N. (2009). Why I Want to be a Posthuman when I Grow Up. In *International Library of Ethics, Law and Technology.* (vol. 2). https://doi.org/10.1007/978-1-4020-8852-0_8

211. Young, S. (2006). Designer evolution : a transhumanist manifesto, Prometeos books. (p. 367).

212. Estulin, D. (2013). *El club de los inmortales.* Ediciones B. (p. 121).

213. https://www.lavanguardia.com/ciencia/fisica-espacio/20170621/423538965046/stephen-hawking-tierra-espacio-supervivencia-especie-humana.html

214. https://www.nationalgeographic.es/espacio/elon-musk-un-millon-de-humanos-podrian-vivir-en-marte-en-2060

215. https://www.lavanguardia.com/tecnologia/actualidad/20211117/7865453/ultimas-predicciones-jeff-bezos-viviremos-espacio-tierra-sera-resort-vacaciones-pmv.html

216. Wright, D. H. (1983). Species-Energy Theory: An Extension of Species-Area Theory. *Oikos, 41*(3). https://doi.org/10.2307/3544109

217. Morgan, T. (2013). *Perfect storm energy, finance and the end of growth.* Tullet Prebon. (p. 11).

218. Georgescu-Roegen, N. (1996). *La ley de la entropía y el proceso económico.* Fundación Argentaria. (p. 353).

219. Georgescu-Roegen, N. (1996). (p. 467)

220. Schrödinger, E. (2015). *¿Qué es la vida?* Tusquets. (p. 60).

221. Georgescu-Roegen, N. (1996). (p. 28).

222. Passet, R. (1996). *Principios de bioeconomía.* Fundación Argentaria. (p. 141).

223. Passet, R. (1996). (p. 143).

224. Passet, R. (1996). (p. 148).

225. Passet, R. (1996). (p. 193).

226. Passet, R. (1996). (p. 235).

227. Passet, R. (1996). (p. 283).

228. Landauer, R. (1996). The physical nature of information. Phys. Lett. A 217(4-5). (pp. 188–193).

229. Hong, J., Lambson, B., Dhuey, S. y Bokor, J. Experimental test of Landauer's principle in single-bit operations on nanomagnetic memory bits. *Science Advances* 2(3), e1501492. (2016).

230. Vopson, Melvin M. The *mass-energy-information* equivalence principle. *AIP Advances* 1 September 2019; 9(9): 095206. https://doi.org/10.1063/1.5123794

231. Shannon, C. E. (1948). A mathematical theory of communication. *The Bell System Technical Journal*, 27: 379-423.

232. Georgescu-Roegen, N. (1996). (p. 68).

233. MARX, K. *Carta a Ludwig Kugelmann*, 11 de julio de 1868.

234. https://www.ultimahora.es/noticias/nacional/2014/08/01/130000/rajoy-crecimiento-venido-para-quedarse.html

235. https://www.pp.es/actualidad-video/recuperacion-espana-ha-llegado-quedarse-porque-gobierno-aposto-por-las-reformas

236. *Spain 2013 Article IV Consultation*. IMF Country Report No. 13/245. (p. 7).

237. *2014 Article IV Consultation—Staff Report; Staff Supplement; Press Release; And Statement By The Executive Director For Spain*. IMF Country Report No. 14/192. (p. 34).

238. https://www.thelocal.es/20140527/spains-recovery-here-to-stay-imf ver también https://www.ft.com/content/53a2b6f6-1309-11e4-925a-00144feabdc0

239. https://www.elmundo.es/economia/2014/06/12/53997ba8268e3e51108b4574.html

240. La Junta de Gobernadores de la FED el 23 de marzo de 2006 decidió la discontinuidad de la publicación de M3.

241. Sobre esta temática de la deuda, ver el libro de Brown, E. H. (2011). *Telaraña de deuda: La escandalosa verdad acerca de nuestro sistema monetario y sobre cómo podemos liberarnos*. Third Millenium Press.

242. Morgan, T. (2013). (p. 44).

243. Arnsperger, C. y Varoufakis, Y. (2006). What is neoclassical economics? The three axioms responsible for its theoretical oeuvre, practical irrelevance and, thus, discursive power. *Panoeconomicus, 53*(1). https://doi.org/10.2298/pan0601005a

244. Martenson, C. (2023). *The Crash Course. An honest approach to facing the future of our economy, energy, and environment.* Wiley. (p. 26).

245. Varoufakis, Y. y Arnsperger, C. (2009). A Most Peculiar Failure. *Mimeo, March.*

246. Fabo, B., Jančoková, M., Kempf, E. y Pástor, Ľ. (2021). Fifty shades of QE: Comparing findings of central bankers and academics. *Journal of Monetary Economics, 120.* https://doi.org/10.1016/j.jmoneco.2021.04.001

247. https://ourfiniteworld.com/2024/07/22/how-does-the-economy-really-work/

248. Herbert, É., Giraud, G., Louis-Napoléon, A. y Goupil, C. (2023). Macroeconomic dynamics in a finite world based on thermodynamic potential. *Scientific Reports, 13*(1). https://doi.org/10.1038/s41598-023-44699-y

249. Sody, F. (1912). *Matter and Energy.* Holt and Company. (pp. 10-11).

250. https://www.aei.org/economics/the-end-of-global-population-growth-may-be-almost-here-and-a-lot-sooner-than-the-un-thinks

251. National Security Study Memorandum. NSSM 200. Implications of Worldwide Population Growth. For U.S. Security and Overseas Interests. (THE KISSINGER REPORT). December 10, 1974. CLASSIFIED BY Harry C. Blaney, III. SUBJECT TO GENERAL DECLASSIFICATION SCHEDULE OF EXECUTIVE ORDER 11652 AUTOMATICALLY DOWNGRADED AT TWO YEAR INTERVALS AND DECLASSIFIED ON DECEMBER 31, 1980. This document can only be declassified by the White House. Declassified/Released on 7/3/89 under provisions of E.O. 12356 by F. Graboske, National Security Council.

252. Gardner, J. (2008). (p. 188).

253. Chaisson, E. J. (2003). A unifying concept for astrobiology. *International Journal of Astrobiology, 2*(2). (p. 92). https://doi.org/10.1017/S1473550403001484

254. Se pueden consultar innumerables artículos o el libro CHAISSON, E. (2001). *Cosmic Evolution: The Rise of Complexity in Nature.* Harvard University Press.

255. Y otros defensores de la pancomputación como Lloyd, S. (2007) *Programming The Universe: A Quantum Computer Scientist Takes on the Cosmos*. Vintage.

256. Chaisson, E. (2003). (p. 97).

257. Chaisson, E. (2003). (p. 94)

258. Chaisson, E. (2003). (p. 97).

259. Chaisson, E. (2003). (p. 101).

260 Vopson, M. M. (2023). The second law of infodynamics and its implications for the simulated universe hypothesis. AIP Advances, 13(10). https://doi.org/10.1063/5.0173278

261. Lloyd, S. Computation capacity of the Universe. *Physical Review Letters* (vol. 88, num. 23, 2002. p. 237901-4).

262. Roddier, F. (2016). *The Termodynamics Evolution*. Editions Parole. (p. 34).

263. Roddier, F. (2016). (p. 34).

264. Referidas por Flos, J. (Enero 2005). El concepto de información en la ecología margalefiana, *Ecosistemas 14*(1): 7-17.

265. Debido al apagón de agosto de 2003, el PIB de Ontario (Canadá) se redujo en un 1,4 % y el de todo el país en un 0,7 %, la mayor bajada en diez años. Ver Ontario–U.S. Power Outage—Impacts on Critical Infrastructure, INCIDENT ANALYSIS, Number IA06-002, August 2006. Debido a la interconexión de redes, las reparaciones de daños en el lado americano supusieron seis miliardos, el 1 % del PIB de EE. UU. Ver Northeast Blackout Likely to Reduce US Earnings by $6.4 Billion, Patrick L. Anderson, Principal, Ilhan K. Geckil. Economist, AEG Working Paper 2003-2.

266. Ver Power Blackout Risks. Risk Management Options. Emerging Risk Initiative – Position Paper CRO Forum – KPMG. 2011.

267. Sobre las consecuencias que tendría un evento como el de 1859 hoy en día, ver el artículo de Richard A. Lovett (March 4, 2011). What If the Biggest Solar Storm on Record Happened Today? Repeat of 1859 Carrington Event would devastate modern world, experts say. *National Geographic*. https://www.nationalgeographic.com/science/article/110302-solar-flares-sun-storms-earth-danger-carrington-event-science

268. https://ourfiniteworld.com/2024/06/22/the-advanced-economies-are-headed-for-a-downfall/

269. https://www.eia.gov/dnav/pet/hist/LeafHandler.ashx?n=-pet&s=f000000__3&f=a

270. Energy War Strategies: The 21st Century Experience

Nazim Hajiyev 1, 2, Klaudia Smol ˛ag 3,* , Ali Abbasov 4 and Valeriy Prasolov 5. (p. 12).

271. Diamond, J. (2012). (p. 678).

272. Tupy, M. L. y Pooley, G. L. (2023). *Superabundancia.* Deusto. (p. 156).

273. Tupy, M. L. y Pooley, G. L. (2023). (p. 230).

274. https://www.iea.org/reports/sdg7-data-and-projections/energy-intensity

275. Cleveland, C. J., Kaufmann, R. K. y Stern, D. I. (2000). Aggregation and the role of energy in the economy. *Ecological Economics, 32*(2). (p. 313). https://doi.org/10.1016/S0921-8009(99)00113-5.

276. Ya ha habido varias propuestas de monedas basadas en la energía o en la electricidad, por ejemplo, Gautschi, D. A., Gautschi, H. C. y Tucci, C. L. (2022). What If? Electricity as Money. *Journal of Risk and Financial Management, 15*(4). https://doi.org/10.3390/jrfm15040168.

277. No confundir con el LCOE (*levelized cost of energy*) que sirve para medir inversiones financieras sobre energía.

278. Hall, C. A. S., Lambert, J. G. y Balogh, S. B. (2014). EROI of different fuels and the implications for society. *Energy Policy, 64.* https://doi.org/10.1016/j.enpol.2013.05.049, pp142-143.

279. Guilford, M. C., Hall, C. A. S., O'Connor, P. y Cleveland, C. J. (2011). A new long term assessment of energy return on investment (EROI) for U.S. oil and gas discovery and production. *Sustainability, 3*(10). https://doi.org/10.3390/su3101866

280. Citamos varios *posts* y documentos del blog https://surplusenergyeconomics.wordpress.com/ de Tim Morgan.

281. Brandt, A. R. (2017). How Does Energy Resource Depletion Affect Prosperity? Mathematics of a Minimum Energy Return on Investment (EROI). *BioPhysical Economics and Resource Quality, 2*(1). (p. 9). https://doi.org/10.1007/s41247-017-0019-y

282. Lambert, J. G., Hall, C. A. S., Balogh, S., Gupta, A. y Arnold, M. (2014). Energy, EROI and quality of life. *Energy Policy, 64.* https://doi.org/10.1016/j.enpol.2013.07.001

283. Hall, C. A. S. (2017). Will EROI be the Primary Determinant of Our Economic Future? The View of the Natural Scientist versus the Economist. In *Joule* (vol. 1, issue 4, pp. 637-638). https://doi.org/10.1016/j.joule.2017.09.010.

284. Auteri, M., Mele, M., Ruble, I. y Magazzino, C. (2024). The double sustainability: The link between government debt and renewable energy. *Journal of Economic Asymmetries, 29.* https://doi.org/10.1016/j.jeca.2024.e00356

285. https://surplusenergyeconomics.wordpress.com/2024/07/28/285-energy-and-the-credit-ratchet/

286. Wang, B. y Chen, T. (2022). Social Progress beyond GDP: A Principal Component Analysis (PCA) of GDP and Twelve Alternative Indicators. *Sustainability (Switzerland), 14*(11). https://doi.org/10.3390/su14116430

287. Kubiszewski, I., Costanza, R., Franco, C., Lawn, P., Talberth, J., Jackson, T. y Aylmer, C. (2013). Beyond GDP: Measuring and achieving global genuine progress. *Ecological Economics, 93.* https://doi.org/10.1016/j.ecolecon.2013.04.019

288. Cobb, C., Gary Sue Goodman, G.S. y Wackernagel, M. (1999). Why Bigger Isn't Better: The Genuine Progress Indicator—1999 Update, Redefining Progress.

289. *Global Wealth Report 2023. Leading perspectives to navigate the future.* UBS. (p. 36).

290. *Global Wealth Report 2023.* (p. 42).

291. Chancel, L., Piketty, T., Saez, E., Zucman, G. et al. World Inequality Report 2022, World Inequality Lab wir2022.wid.world. (p. 10).

292. Publicada en inglés https://www.aspeninstitute.org/wp-content/uploads/files/content/upload/Intro_and_Section_I.pdf

293. Jackson, T. (2023). *Prosperidad sin crecimiento. Bases para la economía de mañana.* FCE (p. 289).

294. Acemoglu D. y Robinson , J. A. (2012). *Por qué fracasan los países: Los orígenes del poder, la prosperidad y la pobreza.* Deusto. (cap. 15).

295. https://www.bbc.com/mundo/noticias-internacional-52289020

296. Annual Contributions and Proceeds 31 December 2023 https://www.gavi.org/investing-gavi/funding

297. https://wikileaks.org/clinton-emails/emailid/23898

298. Caso Qatargate.

299. Bauman, Z. (2017). *La globalización. Consecuencias humanas*. FCE. (p. 86).

300. Bauman, Z. (2017). (p. 89).

301. López Rodríguez, D. M. (2022). *Historia del globalismo*. Sekotia. (p. 429).

302. «En 2050 habrá un gobierno mundial», asegura Jacques Attali. El exasesor de Mitterrand pronostica la concentración de las decisiones globales. 1 de diciembre de 2004. Actualizado el 12 de julio de 2020. Luisa Corradini. *La Nación*. https://www.lanacion.com.ar/cultura/en-2050-habra-un-gobierno-mundial-asegura-jacques-attali-nid658930/

303. Carbonell, E. (2022). *El porvenir de la humanidad: Decálogo para la supervivencia de nuestra especie*. RBA.

304. Ver mi artículo Busom, R. (2012). La democratización del dinero. La Constitución de una autodeterminación monetaria contra el totalitarismo monetarista en *Scribd* https://es.scribd.com/document/427996821/LA-DEMOCRATIZACION-DEL-DINERO-La-constitucion-de-una-autodeterminacion-monetaria-contra-el-totalitarismo-monetarista

305. Spengler, O. (1966). (cap. V, B, párr. 8).

306. Spengler, O. (1966). (cap. V, A, párr. 4).

307. Spengler, O. (1966). (cap. V, A, párr. 4).

308. Spengler, O. (1966). (cap. V, B, párr. 8).

309. Spengler, O. (1966). (cap. V, B, párr. 8).

310. Soddy, F. (1934). *The Role of Money. What It Should Be, contrasted with What It Has Become*. Routledge. (p. 143).

311. Soddy, F. (1934). (p. 50).

312. Soddy, F. (1934). (p. 162).

313. Soddy, F. (1934). (p. 209).

314. Soddy, F. (1934). (p. 212).

315. Soddy, F. (1934). (p. 216).

316. Soddy, F. (1934). (p. 84).

317. Soddy, F. (1934). (pp. 49-50).

318. Soddy, F. (1934). (p. 86).

319. Soddy, F. (1934). (p. 209).

320. Soddy, F. (1933). *Wealth, Virtual Wealth and Debt. The Solution of the Economic Paradox*. Britons. (párr. 187).

321. Hayek, F. A. (1990). *Denationalisation of Money. -The Argument Refined. An Analysis of the Theory and Practice of Concurrent Currencies*. IEA. (p. 56).

322. Hayek, F. A. (1990). (p. 102).

323. Hayek, F. A. (1990). (p. 81).

324. Hayek, F. A. (1990). (p. 102).

325. Hayek, F. A. (1990). (p. 23).

326. Hayek, F. A. (1990). (p. 105).

327. Hayek, F. A. (1990). (p. 26).

328. Hayek, F. A. (1990). (p. 26).

329. Hayek, F. A. (1990). (p. 46).

330. Hayek, F. A. (1990). (p. 133).

331. Ver artículo Wikipedia https://es.wikipedia.org/wiki/Moneda_complementaria

332. https://www.businessinsider.com/goldman-sachs-the-blockchain-can-change-well-everything-2015-12

333. Lamport, L., Shostak, R. y Pease, M. (1982). The Byzantine Generals Problem. *ACM Transactions on Programming Languages and Systems (TOPLAS)*, *4*(3). https://doi.org/10.1145/357172.357176

334. Back, A. (2002). Hashcash - A Denial of Service Counter-Measure. *Http://Www.Hashcash.Org/Papers/Hashcash.Pdf, August*.

335. Nakamoto, S. (2008). Bitcoin: A Peer-to-Peer Electronic Cash System | Satoshi Nakamoto Institute. *Bitcoin.org*.

336. Antonopoulos, A. (2017). *Mastering Bitcoin: Unlocking Digital Cryptocurrencies*. O'Reilly.

337. https://99bitcoins.com/bitcoin-obituaries/

338. https://www.eleconomista.es/economia/noticias/9881889/05/19/Que-ha-sido-de-los-PIGS-El-estigma-de-los-paises-rezagados-de-la-Eurozona-ocho-anos-despues-.html

339. https://www.elmundo.es/economia/empresas/2024/01/09/659d98dffdddffe57c8b45c3.html

340. *Key Trends in the Size and Composition of OTC Derivatives Markets in the First Half of 2023.* ISDA. (p. 2).

341. https://ethereum.org/en/developers/docs/standards/

342. Kumar S., Suresh, R., Liu, D., Kronfellner, B. y Kaul, A. (2022). *Relevance of on-chain asset tokenization in 'crypto winter'.* BCG-ADDX. https://www.bcg.com/publications/2022/relevance-of-on-chain-asset-tokenization

343. https://github.com/Bit-Nation/BITNATION-Constitution

344. Tarkowski Tempelhof, S. Teissonniere, E., Fennell Tempelhof, J. y Edwards, D. (2017). *Bitnation, Planet Earth.* Pangea Jurisdiction and Pangea Arbitration Token. The Internet of Sovereignity. (p. 3).

345. https://docs.tutellus.com/tutellus/whitepaper/tut-business-model

346. Birch, D. (2014). *Identity is the new Money.* London Publishing Partnership.

347. The World Bank (2018). *G20 Digital Identity Onboarding.* https://documents.worldbank.org/en/publication/documents-reports/documentdetail/362991536649062411/g20-digital-identity-onboarding

348. *Deloitte's 2020 Global Blockchain Survey: From promise to reality. Deloitte Insights.* https://www2.deloitte.com/us/en/insights/topics/understanding-blockchain-potential/global-blockchain-survey-2020.html

349. https://www.w3.org/TR/did-core/

350. *2023 ForgeRock Identity Breach Report.* Se puede descargar en https://www.pingidentity.com/en/resources/content-library/analyst-reports/3763-2023-forgerock-identity-breach-report.html

351. Hayek, A. F. (1996). (p. 11).

352. Ver el artículo fundacional de Satoshi Nakamoto, Bitcoin: A Peer-to-Peer Electronic Cash System, https://bitcoin.org/bitcoin.pdf

353. Downd, K. (2014). New Private Monies A Bit-Part Player?, *IEA*. https://iea.org.uk/publications/research/new-private-monies-a-bit-part-player

354. https://www.atlanticcouncil.org/cbdctracker/

355. https://creditcoin.org/blog/cbdc-projects-bis-list/

356. https://dcma.io/crypto-2-0.html

357. Antonopoulos, A. *Blockchain or Bitcoin: Understanding the differences*. https://www.youtube.com/watch?v=mRQs9Y6CUSU

358. Hogan, M. J., Barton, A., Twiner, A., James, C., Ahmed, F., Casebourne, I., Steed, I., Hamilton, P., Shi, S., Zhao, Y., Harney, O. M. y Wegerif, R. (2023). Education for collective intelligence. *Irish Educational Studies*. https://doi.org/10.1080/03323315.2023.2250309

359. Riedl, C., Kim, Y. J., Gupta, P., Malone, T. W. y Woolley, A. W. (2021). Quantifying collective intelligence in human groups. *Proceedings of the National Academy of Sciences of the United States of America*, *118*(21). (p. 4). https://doi.org/10.1073/pnas.2005737118.

360. Ahamed, L. (2010). *Los señores de las finanzas: Los cuatro hombres que arruinaron el mundo*. Deusto.

361. Morgan, T. (2013). *Life After Growth*. Harriman House. (p.11).

362. Making Globalization Work for All. UNITED NATIONS DEVELOPMENT PROGRAMME ANNUAL REPORT 2007.

363. Stiglitz, J. E. (2006). *Making Globalization Works*. W.W. Norton & Company. (p. 292).

364. Breau, S. (2014). Civilian casualties and nuclear weapons: The application of the rule of distinction. In *Nuclear Non-Proliferation in International Law* (vol. 1). https://doi.org/10.1007/978-94-6265-020-6_5

365. Brzezinski, Z. (2021). *El gran tablero mundial. La supremacia estadounidense y sus imperativos geoestratégicos*. KDP. (Ubicación 3469).

366. ING's global transport and logistics sector outlook (2023). https://think.ing.com/bundles/ings-global-transport-and-logistics-sector-outlook-0623/

367. Un ejemplo concreto, Bokkisam, H. R., Singh, S., Acharya, R. M. y Selvan, M. P. (2022). Blockchain-based peer-to-peer transactive energy system for community microgrid with demand response management. *CSEE Journal of Power and Energy Systems*, *8*(1). https://doi.org/10.17775/CSEEJPES.2020.06660

368. Busom, R. y Sánchez, J. (1995). De la política a la inteligencia social. *Anthropos*, *164*. (pp. 20-32).

369. Foucault, M. (1984). *Historia de la sexualidad I. La voluntad de saber.* Siglo XXI. (p. 116).

370. Ver Heidegger, M. (1951). *El ser y el tiempo.* FCE. (p. 65 y ss).

371. Ver McLuhan, M. (1985). *La galaxia Gutenberg.* Plantea-Agostini. (p. 328).

372. SIPRI Yearbook 2024, Oxford University Press on behalf of the Stockholm International Peace Research Institute, Table 7.1. World nuclear forces.

373. Kardashev, N. S. (1964). Transmission of Extraterrestrial Civilizations, *Soviet Astronomy* (vol. 8, num. 2, sept-oct, p. 219).

374. Jiang, J. H., Feng, F., Rosen, P. E., Fahy, K. A., Das, P., Obacz, P., Zhang, A. y Zhu, Z. H. (2022). Avoiding the Great Filter: Predicting the Timeline for Humanity to Reach Kardashev Type I Civilization. *Galaxies*, *10*(3). https://doi.org/10.3390/galaxies10030068

375. Zhang, A., Yang, J., Luo, Y. y Fan, S. (2023). Forecasting the progression of human civilization on the Kardashev Scale through 2060 with a machine learning approach. *Scientific Reports*, *13*(1). https://doi.org/10.1038/s41598-023-38351-y

376. Gray, R. H. (2020). The Extended Kardashev Scale. *The Astronomical Journal*, *159*(5). https://doi.org/10.3847/1538-3881/ab792b